MAX MATTHIESEN

Die staatliche Einwirkung zur Sicherung der Energieversorgung und ihre Grenzen

Schriften zum Öffentlichen Recht

Band 525

Die staatliche Einwirkung zur Sicherung der Energieversorgung und ihre Grenzen

Von

Dr. Max Matthiesen

Duncker & Humblot · Berlin

CIP-Titelaufnahme der Deutschen Bibliothek

Matthiesen, Max:
Die staatliche Einwirkung zur Sicherung der Energieversorgung und ihre Grenzen / von Max Matthiesen. – Berlin: Duncker u. Humblot, 1987
(Schriften zum Öffentlichen Recht; Bd. 525)
Zugl.: Göttingen, Univ., Diss., 1986
ISBN 3-428-06353-8
NE: GT

Satz: Klaus-Dieter Voigt, Berlin 61
Druck: Berliner Buchdruckerei Union GmbH, Berlin 61
Printed in Germany

ISBN 3-428-06353-8

Vorwort

Die folgende Arbeit über „Die staatliche Einwirkung zur Sicherung der Energieversorgung und ihre Grenzen“ hat dem Fachbereich Rechtswissenschaften der Georg-August-Universität Göttingen im Jahre 1986 als Dissertation vorgelegen. Inzwischen haben sich in dem von lebendigen Entwicklungen geprägten Energiebereich wie zu früheren Zeiten auch tatsächliche Veränderungen eingestellt. Sie lassen allerdings das tatsächliche und rechtliche Grundgefüge der bundesdeutschen Energieversorgung unberührt. Unangetastet bleibt auch das Anliegen der Arbeit, die Steuerungsfunktion wirtschaftlicher Freiheit im verfassungs- und einfachgesetzlichen Kontext zu verdeutlichen.

Sehr herzlich danke ich meinem Doktorvater, Herrn Prof. Dr. Harry Ebersbach, der die Arbeit in überaus verständnis- und einfühlsamer Weise gefördert hat. Herrn Bundesverfassungsrichter Dr. Hans Hugo Klein habe ich für die Übernahme des Koreferats zu danken.

Meiner Familie schließlich danke ich für ihre ideelle Unterstützung und besonders meiner Frau für ihre Geduld.

Barsinghausen, im Juli 1987 Max Matthiesen

Inhaltsverzeichnis

Abkürzungsverzeichnis

ABZwang	=	Anschluß- und Benutzungszwang
a. E.	=	am Ende
AfK	=	Archiv für Kommunalwissenschaften
AöR	=	Archiv für öffentliches Recht
AWG	=	Außenwirtschaftsgesetz
BauNVO	=	Baunutzungsverordnung
BB	=	Betriebsberater
BBauG	=	Bundesbaugesetz
BfLR	=	Bundesforschungsanstalt für Landeskunde und Raumordnung
BGBl.	=	Bundesgesetzblatt
BGW	=	Bundesverband der deutschen Gas- und Wasserwirtschaft
BHO	=	Bundeshaushaltsordnung
BImSchG	=	Bundesimmissionsschutzgesetz
BMBau	=	Bundesminister für Raumordnung, Bauwesen und Städtebau
BMFT	=	Bundesminister für Forschung und Technologie
BReg	=	Bundesregierung
BROG	=	Bundesraumordnungsgesetz
BT	=	Bundestag
DB	=	Der Betrieb
DÖV	=	Die Öffentliche Verwaltung
DVBl.	=	Deutsches Verwaltungsblatt
EAG	=	Europäische Atomgemeinschaft
EGKS	=	Europäische Gemeinschaft für Kohle und Stahl
EGKSV	=	Vertrag über die Europäische Gemeinschaft für Kohle und Stahl
EnWG	=	Energiewirtschaftsgesetz
ET	=	Energiewirtschaftliche Tagesfragen
EW	=	Elektrizitätswirtschaft
EWGV	=	Vertrag über die Europäische Wirtschaftsgemeinschaft
GG	=	Grundgesetz
GO NW	=	Gemeindeordnung Nordrhein-Westfalen
GWB	=	Gesetz gegen Wettbewerbsbeschränkungen
gwf	=	Gas- und Wasserfach
IzR	=	Informationen zur Raumentwicklung
JA	=	Juristische Ausbildung
JuS	=	Juristische Schulung

JZ	=	Juristenzeitung
LBauO	=	Landesbauordnung
LROP	=	Landesraumordnungsprogramm
NBauO	=	Niedersächsische Bauordnung
NJW	=	Neue Juristische Wochenschrift
NROG	=	Niedersächsisches Raumordnungsgesetz
NRW	=	Nordrhein-Westfalen
RIW/AWD	=	Recht der internationalen Wirtschaft / Außenwirtschaftsdienst, Beilage des Betriebsberaters
SKE	=	Steinkohleneinheiten
StabG	=	Stabilitätsgesetz
StVO	=	Straßenverkehrsordnung
VDEW	=	Vereinigung Deutscher Elektrizitätswerke
VerwArch	=	Verwaltungsarchiv
VKU	=	Verband Kommunaler Unternehmen
VVDStRL	=	Veröffentlichungen der Vereinigung der deutschen Staatsrechtslehrer
WiR	=	Wirtschaftsrecht
WiVerw	=	Wirtschaft und Verwaltung
WuW	=	Wirtschaft und Wettbewerb
ZBR	=	Zeitschrift für Beamtenrecht
ZfE	=	Zeitschrift für Energiewirtschaft
ZRP	=	Zeitschrift für Rechtspolitik

Einleitung

I. Freiheit als Unterscheidung von Staat und Gesellschaft

Die Ölkrisen der siebziger Jahre und Untersuchungen über die Grenzen der Energievorräte der Erde[1] haben das Problem der Sicherung der Energieversorgung ins Blickfeld gerückt. Zwar schwanken die Schätzungen der Energievorräte sehr stark. Aber insgesamt läßt sich ihnen entnehmen, daß die Vorräte einiger heute besonders wichtiger Energieträger – Erdöl, Erdgas – nach diesen Schätzungen nur noch für Jahrzehnte reichen, während etwa die Kohle noch für Jahrhunderte zur Verfügung stehen soll. Die staatliche Politik hat sich dieses Problemfeldes angenommen. Seit Ende der sechziger Jahre hat die staatliche Betätigung im Energiebereich stark zugenommen.

So verabschiedete die Bundesregierung (BReg) 1973 ein Energieprogramm, das sie in bisher drei Fortschreibungen (1974, 1977, 1981) weiterentwickelt hat[2]. Sie nahm Einfluß auf die Unternehmensstruktur im Energiebereich: 1968 erreichte sie die Gründung der Ruhrkohle AG, 1969 die Neugründung der „DEMINEX" (= „Deutsche Erdölversorgungsgesellschaft mbH – DEMINEX"), und sie erwirkte 1974 die VEBA/Gelsenberg-Fusion. Mittels zahlreicher Einwirkungen auf die (Energie-)Wirtschaft, die auf ein Zusammenwirken zwischen Staat und Energiewirtschaft angelegt sind, versucht die BReg, ihre energiepolitischen Ziele zu verwirklichen. So ist es ihr Anfang 1980 gelungen, den Steinkohlenbergbau und die Elektrizitätswirtschaft zum Abschluß des sog. „Jahrhundertvertrages" zu bewegen, der zusammen mit einem Parallelvertrag zwischen Steinkohlenbergbau und industrieller Kraftwirtschaft bis 1995 die Verstromung von 640 Mio. t SKE deutscher Steinkohle vorsieht[3].

Die Europäischen Gemeinschaften haben seit Ende der sechziger Jahre ein umfangreiches energiepolitisches Instrumentarium entwickelt[4]. Angesichts dieser Entwicklung stellt sich die Frage nach den Grenzen staatlicher

---

[1] D. Meadows / E. Zahn / P. Milling, Die Grenzen des Wachstums, 1972, 45 ff.; Global 2000, Der Bericht an den Präsidenten, 1980, 27, 72 ff., 387 ff.; vgl. auch Monopolkommission, Mehr Wettbewerb ist möglich, Hauptgutachten I 1973 / 1975, 2. Aufl., 1977, Tz. 782.

[2] BT-Drucks. 7 / 1057; 7 / 2713 (1. Fortschr.); 8 / 1357 (2. Fortschr.); 9 / 983 (3. Fortschr.).

[3] U. Engelmann, Energiewirtschaftliche Tagesfragen (ET), 1980, 494.

[4] F. Walter, Zeitschrift für Energiewirtschaft (ZfE), 1983, 287 ff.

Einwirkung zur Sicherung der Energieversorgung. Eine Antwort darauf soll unter zwei miteinander verknüpften Ausgangspunkten gesucht werden.

Im Zentrum steht die individuelle und gesellschaftliche (Wirtschafts-) Freiheit, insbesondere die Wettbewerbsfreiheit. Freiheit, verstanden als Selbstbestimmung[5], zeigt sich nach vielerlei Erfahrungen als wirksames Mittel der Sicherung der Energieversorgung. So haben eingehende Untersuchungen des amerikanischen Senats aus den Jahren 1964 - 1969[6] mit umfangreichem empirischen Material untermauert, daß der Wettbewerb (d. h. autonome Bemühungen konkurrierender Unternehmen) die Unternehmen antreibt, möglichst intensiv Forschung und Entwicklung zu betreiben und deren Ergebnisse zu verwenden. Diese Funktion des Wettbewerbs und damit der Freiheit läßt sich zur Sicherung der Energieversorgung einsetzen, die stark von Fortschritten in Forschung und Entwicklung abhängt.

Bedingung der Freiheit – zweiter Ausgangspunkt – ist eine organisatorische und funktionale Unterscheidung von Staat und Gesellschaft. Denn bei einer Ununterscheidbarkeit von Staat und Gesellschaft entfiele eine Beschränkung der staatlichen Funktionen und damit individuelle und gesellschaftliche Freiheit[7].

Diesen zweiten Ausgangspunkt, die Unterscheidung von Staat und Gesellschaft (mit ihrem wichtigen Teilbereich Wirtschaft) sehen etliche Autoren als überholt an. Bei Ehmke[7a] findet sich die noch allgemein gehaltene staatstheoretische These, das heutige politische Gemeinwesen lasse sich nicht durch eine Trennung von Staat und Gesellschaft terminologisch zerteilen. Denn es stelle in seiner pluralistischen Struktur gleichwohl nur einen einzigen menschlichen Verband dar. Diese These konkretisieren andere Autoren für den ökonomischen Bereich dahin, daß angesichts einer Verklammerung von Politik und Ökonomie die liberal-staatliche Vorstellung der Trennung von Staat und Gesellschaft mit der Folge prinzipieller

---

[5] E. W. Böckenförde, Die verfassungstheoretische Unterscheidung von Staat und Gesellschaft als Bedingung der individuellen Freiheit, 1973, S. 31, 45; Hans H. Klein, Die Grundrechte im demokratischen Staat, 1974, S. 35; K. Hesse, DÖV 1975, 440 Fn. 36.

[6] Hierzu K. Markert, DB 1969, 449 ff. (452, 454); V. Emmerich, Ausnahmebereich für die leitungsgebundene Energieversorgung im GWB, in: Ordnungspolitische Überlegungen zur leitungsgebundenen Energieversorgung, Schriftenreihe Recht – Technik – Wirtschaft (RTW), Hrsg. R. Lukes, Band 15, 1977, S. 48; ders., Kartellrecht, 3. Aufl., 1979, S. 7; ders., RIW / AWD 1975, 9.

[7] E. W. Böckenförde (Fn. 5), S. 31; ders., Die Bedeutung der Unterscheidung von Staat und Gesellschaft im demokratischen Sozialstaat der Gegenwart, in: Staat, Gesellschaft, Freiheit, 1976, S. 193, 198, 199, 208; K. Hesse, Grundzüge des Verfassungsrechts, 8. Aufl., 1975, S. 8 f.; ders., DÖV 1975, 439; B. Börner, Energie zwischen Staat und Gesellschaft, Kölner Schriften zum Europarecht, Band 26, 1977, S. 405 - 407; R. Zippelius, Allgemeine Staatslehre, 4. Aufl., 1973, § 20, S. 135; H. H. Klein (Fn. 5), S. 31.

[7a] Wirtschaft und Verfassung, 1961, S. 5 f.

Unterscheidbarkeit staatlicher Zuständigkeiten und gesellschaftlicher (Wirtschafts-)Autonomien überholt sei[7b].

Ob dieser Sicht des Verhältnisses von Staat und Gesellschaft im Bereich des Themas der vorliegenden Arbeit auf tatsächlicher Ebene beigepflichtet werden muß, wird die Untersuchung zeigen. Jedenfalls ergibt ein Blick in das Grundgesetz, daß es die Unterscheidung von Staat und Gesellschaft normativ verankert. Dem „Sozialstaat“ eröffnet es nicht einfach freies Feld. Sondern es begrenzt ihn durch den gleich- und nebengeordneten „Rechtsstaat“. Die rechtsstaatliche Demokratie gem. Art. 20 II und 28 GG setzt die Unterscheidung von Staat und Gesellschaft ebenso voraus wie Art. 1 III GG, der die Staatsgewalt an die Grundrechte als Freiheitsrechte bindet[7c].

Wie sich hieraus ergibt, sind grundgesetzlich verbürgte Freiheit und Unterscheidung von Staat und Gesellschaft zwei Seiten einer Medaille. Soweit das Grundgesetz Freiheit sichert, gewährleistet es auch eine Unterscheidung von Staat und Gesellschaft. Ohne eine solche Unterscheidung gibt es keine Freiheit. Nachdem hiermit die Prämissen der Untersuchung bestimmt sind, läßt sich die Frage nach den Grenzen staatlicher Einwirkung zur Sicherung der Energieversorgung noch näher präzisieren:

1. Kann im gesamtwirtschaftlich sehr bedeutsamen Energiebereich[8] im Zuge der stark zunehmenden staatlichen Einwirkung tatsächlich noch von individueller und gesellschaftlicher (Wirtschafts-)Freiheit sowie einer Unterscheidung von Staat und Gesellschaft die Rede sein?
2. Inwieweit schreibt die geltende (Verfassungs-)Rechtsordnung (Wirtschafts-)Freiheit und Unterscheidbarkeit von Staat und Gesellschaft als Vorbedingung dieser Freiheit vor, und welche Maßgaben folgen daraus für die staatliche Einwirkung?

Dieser Aspekt der Frage nach den Grenzen der staatlichen Einwirkung zur Sicherung der Energieversorgung bildet das Schwergewicht der Untersuchung. Denn es genügt nicht, die Frage nach dem normativen „ob“ von (Wirtschafts-)Freiheit und einer Unterscheidung von Staat und Gesellschaft positiv zu beantworten. Stets von neuem stellt sich die Aufgabe, das richtige Maß der konkreten Zuordnung von Staat und Gesellschaft zu ermitteln[9].

[7b] H. D. Jarass, Formen staatl. Einwirkung auf die Energiewirtschaft, Der Staat, 1978, S. 523; R. Scholz, Grenzen staatl. Aktivität unter der grundgesetzlichen Wirtschaftsverfassung, in: Der Staatssektor in der sozialen Marktwirtschaft, 1976, S. 113.

[7c] E. W. Böckenförde, Fn. 5, S. 35 und Fn. 7, S. 206; R. Schmidt, Wirtschaftspolitik und Verfassung, 1971, S. 57.

[8] Im Jahre 1974 entfielen auf ihn 14 % des Umsatzes, 27 % der Bruttoanlageninvestitionen, 12 % des Nettoproduktionswertes des produzierenden Gewerbes, vgl. Monopolkommission (Fn. 1), Tz. 570.

[9] R. Zippelius (Fn. 7), § 23 II, S. 163; K. Hesse, DÖV 1975, S. 442; B. V. Troll, Einflußnahme des Staates auf die öffentliche Elektrizitätsversorgung, 1973, S. 12.

Fortwährend muß ein optimales Verhältnis gefunden werden zwischen staatlicher Einwirkung einerseits und privater Selbstregulierung und Selbstentfaltung andererseits. Lösungsvorschläge zu dieser Aufgabenstellung möchte die vorliegende Arbeit auf dem Gebiet der staatlichen Einwirkung zur Sicherung der Energieversorgung bieten.

Hierbei steckt der Begriff „Energie" den äußeren Rahmen der Arbeit ab. Er umfaßt alle in der Natur gegebenen Primärenergien (z. B. Brennstoffe: Kohle, Erdöl, Erdgas, sonstige z. B. Brennholz-, Wasser- und Windkraft, geothermische Energie, Kernenergie, Sonnenenergie) und die aus den Primärenergien erzeugten Sekundärenergien (z. B. Elektrizität, Kunstgas, Fernwärme)[10].

II. System und Begriff der staatlichen Einwirkung zur Sicherung der Energieversorgung

Zur Sicherung der Energieversorgung gebraucht der Staat[11] zahlreiche Instrumente der Wirtschaftspolitik. Über die Systematisierung der Instrumente besteht keine Einigkeit. Das beginnt beim Versuch, die vielgestaltige staatliche Einwirkung mit den Grundbegriffen „Wirtschaftslenkung" und „Wirtschaftsplanung" zu erfassen. Einige Autoren trennen beide Begriffe klar voneinander. Sie verstehen „Wirtschaftslenkung" als das Insgesamt staatlicher Maßnahmen, mit denen auf den Wirtschaftsprozeß eingewirkt werden soll, um ein bestimmtes wirtschaftliches Ziel zu erreichen[12]. Demgegenüber sei „Wirtschaftsplanung" der Entwurf, in dem das beabsichtigte wirtschaftslenkende Handeln sowie das damit verfolgte Ziel vorweggenommen werde[13].

Für andere gehört die Durchführung der Planung, also die konkrete wirtschaftslenkende staatliche Maßnahme, noch zum Vorgang der Wirtschaftsplanung[14]. Schließlich soll sogar der Begriff „Wirtschaftslenkung" durch den Begriff „Wirtschaftspolitik" ersetzt werden, da ihm das „Odium der Zwangswirtschaft" anhafte[15].

---

[10] K. Förster, Allgemeine Energiewirtschaft, 2. Aufl., Berlin, 1973, S. 20 f.; H. D. Jarass, Formen staatlicher Einwirkung auf die Energiewirtschaft, Der Staat, 1978, S. 508 f.

[11] = alle Gebietskörperschaften des öffentlichen Rechts, insbes. Bund, Länder, Kreise, Gemeinden.

[12] R. Stober, Wirtschaftsverwaltungsrecht, 2. Aufl., 1980, Rn. 313; P. Badura in: v. Münch, Besonderes Verwaltungsrecht, 4. Aufl., 1976, S. 303.

[13] R. Schmidt, Wirtschaftspolitik und Verfassung, 1971, S. 70 f.; R. Stober (Fn. 12), Rn. 284; P. Badura (Fn. 12), S. 284 f.

[14] H. P. Ipsen in: J. H. Kaiser, Planung I, 1965, S. 55 Rn. 70; U. Scheuner, a.a.O., S. 83 - 85.

[15] R. Schmidt (Fn. 13), S. 59 f., 74.

Die Uneinigkeit im systematischen Ansatz setzt sich fort in der Frage, welche einzelnen staatlichen Maßnahmen als „Wirtschaftslenkung“ bezeichnet werden sollen. Sogenannte unmittelbare und mittelbare Einwirkungen des Staates auf die (Energie-)Wirtschaft werden zwar gemeinhin als „Wirtschaftslenkung“ angesehen, aber die Abgrenzung „unmittelbar“ - „mittelbar“ wird verschieden vorgenommen. Orientiert am Rechtsschutzgedanken wird überwiegend zwischen unmittelbaren Eingriffen in Rechtsbeziehungen der einzelnen Wirtschaftsbeteiligten und mittelbaren Eingriffen über den Markt unterschieden[16]. Nach anderer Auffassung geschieht die Lenkung durch die Beteiligung des Staates am Wirtschaftsleben (öffentl. Unternehmen) „unmittelbar“, die Lenkung der Rechtsakte hingegen „mittelbar“[17].

Unterschiedlich beurteilt wird im einzelnen, ob Wirtschaftsförderung[18], Wirtschaftsaufsicht[19] und die unternehmerische Betätigung[20] des Staates als Erscheinungsformen der „Wirtschaftslenkung“ anzusehen sind. Kein Streit besteht darüber, daß „Wirtschaftsplanung“ planmäßige „Wirtschaftslenkung“ ist[21] und durch staatliche Informationen der Wirtschaftsbürger über das Verhalten des Staates und bestehende Zustände geschehen kann[22].

Im Hinblick auf die Fragestellung der vorliegenden Arbeit brauchen allerdings die genannten Systemkriterien nicht näher untersucht zu werden. Denn gefordert ist eine Gliederung, die das Zusammenspiel der verschiedenen Instrumente staatlicher Einwirkung zur Sicherung der Energieversorgung verdeutlicht und hilft, die neue Entwicklung auf diesem Gebiet zu kennzeichnen. Gemeint ist das sich verstärkende Zusammenwirken[23] von Staat und Energiewirtschaft in verschiedenen Formen.

Von daher bietet sich eine Systematisierung der staatlichen Einwirkung zur Sicherung der Energieversorgung nach einseitiger staatlicher Einwirkung einerseits und Zusammenwirken zwischen Staat und Energiewirtschaft andererseits an. Innerhalb dieser Zweiteilung lassen sich die einzelnen Mittel der staatlichen Einwirkung untersuchen.

---

[16] R. Stober (Fn. 12), Rn. 280; P. Badura (Fn. 12), S. 304.

[17] D. Ch. Dicke, Verfassungsrechtliche Möglichkeiten und Grenzen der Wirtschaftslenkung in Italien und der Bundesrepublik Deutschland, 1969, S. 62 f., 138 f.

[18] R. Stober (Fn. 12), Rn. 279; a. A. G. Rinck, Wirtschaftsrecht, 5. Aufl., 1977, Rn. 322.

[19] P. Badura (Fn. 12), S. 307 f.; a. A. R. Schmidt (Fn. 13), S. 60 f.

[20] E. Steindorff, Einführung in das Wirtschaftsrecht der Bundesrepublik Deutschland, 1977, S. 118; R. Stober (Fn. 12), Rn. 344; V. Emmerich, Das Wirtschaftsrecht der öffentlichen Unternehmen, 1969, S. 71; a. A. R. Schmidt (Fn. 13), S. 60 f. Fn. 78.

[21] P. Badura (Fn. 12), S. 284 f.; R. Schmidt (Fn. 13), S. 72 f.

[22] R. Stober (Fn. 12), Rn. 340.

[23] Angesprochen ist dieser „Modus des Verhältnisses von Staat und Wirtschaft“ bei H. Krüger, Von der Notwendigkeit einer freien und auf lange Sicht angelegten Zusammenarbeit zwischen Staat und Wirtschaft, 1966, S. 23.

Der Begriff „Einwirkung“[24] deckt sich hierbei weitgehend mit einem weit verstandenen Begriff der „Wirtschaftslenkung“, wie er oben skizziert ist. Unter „Einwirkung“ soll in Anlehnung an den wirtschaftswissenschaftlichen Begriff der Wirtschaftspolitik[25] die Gesamtheit der staatlichen Maßnahmen verstanden werden, die das Energiewirtschaftsgeschehen beeinflussen. Dieser weite Begriff der „Einwirkung“ erfaßt dann so unterschiedliche Einwirkungsformen wie § 103 GWB, der die Versorgungsmonopole der leitungsgebundenen Energiewirtschaft legalisiert, und die energiewirtschaftlich bedeutsame Bauleitplanung, Raumordnung und Landesplanung[26].

---

[24] Diesen Begriff legt auch H. D. Jarass, Wirtschaftsverwaltungsrecht, 1980, S. 35 f.; ders., Formen staatl. Einwirkung (Fn. 10), S. 507 ff. zugrunde.

[25] R. Schmidt (Fn. 13), S. 59.

[26] H. U. Evers, Das Recht der Energieversorgung, 2. Aufl., 1983, S. 227 ff.

1. Kapitel

Einseitige staatliche Einwirkung zur Sicherung der Energieversorgung

1. Abschnitt

Eingriff und Subvention als Mittel staatlicher Einwirkung

In den fünfziger und sechziger Jahren lag ein Schwergewicht dieser Art der staatlichen Einwirkung im Kohle- und Mineralölbereich. Sie zielte darauf ab, den Steinkohleabsatz gegenüber dem Vordringen des Öls aus sozial- und strukturpolitischen Gründen zu schützen. Der Staat gab Schutzmaßnahmen zugunsten der Steinkohle gegenüber einer Anpassung der Förderung an die geringer werdende Nachfrage den Vorzug[27]. Erst die Ölkrisen der siebziger Jahre weckten das Bewußtsein knapper Energieressourcen. Es führte dazu, die Maßnahmen zum Schutz der heimischen Steinkohle als „Sicherung der Energieversorgung" zu etikettieren[28].

Schon ab Mitte der fünfziger Jahre gab der Bund erhebliche Mittel zur Förderung der Kernenergie aus. In den siebziger Jahren kamen Zuschüsse für den Fernwärmeausbau, für Maßnahmen der Energieeinsparung; den Bau von Heizkraftwerken und den Einsatz von „alternativen" Energien hinzu.

I. Eingriffe

1. Begriff und Anwendungsfälle

Die moderne Vielfalt staatlicher Einwirkungen auf die Energiewirtschaft hat die Konturen des „Eingriffs" als staatlicher Einwirkungsform verschwimmen lassen. So stellt sich die Frage, ob ein Unternehmen, das sich

[27] H. H. Seidler, Rechtsschutz bei staatlicher Wirtschaftsplanung, S. 14 ff.; P. Selmer, Möglichkeiten und Grenzen staatlicher Eingriffe zur Sicherung der Energieversorgung, Schriftenreihe Recht – Technik – Wirtschaft (Hrsg. R. Lukes), Band 4 (1974), S. 8 f.; H. Baumann, Rechtsprobleme freiwilliger Selbstbeschränkung, jur. Diss., 1978, S. 17.

[28] Vgl. zum Beispiel: Energieprogramm der BReg, 3. Fortschreibung 1981 (Fn. 2), Tz. 1; 8. Subventionsbericht der BReg v. 6. 11. 81, BT-Drucks. 9 / 986 S. 10; M. Meyer-Renschhausen, Das Energieprogramm der BReg, 1981, S. 77 ff.

unter staatlichem Druck zu einer Selbstbeschränkung (zum Beispiel eine Ölabsatzquote einzuhalten gemäß Heizöl-Selbstbeschränkungsabkommen 1965) bereitfindet, durch staatlichen Eingriff gelenkt wird. Im Hinblick darauf läßt sich unter rechtsstaatlichen Erfordernissen der Eingriff im weiteren Sinne bestimmen als jede staatliche Maßnahme, die Freiheit und Eigentum eines Rechtssubjekts *faktisch* berührt[29].

Der in diesem Abschnitt verwendete Begriff des klassischen Eingriffs ist enger. Er meint die imperative einseitige Einwirkung des Staates mittels Gesetz und Verwaltungsakt, aus der sich Rechtspflichten der Betroffenen ohne Rücksicht auf ihr Einverständnis ergeben[30]. Von diesem Mittel hat die staatliche Energiepolitik zur Sicherung der Energieversorgung umfangreichen Gebrauch gemacht.

Im Rahmen der internationalen energiepolitischen Zusammenarbeit beteiligt sich die Bundesrepublik am Internationalen Energieprogramm (IEP) v. 8. 11. 1974, welches die Internationale Energieagentur (IEA) gem. Art. 1 des IEP ausführt[31]. Das IEP dient der Abwehr von Mineralöl- und Erdgasversorgungskrisen. Im Falle einer krisenhaften Störung der Mineralöl- und Erdgasversorgung, den die Organe der IEA (Kapitel IX des IEP) feststellen, setzt ein Programm aus Vorratsabbau, Verbrauchsreduzierung und Ölumverteilung zwischen den Teilnehmerstaaten ein.

Das Energiesicherungsgesetz 1975[32] gewährleistet die Durchführung des IEP. Daneben ermächtigt es zu einer umfassenden Bewirtschaftung des gesamten Energiesektors, wenn die Erdöl- und Erdgaseinfuhr plötzlich verknappt und marktwirtschaftliche Mittel nicht genügen. Die Bundesregierung darf Rechtsverordnungen über Produktion, Verwendung, Verteilung, Transport, Einfuhr, Lagerung und Höchstpreise erlassen.

Während das Energiesicherungsgesetz nur im Krisenfall zu staatlichen Eingriffen ermächtigt, verpflichtet das Gesetz über Mindestvorräte an Erdölerzeugnissen 1965 (Novelle 1975)[33] Raffineriegesellschaften und Ölimporteure auch in „Friedenszeiten" dazu, Vorräte an Öl und Ölprodukten für 40 bis 90 Tage auf eigene Kosten vorzuhalten. Das Gesetz erging

---

[29] Im einzelnen ist die Frage, ob faktische Freiheitsbeeinträchtigungen als Grundrechtseingriffe zu qualifizieren sind, sehr umstritten; näheres bei den Einwirkungsformen der Subvention, des öffentlichen Unternehmens und der Kooperation; vgl. Jarass, Wirtschaftsverwaltungsrecht, S. 36, 130, 228, 229; Klenke, Wirtschaftssubventionen und Eigentumsgarantie, S. 135 - 146.

[30] H. D. Jarass, Wirtschaftsverwaltungsrecht, S. 35.

[31] „Übereinkommen über ein Internationales Energieprogramm v. 18. 11. 1974", BGBl. 1975 II, 701.

[32] BGBl. 1974 I, 3681.

[33] BGBl. 1965 I, 1217; BGBl. 1975 I, 1477; näher hierzu: Jarass (Fn. 10), S. 513; v. Zezschwitz, JA 1978, 499; BVerfGE 30, 292 (Mineralölbevorratung).

1965 nicht nur zum Zweck, die Energieversorgung zu sichern. Es hatte auch den strukturpolitischen Zweck, durch höhere Lagerkosten der Mineralölwirtschaft den Steinkohlenbergbau zu schützen. Darüber hinaus sollte es das Heizölselbstbeschränkungsabkommen 1965 dadurch absichern, daß es Klein- und Gelegenheitsimporteure ausschaltete und Newcomern den Marktzutritt versperrte[34].

Ebenfalls dem Schutz des deutschen Steinkohlenbergbaus dient die 1958 eingeführte Genehmigungspflicht für Kohleimporte, die 1959 durch einen Kohlenzoll mit Freikontingent ergänzt worden ist[35] sowie die Heizölsteuer, die seit 1960 erhoben wird[36].

Gleichzeitig mußten allerdings zum Schutz der inländischen Rohölförderung in den Jahren 1953 - 1963 Rohöleinfuhren verzollt werden[37]. Ab 1980 wird für die inländische Erdöl- und Erdgasförderung aufgrund des Bundesberggesetzes eine Förderabgabe erhoben[38].

Anzeige- und Genehmigungspflichten sind ein verbreitetes Mittel staatlicher Energielenkung. Das Energiewirtschaftsgesetz v. 13. 12. 1935 (EnWG) ermächtigt im Bereich der Elektrizitäts- und Gasversorgung zu einer Investitions- und Zulassungskontrolle[39]. Gem. § 4 I EnWG müssen die Energieversorgungsunternehmen (EVU) den Bau, die Erneuerung, Erweiterung und Stillegung von Energieanlagen den zuständigen Behörden anzeigen. Diese können die beabsichtigten Investitionen untersagen, § 4 II EnWG – Investitionskontrolle. Gem. § 5 EnWG steht die erstmalige Aufnahme einer öffentlichen Energieversorgung (Gegenbegriff: eigene Energieversorgung) unter Genehmigungsvorbehalt – Zulassungskontrolle.

Der in § 7 I Atomgesetz geregelte Genehmigungsvorbehalt für die Errichtung und den Betrieb von Kernkraftwerken kann nicht nur zur Gefahrenabwehr eingesetzt werden. Die zuständigen Landesministerien (§ 24 II AtomG) erteilen die Genehmigung nach Ermessen und können in diesem Rahmen energiepolitische Zweckmäßigkeitsentscheidungen treffen[40].

---

[34] Unter diesem Aspekt erklärte BVerfGE 30, 292 das Gesetz für verfassungswidrig; vgl. H. Baumann, Rechtsprobleme Freiwilliger Selbstbeschränkung, jur. Diss., 1978, S. 16.

[35] Monopolkommission (Fn. 1), Tz. 828; Kaiser, NJW 1973, 585.

[36] Monopolkommission (Fn. 1), Tz. 826; U. Dolinski / H. J. Ziesing, Maßnahmen für eine sichere und umweltverträgliche Energieversorgung, 1978, S. 325; Dieter Eckstein, Die wirtschaftliche Betätigung, S. 97 f.

[37] Monopolkommission (Fn. 1), Tz. 587.

[38] 3. Fortschreibung (Fn. 2), Tz. 98.

[39] Jarass (Fn. 10), S. 518; Monopolkommission (Fn. 1), Tz. 746 - 748, 774 - 776; Wochner, DB 1982, 993 ff.; Evers, Das Recht der Energieversorgung, S. 99 ff.

[40] Jarass (Fn. 10), S. 516; 3. Fortschr. (Fn. 2), Tz. 80; Dolinski / Ziesing (Fn. 36), S. 331 unter 5.1.1.

Einschneidend haben das zweite Verstromungsgesetz v. 5. 9. 1966[41] und das dritte Verstromungsgesetz v. 13. 12. 1974[42] in den Energiemarkt eingegriffen. Die Regelungen dieser Gesetze, die auf den Einsatz von Steinkohle in der Stromerzeugung abzielen, haben dazu beigetragen, den Absatzrückgang der Steinkohle zu stoppen[43].

Zunächst bedienen auch sie sich der klassischen Genehmigungspflicht für den Öleinsatz in Kraftwerken sowie für die Errichtung von Heizöl- und Erdgaskraftwerken. Darüber hinaus koppelt das 3. VerstromG per Ausgleichsabgabe („Kohlepfennig") die staatlichen Einwirkungsformen des Eingriffs und der Subvention[44]. Die Energieversorgungsunternehmen, soweit sie Endverbraucher beliefern und Stromeigenversorger haben an einen Fond eine Ausgleichsabgabe zu erbringen, die sie mittels einer Erhöhung des Strompreises auf die Verbraucher überwälzen können. Stromerzeuger, die Steinkohle verstromen, erhalten auf Antrag nach Ermessen der zuständigen Behörde Zuschüsse aus dem Ausgleichsfond. Dadurch wird der Preisunterschied von Heizöl und Kohle bei der Stromerzeugung ausgeglichen.

Diese Maßnahmen hatten Anteil an der sinkenden Auslastung der Ölraffineriekapazitäten. Noch in den siebziger Jahren mit hohem Kostenaufwand erstellte Raffinerien mußten stillgelegt werden[45].

Die Elektrizitäts- und Gaswirtschaft erfährt im Kartell- und im Energiewirtschaftsgesetz eine Sonderbehandlung. Sie ist gem. § 103 I GWB von den wettbewerbsrechtlichen Vorschriften unter §§ 1, 15, 18 GWB freigestellt. Um den Mißbrauch dieser Bereichsausnahme vom Kartellverbot zu verhindern, unterliegen die Energieversorgungsunternehmen einer Mißbrauchsaufsicht gem. § 103 IV - VI GWB[46]. Hinzu kommt die Preisaufsicht gem. § 7 EnWG, die allerdings durch eine Vielzahl von Gesetzen und Rechtsverordnungen („Preisgesetzen") verdrängt wird[47].

Auch der Endverbraucher ist unmittelbar Adressat staatlicher Eingriffe zur Sicherung der Energieversorgung. So stellt das Energieeinsparungsgesetz v. 22. 7. 1976[48] zusammen mit Rechtsverordnungen bestimmte Anforderungen an heizungs- und raumlufttechnische Anlagen, Brauchwasseranlagen und an den Wärmeschutz bei Gebäuden.

---

41 BGBl. 1966 I, 545.

42 BGBl. 1974 I, 3473 i.d.F. v. 17. 11. 1980, BGBl. I 2138.

43 Monopolkommission (Fn. 1), Tz. 655 - 657, 830; Dolinski / Ziesing (Fn. 36), S. 326, 328, 331, 332; Jarass (Fn. 10), S. 512.

44 Hierzu U. Engelmann, ET 1980, 494; Jarass, WiVWR (Fn. 30), S. 229 f., 125.

45 „Die Zeit" v. 2. 12. 1983, S. 25 („Die große Pleite"); Hannoversche Allgemeine Zeitung v. 8. 11. 84, S. 10.

46 Evers (Fn. 39), S. 203 ff.; Monopolkommission (Fn. 1), Tz. 756 - 765.

47 Evers (Fn. 39), S. 145 - 149, 161 - 173; Jarass (Fn. 10), S. 518 f.; Monopolkommission (Fn. 1), Tz. 752 - 755, 769 - 772.

48 i.d.F. v. 20. 6. 1980 BGBl. I 701; Dolinski / Ziesing (Fn. 36), S. 332 f.

Als in der Diskussion befindliche staatliche Eingriffsmöglichkeiten seien schließlich genannt[49]:

- gem. StVO Vorrang für Bus und Straßenbahn
- Anschluß- und Benutzungszwang für bestimmte Energiearten (z. B. Fernwärme); er ist in einigen Gemeindeordnungen schon zum Teil vorgesehen[49a] (z. B. § 19 GO NW)
- Verbote bestimmter Bauweisen in den LBauO
- Regelung der Berufsausbildung im Sinne energiepolitischer Ziele z. B. im Hinblick auf Wärmedämmung in Neubauten eine entsprechende Berufsausbildung in Handwerk und Gewerbe
- Strafen und Ordnungswidrigkeiten bei zu hohem Energieverbrauch
- staatliche Kontrolle von Heizungsanlagen
- Buchhaltungspflicht über den Energieverbrauch

2. Folgen der Eingriffe für die (Wirtschafts-)Freiheit und Unterscheidung von Staat und Gesellschaft

Böckenförde[50] diagnostiziert eine zunehmende Identifikation von Staat und Wirtschaft, die aus der Absicherung des industriell-technischen Prozesses mittels staatlicher Wirtschaftssteuerung ohne direkte Gebote und Verbote resultiere.

Aber die Identifikation von Staat und Gesellschaft (Energiewirtschaft) setzt schon auf der Stufe der klassischen Einwirkungsform des Eingriffs ein. Genehmigungspflichten, Mißbrauchs- und Preisaufsicht sowie Pflichten, bei der Erfüllung öffentlicher Aufgaben mitzuwirken (Erdölbevorratung), begrenzen als Instrumente der Wirtschaftslenkung stückweise die Freiheit der Wirtschaftssubjekte in klassischer Weise um bestimmter öffentlicher Zwecke willen. Ihre wirtschaftslenkende Funktion läßt insoweit die organisatorische und funktionale Unabhängigkeit des Staates und der Energiewirtschaft voneinander schwinden. Die Lenkungsfunktion des jeweiligen Eingriffs begründet eine Wechselbeziehung zwischen beiden. Die wirtschaftslenkende Funktion der klassischen Einwirkungsform des Eingriffs zeigt sich als erster Baustein eines übergreifenden staatlichen Planungszusammenhanges zur Sicherung der Energieversorgung.

---

[49] Dolinski / Ziesing (Fn. 36), S. 326, 333 - 337.

[49a] Näher s. u. 2. Kap. 2. Abschn. III. 2.

[50] Die Bedeutung (Fn. 7), S. 206 ff.

3. Maß der verfassungsrechtlich festgelegten (Wirtschafts-)Freiheit und Unterscheidung von Staat und Gesellschaft bezogen auf Eingriffe

Die vorliegende Arbeit untersucht die Grenzen der staatlichen Einwirkung zur Sicherung der Energieversorgung unter der Leitidee der grundgesetzlich verankerten (Wirtschafts-)Freiheit und Unterscheidung von Staat und Gesellschaft. Allerdings bestimmen sich die Grenzen staatlicher Eingriffe nicht nur am Maßstab dieser Leitidee – dazu unten (b.) –, sondern sie hängen auch ab von der Auslegung des Sozialstaatsprinzips gem. Art. 20 I GG. Es fragt sich, ob Eingriffe zur Sicherung der Energieversorgung unmittelbar aufgrund des Sozialstaatsprinzips zulässig sind.

a) Das Sozialstaatsprinzip als Anlaß und Rechtfertigung staatlicher Eingriffe zur Sicherung der Energieversorgung

Die in Art. 20 I GG verankerte Staatszielbestimmung des Sozialstaats bindet die Staatsgewalt und ist damit mehr als ein unverbindlicher Programmsatz. Über den Inhalt dieser Bindung lassen sich aber nur sehr zurückhaltende Aussagen treffen. Das Grundgesetz gibt kaum Hinweise für die Auslegung dieses vieldeutigen Begriffs[51]. Soll das Parlament nicht durch die Rechtsprechung – vor allem das BVerfG – entmachtet werden, muß die Konkretisierung des Sozialstaatsprinzips der Entscheidung des Gesetzgebers überlassen bleiben[52]. Nur dies entspricht dem ebenfalls in Art. 20 I GG enthaltenen Demokratieprinzip.

Dementsprechend führt das BVerfG[53] plastisch aus, das Sozialstaatsprinzip lege nur Ziele – das „was" – fest, lasse aber für deren Verwirklichung – das „wie" – alle Wege offen. Dies führt zu der Frage, ob die Sicherung der Energieversorgung gem. Art. 20 I GG als sozialstaatliche Aufgabe vorgeschrieben ist.

Die Sozialstaatsklausel dynamisiert die Staatszwecke. Sie ermöglicht eine Anpassung der Staatsaufgaben an die sich wandelnde gesellschaftliche Wirklichkeit[54]. Daher erschöpft sie sich nicht in ihrer ursprünglichen Bedeutung als Auftrag an den Staat, soziale Gerechtigkeit herzustellen. Die Entwicklung der Bundesrepublik Deutschland zur modernen Industriegesellschaft hat die Sicherung der Energieversorgung zur Existenzbedingung werden lassen. Dem BVerfG ist daher darin zuzustimmen, daß die Sicherung der Energieversorgung eine staatliche Aufgabe darstellt[55]. Sie hat ihren Sitz im Sozialstaatsprinzip.

[51] M/D/H/S - Herzog, Art. 20, VIII., Rn. 5, 6.

[52] M/D/H/S - Herzog, Art. 20, VIII., Rn. 22, 25, 26.

[53] BVerfGE 22, 180 (204); 59, 231 (263).

[54] P. Kirchhof, Verwalten durch mittelbares Einwirken, S. 178; M/D/H/S - Herzog, Art. 20, VIII., Rn. 12 - 14.

Daraus lassen sich allerdings keine Schlußfolgerungen auf die Zulässigkeit des jeweiligen staatlichen Eingriffs zur Sicherung der Energieversorgung ziehen[56]. Dies ergibt sich schon aus der Unbestimmtheit des verfassungsrechtlichen Sozialstaatsgebotes. Böckenfördes[57] Ansicht, daß eine von Verfassung oder Gesetzes wegen staatliche Aufgabe automatisch staatliche Lenkung – hier in der Form des Eingriffs – erfordert, ist nicht zwingend.

Zu einem anderen Ergebnis führt auch nicht die Qualifizierung der Sicherung der Energieversorgung als Daseinsvorsorge. Dieser von Forsthoff geprägte Begriff bezeichnet den Verwaltungszweck der leistenden Verwaltung, der darin liegt, die Allgemeinheit oder bestimmte Personenkreise in den Genuß nützlicher Leistungen zu versetzen.

Über diese dogmatische Bedeutung[58] geht der nur verwaltungs-, nicht aber verfassungsrechtliche Begriff der Daseinsvorsorge nicht hinaus. Er sozialisiert insbesondere nicht, wie es Badura ausdrückt, bestimmte private Tätigkeiten. Mithin kann dem Begriff der Daseinsvorsorge als verwaltungsrechtlichem Spiegelbild des verfassungsrechtlich verankerten Sozialstaatsprinzips nichts über die Zulässigkeit einzelner staatlicher Eingriffe zur Sicherung der Energieversorgung entnommen werden.

Es hat sich gezeigt, daß der verfassungsrechtliche Begriff des Sozialstaats, wie er in Art. 20 I GG enthalten ist, die Staatsaufgabe der Sicherung der Energieversorgung umfaßt. Dem hiervon zu scheidenden politischen Begriff des Sozialstaats[59] ist die Frage zuzuordnen, wie diese Aufgabe erfüllt werden soll. Die Antworten hierauf lassen sich grob skizziert auf zwei gegensätzliche Ansatzpunkte zurückführen. Der Forderung nach unternehmenswirtschaftlicher Zuständigkeit, Planung und Betätigung[60] steht die These gegenüber, daß die marktwirtschaftliche Lösung ins Abseits führe und staatliche Hilfe notwendig sei[61].

Insoweit besteht ein weites Ermessen der politischen Entscheidungsorgane in Gesetzgebung und Exekutive. Den Anlaß für ihr Tätigwerden in der Form des Eingriffs zur Sicherung der Energieversorgung bildet die im Sozialstaatsprinzip des Grundgesetzes verankerte Staatsaufgabe der Sicherung der Energieversorgung. Die Grenzen dieser Tätigkeit ergeben sich aus

---

55 BVerfGE 30, 292, 311 f. (Erdölbevorratung) ebenso Selmer, Möglichkeiten und Grenzen staatl. Eingriffe zur Sicherung der Energieversorgung, S. 13 f.

56 Im Ergebnis ebenso: Selmer (Fn. 55), S. 13; M/D/H/S - Herzog, Art. 20, VIII., Rn. 17 a. E.

57 Die Bedeutung (Fn. 7), S. 202, 211 f.

58 Zu ihr Badura, DÖV 1966, S. 627, 628.

59 Zur Unterscheidung beider Begriffe des Sozialstaates: M/D/H/S - Herzog, Art. 20, VIII., Rn. 24, 25.

60 So z. B. Hermann, DVBl. 1982, 1170 i.V.m. 1168 f.

61 So z. B. B. Börner, Gemeinsame Energiepolitik und Gemeinschaftsrecht S. 83 - 85; in: Studien zum dt. + europ. WiR, Band III, 1980.

den im folgenden zu behandelnden rechtsstaatlichen, d. h. freiheitssichernden Elementen des Grundgesetzes, die gleichzeitig das verfassungsrechtlich vorgeschriebene Maß an Unterscheidung von Staat und Gesellschaft (Energiewirtschaft) markieren[62].

b) Rechtsstaatliche Grenzen der Eingriffe zur Sicherung der Energieversorgung

Objektive Grenzen der staatlichen Eingriffe zur Sicherung der Energieversorgung folgen aus den rechtsstaatlichen Prinzipien der Gesetzmäßigkeit der Verwaltung in der Ausprägung des Gesetzesvorrangs und Gesetzesvorbehalts gem. Art. 20 III GG[63] und des Verhältnismäßigkeitsgrundsatzes (Geeignetheit, Erforderlichkeit, Verhältnismäßigkeit i.e.S.)[64].

Die Grundrechte als das subjektbezogene Gegenüber des klassischen Eingriffs scheinen ihre gewohnte Rolle zu spielen. Als Prüfungsmaßstäbe etwa der Heizölsteuer, Erdölbevorratungspflicht und der Eingriffe aufgrund der Verstromungsgesetze werden die Wirtschaftsfreiheit gem. Art. 2 I GG[65], die speziellere Berufs- und Eigentumsfreiheit gem. Art. 12 I und 14 GG sowie der allgemeine Gleichheitssatz gem. Art. 3 I GG herangezogen[66].

Bei näherer Betrachtung erweist sich jedoch ihre Anwendbarkeit als problematisch. Adressaten der Eingriffe zur Sicherung der Energieversorgung sind weit überwiegend öffentliche Unternehmen in den Rechtsformen juristischer Personen des Privatrechts und Großunternehmen. Die Grundrechtssubjektivität solcher Unternehmen wird verbreitet in Zweifel gezogen. Wäre sie zu verneinen, hätte dieser Umstand nicht nur Folgen für die Einwirkungsform des Eingriffs, sondern auch für die an späterer Stelle eingehend zu behandelnden Einwirkungsformen der Subvention und Kooperation. Die „öffentlichen Unternehmen" und „Großunternehmen" gerieten zu Einfallstoren staatlicher Einwirkung zur Sicherung der Energieversorgung, weil ein Grundrechtsschutz dieser Unternehmen und damit – wegen der Verbreitung dieser Unternehmensformen – eine Abwehrfunktion der Grundrechte weitgehend entfiele.

---

[62] s. o. Einleitung I.

[63] Ausführlich Erichsen / Martens / Ossenbühl, § 5 II.

[64] V. Zezschwitz, JA 1979, 252; Gentz, NJW 1968, 1601; P. Kirchhof (Fn. 54), S. 180.

[65] Als Handlungsfreiheit im wirtschaftlichen Bereich, G. Rinck, Wirtschaftsrecht, Rn. 157, 160 m.w.N.; vgl. auch B. Börner, Staatsmacht und Wirtschaftsfreiheit, in: Studien zum deutschen und europäischen Wirtschaftsrecht, Band 2, S. 435.

[66] Selmer (Fn. 55), S. 19 ff.; Gubelt, Das Gesetz zur Sicherung des Steinkohleeinsatzes in der E-Wirtschaft, S. 39 - 70; BVerfGE 30, 292 (312 - 336) – Mineralölbevorratung.

aa) Eingriffe zur Sicherung der Energieversorgung gegenüber öffentlichen Unternehmen

Um die Problematik des Zusammentreffens der beiden staatlichen Einwirkungsformen des Eingriffs und des öffentlichen Unternehmens abgrenzen zu können, muß zunächst im Vorgriff auf den nächsten Abschnitt der Begriff des öffentlichen Unternehmens kurz erläutert werden. Darunter ist mit Emmerich[67] ein Unternehmen zu verstehen, das der Staat entweder allein oder gemeinsam mit privaten Rechtssubjekten innehat. Im letzteren Fall ist es erforderlich, daß der Staat neben den Privaten an der Leitung des Unternehmens beteiligt ist. Man spricht dann von einem gemischtwirtschaftlichen Unternehmen.

Öffentliche Unternehmen können öffentlich-rechtlich oder privatrechtlich organisiert sein. Die geschilderten Eingriffe zur Sicherung der Energieversorgung betreffen fast ausschließlich öffentliche Energieunternehmen in der Rechtsform einer juristischen Person des Privatrechts. Genannt seien die Vereinigte Elektrizitäts- und Bergwerks AG (VEBA) mit einem Bundesanteil von 30 %, die VEBA Oel AG, die sich zu 100 % in Händen der VEBA AG befindet[68], die Vereinigte Industrieunternehmen AG (VIAG) mit einem Bundesanteil von 100 %[69] sowie die großen stromerzeugenden Verbundunternehmen wie das Rheinisch-Westfälische Elektrizitätswerk AG (RWE) und die Vereinigten Elektrizitätswerke Westfalen AG (VEW)[70].

Die Auswirkungen der geschilderten Eingriffe auf die öffentlichen Energieunternehmen und damit die praktische Bedeutung der Frage nach ihrer Grundrechtssubjektivität seien am Beispiel des RWE erläutert.

Das RWE ist als gemischtwirtschaftliches Verbundunternehmen Stromerzeuger[71]. Dadurch unterliegt es den Genehmigungspflichten der Verstromungsgesetze für den Öleinsatz in Kraftwerken sowie für die Errichtung von Öl- und Gaskraftwerken. Weil es Endverbraucher beliefert, hat es die Ausgleichsabgabe des 3. Verstromungsgesetzes zu entrichten. Die Investitionskontrolle des § 4 EnWG betrifft es als Betreiber von Energieanlagen, und die Genehmigungspflicht des § 7 AtomG gilt für seine Kernkraftwerke. Im Krisenfall wäre es Adressat der Bewirtschaftungsmaßnahmen aufgrund des Energiesicherungsgesetzes.

---

[67] Das Wirtschaftsrecht der öffentlichen Unternehmen, S. 49 - 63; vgl. auch H. H. Klein, Die Teilnahme des Staates am wirtschaftlichen Wettbewerb, S. 38.

[68] Commerzbank, Wer gehört zu wem? (1982).

[69] „Die Zeit" v. 22. 6. 84 und 16. 11. 84 S. 25.

[70] Monopolkommission (Fn. 1), Tz. 733.

[71] Monopolkommission (Fn. 1), Tz. 703, 733; RWE-Information für das Geschäftsjahr 1983/84 in „Die Zeit" v. 24. 8. 1984, S. 21.

Den verfassungsrechtlichen Anknüpfungspunkt zur Beantwortung der Frage nach der Grundrechssubjektivität der von den Eingriffen zur Sicherung der Energieversorgung betroffenen öffentlichen Energieunternehmen in den Rechtsformen juristischer Personen des Privatrechts bildet Art. 19 III GG. Danach gelten die Grundrechte auch für inländische juristische Personen, soweit sie ihrem Wesen nach auf diese anwendbar sind.

Ohne Einschränkung lehnt Dürig die Grundrechtsfähigkeit öffentlicher Unternehmen in privatrechtlicher Organisationsform ab[72]. Er meint, auch wenn sich der Staat in privatrechtlicher Rechtsform am Wirtschaftsleben beteilige, verliere er nichts von seinem „Wesen" und stehe deshalb nicht auf einer Stufe mit dem Bürger. Dürig möchte der privatrechtlichen Rechtsform keine Bedeutung beimessen, weil der Staat in diesem Gewand ebenso als Grundrechtsadressat tätig werde wie bei einem Handeln in öffentlich-rechtlicher Rechtsform. Dieser Ansatz versagt bei der hier besonders interessierenden Nagelprobe „gemischtwirtschaftliches Unternehmen" (z. B. RWE, VEBA), da er der privaten Kapitalbeteiligung an diesem Typ öffentlicher Unternehmen keine Rechnung trägt[73].

Unpraktikabilität kennzeichnet verschiedene andere „differenzierende" Lösungen. So ist die Forderung Brenners[74], wegen drohender Ausuferung staatlicher Wirtschaftstätigkeit einen Grundrechtsschutz öffentlicher Unternehmen zu verneinen, nicht konsequent, da er den Grundrechtsschutz durch die Hintertür im Wege analoger Anwendung der Grundrechte wieder einführt. Hinzukommt, daß der Ausdehnung staatlicher Wirtschaftstätigkeit mittels öffentlicher Unternehmen Grenzen gezogen sind. Sie liegen insbesondere in den Grundrechten privater Konkurrenzunternehmen und im Verhältnismäßigkeitsgrundsatz[75].

Emmerich[76] möchte danach differenzieren, ob das fragliche Unternehmen mehr als Teil des Staates oder mehr als juristische Person des Privatrechts erscheint. Im ersteren Fall verneint er den Grundrechtsschutz und nennt als Beispiel, daß der Staat ein öffentliches Unternehmen als wirtschaftspolitisches Instrument einsetzt. Nach dieser Auffassung könnten sich die öffentlichen Unternehmen im Bereich der Sicherung der Energieversorgung – etwa gegenüber Eingriffen aufgrund der Verstromungsgesetze – nicht auf Grundrechte berufen.

Das BVerfG billigt juristischen Personen des Privatrechts den Schutz der Grundrechte zu, wenn die grundrechtlich geschützte Tätigkeit in gleicher

---

[72] In M/H/D/S - Herzog, Art. 19, III., Rn. 44 - 47.

[73] So zutreffend H. H. Klein, Teilnahme, S. 234, Fn. 30.

[74] BB 1962, 727 - 730.

[75] Bonner Kommentar - v. Mutius, Art. 19 III, Rn. 146; näher s. u. 2. Abschnitt über die staatliche Einwirkungsform des öffentlichen Unternehmens.

[76] Das Wirtschaftsrecht der öffentlichen Unternehmen, S. 91 - 93.

Weise von einer natürlichen Person wie von einer juristischen Person ausgeübt werden kann[77]. Den Sonderfall der öffentlichen Unternehmen, die juristische Personen des Privatrechts sind, spricht diese Rechtsprechung nicht unmittelbar an.

In einer neueren Entscheidung[78] hat das BVerfG allerdings die Grundrechtssubjektivität einer ganz im gemeindlichen Eigentum befindlichen in der Wasserversorgung tätigen Aktiengesellschaft (Eigengesellschaft) – Stadtwerke Hameln – verneint. Ausgangspunkt hierfür ist die Rechtsprechung, nach der juristische Personen des öffentlichen Rechts nur ausnahmsweise Grundrechtsfähigkeit besitzen. Dafür verlangt das BVerfG, daß sie den Bürgern zur Verwirklichung ihrer individuellen Grundrechte dienen und vom Staat distanziert sind. Sie müssen sich in der gleichen „grundrechtstypischen Gefährdungslage" wie ein Privater befinden. Liegen diese Voraussetzungen im Einzelfall nicht vor, soll auch eine privatrechtliche Eigengesellschaft, deren sich die juristische Person des öffentlichen Rechts zur Erfüllung der konkreten Verwaltungsaufgabe bedient, nicht grundrechtsfähig sein. Anderenfalls hänge die Grundrechtsfähigkeit der öffentlichen Hand in nicht geringem Umfang von der jeweiligen Organisationsform ab.

Damit schließt das BVerfG nicht aus, daß gemischtwirtschaftliche Unternehmen, die in der Energiewirtschaft dominieren[79], Grundrechtsträger sein können. An ihnen haben sich Private mit ihrem Kapital beteiligt. Sie dienen somit als Grundlage privater Initiative. Hieran knüpft auch das BVerfG an. Nach seiner zutreffenden Ansicht[80] ist die Grundrechtssubjektivität eines Rechtssubjekts im Hinblick auf Art. 14 GG davon abhängig, daß das Eigentum in der Hand des betreffenden Rechtssubjekts die Funktion erfüllen kann, Grundlage privater Initiative zu sein. Dieser Rechtsgedanke trifft auch auf die Grundrechte aus Art. 2 I und 12 I GG zu, soweit sie wirtschaftliche Freiheit schützen.

Aufgrund der privaten Kapitalbeteiligung erfüllen die Wirtschaftsgrundrechte gem. Art. 2 I, 12 I und 14 GG in der Hand gemischtwirtschaftlicher Energieunternehmen die Funktion, Grundlage privater Initiative zu sein. Diese Unternehmen sind somit grundrechtsfähig. Ihre Grundrechtssubjektivität kann nicht nach öffentlicher und privater Kapitalbeteiligung aufgespalten werden, weil das jeweilige gemischtwirtschaftliche Energieunternehmen eine einheitliche Rechtsperson darstellt.

---

[77] BVerfGE 30, 292 (312); 21, 261 (266) bzgl. Art. 12 GG.

[78] BVerfGE 45, 63 (79 f.); Fortführung dieser Rechtsprechung in BVerfGE 61, 82 (105).

[79] Im einzelnen s. u. 2. Abschn. I. 1. - 4.

[80] BVerfGE 61, 82 (108).

Hinzu kommen die privatrechtliche Verselbständigung[81] und der Umstand, daß die gemischtwirtschaftlichen Energieunternehmen der öffentlichen Gewalt wie jeder Privatmann unterworfen sind[82] – wie die geschilderten Eingriffe zur Sicherung der Energieversorung zeigen – und sich damit in der gleichen „grundrechtstypischen" Gefährdungslage befinden.

Anders als der Fall der Stadtwerke Hameln stellt sich die Lage auch derjenigen Energieunternehmen dar, die reine Eigengesellschaften sind. Sie befinden sich gleichfalls aufgrund der gezeigten und im folgenden noch zu behandelnden staatlichen Einwirkungen zur Sicherung der Energieversorgung in einer ähnlichen grundrechtstypischen Gefährdungslage wie rein privatwirtschaftliche und gemischtwirtschaftliche Unternehmen. Dieser Aspekt hat höheres Gewicht als der Umstand, daß die beteiligten öffentlichen Gebietskörperschaften mit ihnen die staatliche Aufgabe der Sicherung der Energieversorgung erfüllen. Die rechtliche Verselbständigung hat also zur Folge, daß sie der öffentlichen Hand vergleichbar einem Privaten unterworfen und damit grundrechtsfähig sind. Sie besitzen auch nicht die Privilegien, die ihren öffentlichen Anteilseignern zukommen. Erst diese „Fiskusprivilegien" wie etwa die bevorzugte Behandlung bei Zwangsvollstreckung und Polizeipflichtigkeit, die den Eigengesellschaften nicht zur Verfügung stehen, liefern dem BVerfG[82a] das entscheidende Argument, den öffentlichen Anteilseignern als juristischen Personen des öffentlichen Rechts abzusprechen, daß sie der öffentlichen Gewalt wie ein Privater unterworfen sind.

Ein weiteres Argument für die Grundrechtssubjektivität öffentlicher Unternehmen in privater Rechtsform wäre im Hinblick auf staatliche Eingriffe und sonstige Einwirkungen zur Sicherung der Energieversorgung gegeben, wenn dem Grundgesetz das Leitbild einer dezentralen Wirtschaftsordnung zu entnehmen wäre[82b]. Denn die Grundrechtssubjektivität erwiese sich als ein Schutz dezentraler Wirtschaftsplanung.

bb) Eingriffe zur Sicherung der Energieversorgung gegenüber Energiegroßunternehmen

Die Frage nach der Grundrechtssubjektivität großer Energieunternehmen ist im Bereich staatlicher Eingriffe und anderer Einwirkungen zur Sicherung der Energieversorgung von hoher praktischer Bedeutung.

---

[81] Bettermann, Gewerbefreiheit der öffentlichen Hand, Berliner Festschrift für E. E. Hirsch, 1968, S. 2 f.; Püttner, öffentliche Unternehmen, S. 154.

[82] H. H. Klein, Teilnahme, S. 234; BK - V. Mutius, Art. 19 III, Rn. 146 - a. A. M/H/D/S - Düring, Art. 19, III. Rn. 46.

[82a] BVerfGE 61, 82 (105 - 108).

[82b] Dazu s. u. II. 3. c.

Die Liste der oben[83] genannten öffentlichen und zugleich großen Energieunternehmen ist längst nicht vollständig. Noch erwähnt seien etwa die Ruhrkohle AG und die Ruhrgas AG. Im Hinblick auf die Erdölbevorratungspflicht interessieren die großen Mineralölunternehmen wie z. B. die Deutsche Shell AG, Esso AG und Deutsche BP AG. Alle diese großen Energieunternehmen und zahlreiche weitere gehören zu den 100 größten Unternehmen der Bundesrepublik Deutschland[84]. Im Jahre 1983 befanden sich unter diesen 100 „Größten" 21 Energieunternehmen, von denen die VEBA Rang 1, das RWE Rang 9 und die Ruhrkohle Rang 10 hielt. Auf Rang 11 folgte das Mineralölunternehmen Deutsche BP AG.

Den verfassungsrechtlichen Angelpunkt bildet auch hier Art. 19 III GG, weil die Energiegroßunternehmen als juristische Personen des Privatrechts organisiert sind. Das BVerfG hat sich mit der Grundrechtsfähigkeit juristischer Personen des Privatrechts unter dem Aspekt ihrer besonderen Größe bisher nicht befaßt. Auch im Erdölbevorratungsbeschluß[85] hatte es dazu keine Gelegenheit, da lediglich Verfassungsbeschwerden konzernunabhängiger mittelständischer Mineralölunternehmen zur Entscheidung standen.

Großen Unternehmen in der Form juristischer Personen des Privatrechts wird unter den beiden Gesichtspunkten der internen Unternehmensorganisation und des externen Verhältnisses zwischen Unternehmen und Staat bzw. Allgemeinheit die Grundrechtsfähigkeit abgesprochen.

Das große Unternehmen wird als „Unternehmen ohne Unternehmer" charakterisiert, in dem ein aus Nichteigentümern zusammengesetztes Management die Macht übernommen habe. Die Trennung von Kapitalgebern und Managern führe dazu, daß sich der personale Ursprungsgehalt der Grundrechte aus Art. 2 I, 12 I und 14 GG verflüchtige, so daß diese Grundrechte „ihrem Wesen nach" nicht mehr auf Großunternehmen in der Form juristischer Personen des Privatrechts anwendbar seien[86].

Der Beziehungswandel zwischen Staat und Wirtschaft und die öffentliche Bedeutung großer Unternehmen kraft ihrer Produktion dienen als das zweite „externe" Argument, um den Grundrechtsschutz von Großunternehmen zumindest im Hinblick auf Art. 14 GG auszuschließen[87].

Im Gegensatz hierzu kann der soziologische Befund des modernen (Energie-)Großunternehmens – Trennung von Kapital und Management sowie öffentliche Bedeutung des großen Unternehmens in einem gewandelten Ver-

---

[83] s. o. aa).

[84] „Die Zeit" v. 10. 8. 1984, S. 18; Monopolkommission (Fn. 1), Tz. 579, 581.

[85] BVerfGE 30, 292.

[86] Rittstieg, Eigentum als Verfassungsproblem, 1975, S. 346; Püttner, DÖV 1976, 433 f.; v. Zezschwitz, JA 1979, 250 f.

[87] Rittstieg (Fn. 86), S. 349, 351, 361, 363; vgl. auch Krüger, Allgemeine Staatslehre, S. 430 ff. (435 f.).

hältnis von Staat und Wirtschaft[88] – nicht zum Anlaß genommen werden, die Grundrechtsfähigkeit großer (Energie-)Unternehmen zu verneinen.

Das öffentliche Interesse an der Sicherung der Energieversorgung kann im Rahmen der Gesetzesvorbehalte der Grundrechte aus Art. 2 I, 12 I und 14 GG durchgesetzt werden. Für Art. 14 GG zeigt schon die Entstehungsgeschichte des Grundgesetzes, daß auch große (Energie-)Unternehmen Träger des Grundrechts sein sollen[89]. Der Grundsatzausschuß des Parlamentarischen Rates lehnte mit knapper Mehrheit eine Fassung des Art. 14 GG ab, die nur das der persönlichen Lebenshaltung und eigenen Arbeit dienende Eigentum gewährleistete. Anstelle dieser Fassung entschied er sich für den heute gültigen weit formulierten Wortlaut des Art. 14 GG.

Entscheidend ist die dezentralisierende Wirkung, die von einer Grundrechtssubjektivität großer (Energie-)Unternehmen auf den Wirtschaftsprozeß ausgeht[90]. Die Grundrechte begrenzen die staatliche Einwirkung zur Sicherung der Energieversorgung. Große Energieunternehmen können mittels subjektiver Grundrechte gegenüber Eingriffen Rechtsschutz erlangen[91]. Würde dagegen die Anwendbarkeit der Grundrechte verneint, bliebe als Grenze staatlicher Einwirkung nur der objektiv-rechtsstaatliche Verhältnismäßigkeitsgrundsatz. Mangels subjektiver Rechte könnten die betroffenen Energieunternehmen diese Grenzlinie staatlicher Einwirkung jedoch gerichtlich nicht wirksam werden lassen.

Somit spielen im Bereich des staatlichen Eingriffs zur Sicherung der Energieversorgung die Grundrechte ihre gewohnte Abwehrfunktion auch im Hinblick auf die in der Energiewirtschaft vorherrschenden öffentlichen Unternehmen und Großunternehmen. Wäre dem Grundgesetz das Leitbild einer dezentralen Wirtschaftsordnung zu entnehmen[92], läge hierin ein gewichtiges zusätzliches Argument für die Grundrechtsfähigkeit großer Energieunternehmen und öffentlicher Energieunternehmen, da deren Grundrechtsfähigkeit sich als Voraussetzung einer dezentralen Wirtschaftsordnung darstellt.

---

[88] Vgl. Rüfner, DVBl. 1976, 689 und 692.

[89] Friauf, Eigentumsgarantie, in: Marktwirtschaft und soziale Verantwortung (Hrsg.: B. Gemper), S. 444 f.

[90] Rüfner, DVBl. 1976, 691; Friauf (Fn. 89), S. 450; Papier, VVDStRL 35, 101.

[91] Im Mitbestimmungsurteil geht das BVerfG von der Grundrechtssubjektivität großer Unternehmen in Hinblick auf Art. 2 I, 12 I, 14 GG aus, BVerfGE 50, 290 (339 ff.).

[92] Dazu s. u. 3. c).

II. Subventionen

1. Begriff, Anwendungsfälle, Wirkungen

Die staatlichen Subventionen als Einwirkung zur Sicherung der Energieversorgung bieten ein vielgestaltiges Bild. Das erschwert die begriffliche Erfassung dieser Einwirkungsform. Der rechtswissenschaftliche Begriff der Subvention ist bis heute umstritten. In dessen Rahmen braucht der Begriff der Subvention zur Sicherung der Energieversorgung lediglich funktional bestimmt zu werden[93]. Er hat die Aufgabe, alle staatlichen Hilfen zur Sicherung der Energieversorgung zu erfassen, um eine Bestimmung der Grenzlinie der staatlichen Einwirkung auf diesem Gebiet zu ermöglichen.

Demgemäß werden hier unter Subventionen[94] sowohl alle unmittelbaren finanziellen Leistungen aus staatlichen Haushalts- und Fondsmitteln an Unternehmen und Haushalte (Subventionen i.e.S. oder Leistungssubventionen) verstanden als auch mittelbare Hilfen wie Steuervergünstigungen und durch Ausgleichsabgaben finanzierte Zuschüsse[95] (Subventionen i.w.S. oder Verschonungssubventionen). Zur Kategorie der Leistungssubventionen rechnen verlorene Zuschüsse, Zinszuschüsse, Prämien, Darlehen und Bürgschaften[96].

Die staatlichen Hilfen zur Sicherung der Energieversorgung erfolgen im Rahmen bilateraler Entwicklungshilfe, innerhalb der Europäischen Gemeinschaften und – worauf das Hauptaugenmerk zu richten ist – auf nationaler Ebene.

So unterstützte die Bundesrepublik im Jahre 1980 nicht-ölexportierende Entwicklungsländer mit 861 Millionen DM an finanziellen und technischen Hilfen im Energiesektor. Hinzukam ein Sonderprogramm zur Nutzung nicht-erschöpflicher Energiequellen 1979 – 1981 mit 160 Millionen DM Förderungsumfang[97].

Im Bereich der EG enthalten der EGKS-Vertrag und der EAG-Vertrag Vorschriften über Subventionen[98]. Die Europäische Investitionsbank

---

93 Zu dieser Methode: V. Götz, Recht der Wirtschaftssubventionen, S. 18.

94 Zum Subventionsbegriff: Wolff / Bachof, § 154 Rn. 1 und 2; Jarass, Wirtschaftsverwaltungsrecht, S. 126; Hummel - Liljegren, Wirtschaftsverwaltungsrecht, S. 140; ausführlich A. Pöttgen, Verfassungsrechtliche Grenzen staatlicher Wirtschaftsförderung durch Subventionen, jur. Diss. 1965, S. 5 - 18; Karehnke, DÖV 1975, S. 623 - 627 zum rechts-, wirtschafts- und finanzwissenschaftlichen Subventionsbegriff.

95 Ein Bsp. bieten die Zuschüsse zur Steinkohleverstromung gem. 3. VerstromungsG; a. A. M. Unkelbach, Grundrechtliche Bindungen des Bundesgesetzgebers bei der Vergabe von Leistungssubventionen zugunsten der gewerblichen Wirtschaft, jur. Diss. 1986, S. 28 f.

96 Wolff / Bachof, § 154 Rn. 11 - 12; Rinck, Wirtschaftsrecht, Rn. 332.

97 3. Fortschreibung (Fn. 2), Tz. 129 - 133.

98 Vgl. hierzu Lukes, DB 1971, 2295.

finanziert Aktivitäten im Energiebereich. Über ein eigenes Finanzierungsinstrument verfügt die EG-Kommission. Auf reine Energievorhaben entfielen in den Jahren 1973 – 1983 40 % der EG-Darlehen. Anfang Juli 1983 schlug die Kommission dem Ministerrat ein Fünfjahresprogramm zur Förderung des Energiebereiches mit einem Fördervorhaben von umgerechnet 5 Milliarden DM jährlich vor. Es existieren zahlreiche finanzielle Förderprogramme, beispielsweise für Demonstrationsobjekte zur Energieeinsparung[99].

Der Weg durch das Geflecht der bundesdeutschen Subventionierung beginnt bei der Steinkohle.

a) Steinkohlesubventionen aufgrund besonderer parlamentsgesetzlicher Grundlage

Ein erheblicher Teil der Steinkohlesubventionen ist in besonderen formellen Gesetzen geregelt. Darlehen, Bürgschaften, Prämien, steuerliche Erleichterungen und Sonderabschreibungen wurden Unternehmen des Steinkohlebergbaus u. a. aufgrund der Gesetze zur Förderung der Rationalisierung im Steinkohlebergbau v. 29. 7. 1963 und über die Grunderwerbssteuerbefreiung zur Förderung der Rationalisierung im Steinkohlebergbau v. 5. 5. 1964 gewährt[100]. Als besonders lenkungsintensiv sind das Steinkohleanpassungsgesetz aus dem Jahre 1968[101] und die drei Verstromungsgesetze[102] hervorzuheben.

Das SteinkohleanpassungsG leitete den Zusammenschluß der bis dahin selbständigen Bergbaugesellschaften des Ruhrgebietes zur Ruhrkohle AG[103] ein[104]. Die schlechte wirtschaftliche Lage des Steinkohlenbergbaus war nicht nur Anlaß, sondern zugleich Voraussetzung der Steuerungskraft dieses Gesetzes. Sein Ziel war es gem. § 1, die Produktionskapazität des deutschen Steinkohlebergbaus an die energiewirtschaftliche Entwicklung anzupassen.

Zu diesem Zweck gab ein Bundesbeauftragter als Bundesoberbehörde (§ 1) den Bergbauunternehmen „Empfehlungen“ über Produktionsanpassungen und Beschäftigung von Arbeitnehmern (§ 4). Daneben hatte er zur „optimalen Unternehmensgröße“ der Bergbauunternehmen Stellungnah-

---

[99] Frederik Walter, ZfE 1983, 287 ff.

[100] Monopolkommission (Fn. 1), Tz. 829; vgl. auch NR. 15 - 27 der Anlage 2 des 9. Subventionsberichtes v. 6. 9. 1983, BT-Drucks. 10 / 352.

[101] „Gesetz zur Anpassung und Gesundung des deutschen Steinkohlebergbaus u. der dt. Steinkohlebergbaugebiete“ v. 15. 5. 1968, BGBl. I, S. 365.

[102] s. o. I. 1; das 1. VerstromungsG datiert v. 12. 8. 65, BGBl. I, 777.

[103] Zur Ruhrkohle AG s. u. 2. Abschn. I. 2. a) und 2. Kap. 1. Abschn. I.

[104] Jarass (Fn. 10), S. 510 f.

men abzugeben (§ 18). Befolgten die Bergbauunternehmen die „Empfehlungen“ des Bundesbeauftragten nicht oder hatten sie nach dessen Feststellung nicht die „optimale Unternehmensgröße“, entfielen bestimmte im Gesetz genannte Subventionen (§§ 18, 21, 23).

Die Vergabe von Subventionen war damit an die Gegenleistung der Bergbauunternehmen gekoppelt, sich den wirtschaftlichen Zielen der Bundesregierung anzupassen[105].

Die drei Verstromungsgesetze[106] erreichen mit ihren Subventionsregelungen, daß das Kostenniveau der Stromerzeugung aus Steinkohle auf dasjenige der Stromerzeugung aus schwerem Heizöl gesenkt wird. Während sich das erste VerstromungsG (1965) noch auf steuerfreie Rücklagen für den Bau von Kohlekraftwerken beschränkte, regelt § 1 des 2. Verstromungsgesetzes (1966) direkte Zuschüsse aus Haushaltsmitteln für den Steinkohleeinsatz in der Stromerzeugung. Das 3. VerstromungsG (1974, Novelle 1980) verfeinert und erweitert in seinen §§ 2 ff. die Zuschußregelung, die nicht nur den Steinkohleneinsatz gegenüber schwerem Heizöl fördert, sondern unter anderen Subventionen eine Verbilligung der Gemeinschaftskohle gegenüber Importkohle festlegt. An die Stelle der Finanzierung aus öffentlichen Haushaltsmitteln tritt die Ausgleichsabgabe, deren Schuldner die Energieversorgungsunternehmen sind[107].

b) Steinkohlesubventionen gemäß Haushaltsplan und Haushaltsgesetz

Auf diesem rechtstechnischen Weg lassen Bund und Länder dem Steinkohlenbergbau ebenfalls in vielfältiger Weise Subventionen zukommen. Unter den zahlreichen Zuschüssen[108] ragen die Kokskohlenbeihilfe, die allein 1981 den Bundeshaushalt mit ca. 1 Milliarde DM belastete, sowie Investitionszuschüsse an Steinkohlenbergbau-Unternehmen hervor, für die allein der Bund von 1969 - 1982 3,6 Milliarden DM aussetzte.

Die Bundesregierung fördert die großtechnische Kohleveredelung mit bedingt rückzahlbaren Investitionskostenzuschüssen aufgrund zweier Beschlüsse aus den Jahren 1980 und 1981 (Kohleveredelungsprogramm)[109].

---

105 Näher Seidler, Rechtsschutz bei staatlicher Wirtschaftsplanung, S. 20.
106 Siehe schon oben I. 1.
107 s. o. I. 1.
108 9. Subventionsbericht (Fn. 100), 84 ff.
109 9. Subventionsbericht (Fn. 100), S. 114/115.

c) *Subventionen in anderen Bereichen aufgrund besonderer parlamentsgesetzlicher Grundlage*

Auch außerhalb des Steinkohlenbergbaus findet sich eine reiche staatliche Subventionstätigkeit, die zu einem geringeren Anteil auf besonderen Gesetzen fußt. Zur Erhöhung der Sicherheit der Mineralölversorgung erhielten ab 1963 die deutschen Rohölförderer Anpassungsbeihilfen in Höhe von 899 Millionen DM aufgrund des Gesetzes über die Umstellung der Abgaben auf Mineralöl v. 20. 12. 1963[110].

Mit dem Ziel, das Heizöl zu verdrängen, haben Bund und Länder in den Jahren 1979 - 1983 den Ausbau von Erdgasleitungen aufgrund des Gesetzes v. 29. 1. 1980 mit 340 Millionen DM gefördert[111].

Nach dem InvestitionszulagenG aus dem Jahre 1974[112] werden der Fernwärmeausbau auf der Basis einer gekoppelten Erzeugung von Strom und Wärme in Heizkraftwerken (Kraft-Wärme-Kopplung) sowie energiesparende Heizungsanlagen mit einer Investitionszulage von 7,5 % gefördert[113]. Auch diese Maßnahmen dienen der Heizölverdrängung.

Die privaten Haushalte haben durch das Modernisierungs- und Energieeinsparungsgesetz v. 12. 7. 1978[114] Zuschüsse (bis Ende 1982) und Steuererleichterungen (bis Mitte 1983) von Bund und Ländern in Höhe von 4,35 Mrd. DM erhalten. Gefördert wurden energiesparende bauliche Maßnahmen, Heizungs- und Brauchwasseranlagen sowie Wärmepumpen-, Solar- und Wärmerückgewinnungsanlagen.

d) *Subventionen in anderen Bereichen gem. Haushaltsplan und Haushaltsgesetz*

Außerhalb des Steinkohlenbereiches hat die vom Haushaltsgesetz abgesehen „gesetzesfreie" Subventionierung ständig zugenommen.

aa) Kernenergie

Im Zentrum steht die Förderung der Kernenergie. Der Bund und in geringerem Maße die Länder gaben für deren Entwicklung in 4 Atomprogrammen von 1956 - 1976 ca. 17 Milliarden DM aus. Nur das ermöglichte die

---

[110] Näher hierzu Monopolkommission (Fn. 1), Tz. 587 - 589.

[111] 3. Fortschreibung (Fn. 2), Tz. 106 und 9. Subventionsbericht (Fn. 100), S. 114 f.

[112] v. 30. 12. 1974 i.d.F. v. 24. 2. 1975, BGBl., I S. 258.

[113] Hierzu 3. Fortschreibung (Fn. 2), Tz. 78, 87, 88; Dolinski / Ziesing (Fn. 36), S. 326, 332, 335.

[114] BGBl. I, 994; hierzu 3. Fortschreibung (Fn. 2), Tz. 42 und 9. Subventionsbericht (Fn. 100), S. 170/171.

schnelle Entwicklung der Atomwirtschaft vom Planungsstadium bis zur wirtschaftlichen Reife. Ein erheblicher Teil der Mittel ging an die Elektrokonzerne Siemens und AEG[115]. Das Anschlußprogramm „Energieforschung und Energietechnologien 1977 - 1980" der Bundesregierung förderte die Kerntechnik mit weiteren 4,53 Mrd. DM[116].

Diese massive beim Bund und wenigen Großunternehmen konzentrierte Subventionierung hat zu einer besonderen Beziehung zwischen Staat und Unternehmen der Atomwirtschaft geführt. Entscheidungen über Reaktorbaulinien und die Stellung und Entwicklung der Kernenergie in einem energiewirtschaftlichen Gesamtkonzept werden in enger Zusammenarbeit zwischen Bundesregierung und den beteiligten Industrieunternehmen getroffen. Die Vertreter des Bundesministeriums für Forschung und Technologie üben in den wesentlichen Fragen einen bestimmenden, mit den Unternehmensinteressen abgestimmten Einfluß aus[117].

Mittlerweile konzentrieren sich die Kernenergiesubventionen auf heliumgekühlte Hochtemperaturreaktoren und Schnelle Brutreaktoren (SBR), und hier auf die natriumgekühlte Variante (SNR)[118]. Das Beispiel der letztgenannten fortgeschrittenen Reaktorlinie „Schneller Brüter" mag zeigen, wie schwierig es ist, die Geeignetheit und Erforderlichkeit einer Subvention zu beurteilen, was für die noch an späterer Stelle anzustellende Prüfung des Verhältnismäßigkeitsgrundsatzes bedeutsam wird.

Die Bundesregierung verfolgt mit der Brutreaktortechnik das Ziel, langfristig von Energieimporten, zumindest für die Elektrizitätserzeugung, in hohem Maße unabhängig zu sein[119].

Dieses Ziel stand Pate, als im Frühjahr 1973 mit dem Bau des Brutreaktor-Prototyps SNR 300 in Kalkar begonnen wurde. Nach den Planungen der Bundesregierung zum damaligen Zeitpunkt sollte die Kostenobergrenze bei 1,5 Mrd. DM liegen. Davon sollten die beteiligten Industrieunternehmen, die sich in der Schnell-Brüter-Kernkraftgesellschaft (SBK, bestehend aus RWE und je einem Elektrizitätsunternehmen aus Belgien, den Niederlanden und Großbritannien) zusammengeschlossen hatten, lediglich 125 Millionen DM tragen[120]. Die restlichen Kosten entfielen nach einem Verteilungsschlüssel von 70 - 15 - 15 auf die Bundesrepublik, die Niederlande und Belgien. Erst dieser Umstand hatte die Unternehmen bewogen, ihre Zurückhaltung

---

[115] H. Michaelis, Handbuch der Kernenergie, 1982, S. 468 f.; Monopolkommission (Fn. 1), Tz. 692.

[116] Michaelis (Fn. 115), S. 470 f.

[117] Monopolkommission (Fn. 1), Tz. 693; Jarass (Fn. 10), S. 515; „Die Zeit" v. 22. 1. 1982 – „Kalkar – wer rettet den Pleite-Brüter?", S. 9/10.

[118] Michaelis (Fn. 115), S. 470/471.

[119] 3. Fortschreibung (Fn. 2), Tz. 84.

[120] „Die Zeit" v. 27. 11. 1981 – „In der Zwickmühle".

gegenüber der Brutreaktortechnik aufzugeben, die sie für unwirtschaftlich hielten[121].

Anlaß für die staatlichen Subventionen waren die von der Brutreaktortechnik erhofften Vorteile gegenüber der herkömmlichen Leichtwasserreaktortechnik. Der Brutreaktor nutzt das im Natururan zu 1 % enthaltene spaltbare Uran 235 dreißig mal besser zur Stromerzeugung aus. Zudem „erbrütet" er, so jedenfalls die Planung, aus den restlichen 99 % nichtspaltbarem Natururan 238 spaltbares Plutonium. Der Brutreaktor verspricht somit, von Uranimporten unabhängig zu machen und die begrenzten Uranreserven weit besser zu nutzen, zumal Brutreaktoren auch noch das in thermischen Reaktoren anfallende Plutonium nutzen können[122].

Die Planung des SNR 300 in Kalkar ließ sich nicht in die Tat umsetzen. Der für 1979 geplante Zeitpunkt der Inbetriebnahme verzögert sich bis voraussichtlich 1986. Die Kosten einschließlich der Indienstnahme des Kernforschungszentrums Karlsruhe für die Entwicklung des Schnellen Brüters werden etwa 10 Milliarden DM betragen, von denen die Stromerzeuger gemäß zusätzlicher auf Drängen der Bundesregierung eingegangener Verpflichtungen etwa 1 Milliarde DM übernehmen. Um die Betriebskosten zu senken, setzte das RWE durch, daß der SNR 300 in Kalkar nur so viel Plutonium erbrütet, wie dem Verbrauch an eingesetztem Uran entspricht[123].

In den letzten Jahren sind die Vorbehalte gegen die Brutreaktortechnik gewachsen[124]. Bezweifelt wird, ob der Brutreaktor technisch realisierbar ist. Es wird auf die hohen Folgekosten für die Entsorgung, Wiederaufbereitung und Beseitigung des radioaktiven Mülls hingewiesen. Wegen der hohen Investitions- und Entsorgungskosten scheint auch der Preisvorteil gegenüber herkömmlicher Reaktortechnik bei der Stromerzeugung nur zum Zuge zu kommen, wenn die Uranpreise stark steigen. Schließlich wird die Notwendigkeit, Schnelle Brüter einzusetzen, verneint, weil neue Uranvorräte erschlossen seien und der Stromverbrauch nicht wie erwartet zugenommen habe.

bb) Andere Energiebereiche

Die bis auf das Haushaltsgesetz „gesetzesfreie" Subventionierung nimmt keinen Energiebereich aus.

---

121 „Die Zeit" (Fn. 117), S. 9.

122 Michaelis (Fn. 115), S. 92, 457, 465 f.; „Die Zeit" (Fn. 117), S. 9/10.

123 Michaelis (Fn. 115), S. 96; „Die Zeit" (Fn. 117), S. 10.

124 Michaelis (Fn. 115), S. 457 - 468; „Die Zeit" (Fn. 117), S. 10; „Süddeutsche Zeitung" v. 22. 4. 1983 – „Milliarden fürs bloße Weitermachen"; „Die Zeit" v. 14. 12. 1984, S. 32; Hannoversche Allgemeine Zeitung v. 13. 12. 1984 – „Keine Eile mit Schnellem Brüter".

Aufgrund des Tiefbohrprogramms der Bundesregierung 1974 wurden bedingt rückzahlbare Zuschüsse für die Erdgassuche innerhalb der Bundesrepublik gewährt[125].

Die Deutsche Erdölversorgungsgesellschaft mbH (DEMINEX)[126] erhält zur Sicherung der Rohölversorgung der Bundesrepublik seit 1969 Subventionen für Aufschluß und Erwerb von Ölfeldern und den Kauf von Beteiligungen an erdölfördernden Gesellschaften. Die Subventionssumme beläuft sich bis 1986 auf ca. 2,7 Milliarden DM[127].

Bund und Länder haben den Fernwärmeausbau mit dem 1981 ausgelaufenen Programm für Zukunftsinvestitionen (ZIP) mit Investitionszuschüssen in Höhe von 730 Millionen DM gefördert. Sein Nachfolger ist das Kohleheizkraftwerks- und Fernwärmeausbauprogramm des Bundes und der Länder, das über fünf Jahre 1,2 Mrd. DM für den Fernwärmeausbau zur Verfügung stellt[128]. Die Förderung „alternativer“ Energien wie Windkraft (Windmühle GROWIAN), Geothermie, Solarenergie, Wasserkraft und Biomasse nimmt sich demgegenüber bescheiden aus. Hierfür wurden von 1972 - 1984 lediglich 1,2 Mrd. DM bereitgestellt. Der Haushaltsansatz 1984 sieht bei einer Mittelkürzung um 21,5 % nur noch 188 Millionen DM vor[129].

e) Subventionen und Wettbewerb der Energieunternehmen (Wirkungen)

Die staatlichen Subventionen an einzelne Unternehmen zielen letztlich auf den Substitutionswettbewerb der einzelnen Energieträger (Kohle, Öl, Erdgas, Kernenergie etc.) ab, der dadurch begründet wird, daß die verschiedenen Energieträger untereinander substituierbar[130] sind. Die Subventionen verändern die Stellung eines Energieträgers im Substitutionswettbewerb und damit das Wettbewerbsverhältnis der mit unterschiedlichen Energieträgern befaßten Energieunternehmen. Ins Auge fallen beispielsweise die umfangreichen Subventionen zur Verdrängung des Heizöls etwa in den Verstromungsgesetzen und beim Ausbau der Fernwärme und der Erdgasleitungen.

Dies führte – neben den ölpreisbedingten Energieeinsparungen – zu einem tiefgreifenden Abbau der Raffineriekapazitäten der Mineralölunternehmen.

---

125 Energieprogramm der BReg 1973 (Fn. 2), Tz. 38; 1. Fortschreibung (Fn. 2), Tz. 47; Dolinski / Ziesing (Fn. 36), S. 328 i.V.m. S. 121 f.

126 Zu ihr als öffentliches Unternehmen s. u. 2. Abschn. I. 2. c).

127 9. Subventionsbericht (Fn. 100), S. 108/109.

128 3. Fortschreibung (Fn. 2), Tz. 87, 88; 9. Subventionsbericht (Fn. 100), S. 112, 113.

129 3. Fortschreibung (Fn. 2), Tz. 116 - 119; „Süddeutsche Zeitung“ v. 1. 7. 1983 – „Geld für Alternativ-Energien kraß gekürzt“ und v. 14./15. 7. 84 „Keine wirklich neue Energiequelle“.

130 Monopolkommission (Fn. 1), Tz. 777 - 824; Dolinski / Ziesing (Fn. 36), S. 53 ff.

Von 1979 - 1983 ist die Verarbeitungskapazität in der Bundesrepublik von ca. 160 Millionen Tonnen auf ca. 110 Millionen Tonnen jährlich gesenkt worden[131]. Zur Schwächung der Stellung des Heizöls im Kraftwerkseinsatz hat auch die massive Subventionierung zugunsten der Kernenergie beigetragen, die Mineralöl vor allem im Kraftwerkseinsatz substituiert[132].

Den Einfluß der staatlichen Subventionen auf das Wettbewerbsverhältnis der einzelnen Energieträger zeigen die Veränderungen ihrer Anteile an der Stromerzeugung. So hat sich seit 1978 der Anteil des Heizöls von 8,8 % auf 3,5 % im Jahre 1983 verringert. Im selben Zeitraum ist der Anteil der Kernenergie von 10,1 % auf knapp 18 % und derjenige der Steinkohle von knapp 29 % auf 35,2 % gestiegen[133].

Ein Schlaglicht auf die Dichte der staatlichen Einwirkung zur Sicherung der Energieversorgung mittels Subventionen wirft der Gesamtförderungsbetrag in Höhe von über 27 Milliarden DM für die Jahre 1978 - 1980[134].

2. Folgen der Subventionen für die (Wirtschafts-)Freiheit und Unterscheidung von Staat und Gesellschaft

Nach Auffassung der Bundesregierung[135] lassen Subventionen als bloße Hilfe zur Selbsthilfe die dezentrale Entscheidungsstruktur des Marktes und folglich die organisatorische und funktionale Unterscheidung von Staat und Gesellschaft (Energiewirtschaft) unangetastet.

Hierbei bleibt aber die enorme Steuerungskraft staatlicher Subventionen unberücksichtigt, die am Beispiel der Kernenergiesubventionen und des Steinkohleanpassungsgesetzes deutlich wird.

Im ersten Fall hat sich der Staat seinen bestimmenden Einfluß auf die zügige Entwicklung der Kernenergie vom Anfangsstadium bis zur wirtschaftlichen Reife durch viele Milliarden DM Subventionsgelder erkauft. Die Konzentration der Subventionen beim Bund als Geber und wenigen Unternehmen als Nehmern hat das Zusammenwirken von Staat und Wirtschaft begünstigt[136]. Kann somit bei den Kernenergiesubventionen kaum von einer dezentralen Steuerung seitens der Kernenergieunternehmen die Rede sein, so läßt sich im Fall des Steinkohlenanpassungsgesetzes über-

[131] Siehe die Nachweise in Fn. 45; Monopolkommission (Fn. 1), Tz. 830; dieselbe, Sondergutachten 8, Zusammenschlußvorhaben der Deutschen BP AG und der VEBA AG, 1979, S. 39 f.

[132] Dolinski / Ziesing (Fn. 36), S. 54 ff. 62 sub. 3., 67 f.

[133] Michaelis (Fn. 115), S. 471.

[134] Michaelis (Fn. 115), S. 471.

[135] Im 8. Subventionsbericht v. 6. 11. 81, BT-Drucks. 9 / 986, S. 4, 6.

[136] Jarass (Fn. 10), S. 515, 524 f.

haupt nicht mehr von Subventionen als bloßer Hilfe zur Selbsthilfe sprechen. Die schlechte wirtschaftliche Lage des Steinkohlenbergbaus zwang die Bergbauunternehmen, als „Gegenleistung" für die benötigten Subventionen der staatlichen Energiepolitik Gehorsam zu erweisen. Damit waren die Gesellschaften zwar noch rechtlich, nicht aber mehr faktisch in ihrer unternehmerischen Entscheidung frei[137].

Die an beiden Beispielen deutlich gewordenen tatsächlichen Auswirkungen von Subventionen rechtfertigen es, diese staatliche Einwirkung zur Sicherung der Energieversorgung als Mittel der Kooperation zwischen Staat und beteiligten Unternehmen bzw. Haushalten zu begreifen[138], die sich je nach Lage des Einzelfalls in unterschiedlicher Intensität gestaltet. Systematisch sind Subventionen im Gegensatz zu den an späterer Stelle zu behandelnden Formen des Zusammenwirkens zwischen Staat und Wirtschaft[139] als einseitige staatliche Einwirkung einzuordnen, weil die Entscheidung über das „ob" der Subventionen allein beim Staat liegt. Daß bei der Abwicklung der Subvention in den Formen des mitwirkungsbedürftigen Verwaltungsaktes oder öffentlich-rechtlichen Vertrages das Privatrechtssubjekt mitwirken muß, ist ein im gegebenen Zusammenhang zu vernachlässigender Gesichtspunkt.

Zur Sicherung der Energieversorgung dringt der Staat mittels Subventionen massiv in Handlungsbereiche ein, die bis dahin nicht unter seiner Verantwortung standen[140]. Dabei entsteht die Gefahr apokrypher öffentlich nicht kontrollierbarer Machtverhältnisse[141]. Die angeblich marktkonforme „Hilfe zur Selbsthilfe" bedeutet in Wahrheit intensive Steuerung individuellen Verhaltens, das „käuflich" wird. Somit stellen sich die Subventionen zur Sicherung der Energieversorgung als zweiter Baustein eines übergreifenden staatlichen Planungszusammenhanges dar. Die funktionale Unterscheidung von Staat und Gesellschaft verschwimmt ein Stück mehr.

3. Maß der (verfassungs-)rechtlich festgelegten (Wirtschafts-)Freiheit und Unterscheidung von Staat und Gesellschaft bezogen auf Subventionen

Damit stellt sich auch im Hinblick auf die Subventionen zur Sicherung der Energieversorgung die Frage nach den (verfassungs-)rechtlichen Grenzlinien.

---

137 Vgl. Jarass, Wirtschaftsverwaltungsrecht, S. 124.

138 Vgl. Schetting, Rechtspraxis der Subventionierung, S. 4 - 7; Subventionierung als Kooperation.

139 s. u. 2. Kap. 1. Abschn. I.

140 P. Kirchhoff (Fn. 54), S. 113, 371 f., 374.

141 Seidler (Fn. 105), S. 144.

a) Sozialstaatsprinzip, Grundrechte, Gesetzesvorbehalt, Verhältnismäßigkeitsgrundsatz

Wie schon der Eingriff, so ist auch die Subvention zur Sicherung der Energieversorgung durch die im Sozialstaatsprinzip enthaltene staatliche Aufgabe der Sicherung der Energieversorgung veranlaßt. Diese Legitimation[142] zur Subventionierung bedeutet aber aus den oben genannten Gründen[143] nicht, daß jede Subvention automatisch deshalb (verfassungs-)rechtlich zulässig ist, weil sie eine sozialstaatliche Aufgabe erfüllen soll.

Als Maßstab der Zulässigkeit der Subventionen zur Sicherung der Energieversorgung kommen zunächst die Grundrechte in Betracht, und zwar gemäß dem Ausgangspunkt der vorliegenden Arbeit[144] unter dem Gesichtspunkt der Absicherung der Wettbewerbsfreiheit und Wettbewerbsgleichheit der nicht subventionierten Energieunternehmen, in deren Wettbewerbsverhältnis mittels Subventionierung konkurrierender Energieträger eingegriffen wird. Wie oben[145] ausgeführt, sind die insoweit in Betracht zu ziehenden Grundrechte aus Art. 2 I, 12 I, 14 und 3 I GG auf die von den Subventionswirkungen vorwiegend betroffenen öffentlichen Energieunternehmen in privatrechtlicher Rechtsfrom und Energiegroßunternehmen anwendbar.

aa) Wettbewerbsgleichheit gem. Art. 3 I GG

Die den Substitutionswettbewerb der verschiedenen Energieträger lenkenden Subventionen verschieben zugleich das Wettbewerbsverhältnis der mit verschiedenen Energieträgern befaßten Energieunternehmen, wie sich deutlich bei den Subventionen zur Verdrängung des Öls zeigt[146].

Ob der allgemeine Gleichheitssatz gem. Art. 3 I GG als Abwehrrecht der nicht subventionierten Wettbewerber gegen Subventionen an die Konkurrenz ausgelegt werden kann, ist umstritten. Der Gesichtspunkt, daß Subventionen nur indirekt wirken, indem sie die Gleichheit der Wettbewerbschancen beeinflussen, dient als Anknüpfungspunkt, um die Anwendbarkeit des Art. 3 I GG zu verneinen. Ein Verstoß gegen Art. 3 I GG liege erst in der Beeinträchtigung rechtlicher Positionen, nicht schon in der bloß tatsächlicher Chancen. Denn Art. 3 I GG gewähre die rechtliche Gleichheit der Teilhabe an Staatsleistungen, nicht aber die tatsächliche Gleichheit der Chancen[147].

---

142 Götz, Wirtschaftssubventionen, S. 260; Unkelbach (Fn. 95), S. 157 - 161.

143 s. o. I. 3. a).

144 s. o. Einl. I.

145 s. o. I. 3. b).

146 s. o. II. 1. e).

147 Scholz, NJW 1969, 1044; Henke, Wirtschaftssubventionen, S. 119; Kirchhof (Fn. 54), S. 396.

Dieser den Inhalt des Art. 3 I GG auf ein Gebot gleicher Teilhabe reduzierten Auslegung kann nicht zugestimmt werden. Gerade weil Subventionen die unternehmerische Chancengleichheit beeinträchtigen und zu Wettbewerbsverzerrungen führen, entfaltet Art. 3 I GG einen Schutz der Wettbewerbsfähigkeit nicht subventionierter Wettbewerber[148]. Auf der Grundlage der Rechtsprechung des BVerfG zum allgemeinen Gleichheitssatz ist dieser Schutz allerdings denkbar weitmaschig.

Ein nicht subventioniertes Energieunternehmen hätte nur dann einen Abwehranspruch gegen Subventionen an ein mit konkurrierenden Energieträgern befaßtes Energieunternehmen, wenn hierin eine willkürliche Ungleichbehandlung wesentlich gleicher Sachverhalte läge[149].

Darüber, welche Sachverhalte als wesentlich gleich anzusehen sind – also über die Vergleichsmerkmale der verschiedenen energiewirtschaftlichen Sachverhalte, anhand derer über ihre Un-/Gleichheit entschieden wird (Differenzierungskriterien)[150] – entscheidet der Subventionsgesetzgeber. Seine einzige Beschränkung liegt im Willkürverbot, d. h. für seine Entscheidung muß sich ein sachlich einleuchtender Grund finden lassen[151]. In seinem Investitionshilfeurteil[152] verlangt das BVerfG hiermit übereinstimmend lediglich, daß die Wirtschaftslenkungsmaßnahme, die das freie Spiel der Kräfte korrigiert, durch das öffentliche Interesse geboten ist und nicht willkürlich die schutzwürdigen Interessen anderer vernachlässigt.

Auch unter Berücksichtigung der zahlreichen Versuche in der Literatur, die Rechtsprechung des BVerfG zu konkretisieren[153], läßt sich feststellen, daß die zur Sicherung der Energieversorgung und damit unter sozialstaatlichen Differenzierungszielen[154] geleisteten Subventionen einen Verstoß gegen Art. 3 I GG nicht erkennen lassen. Damit stellt Art. 3 I GG im praktischen Ergebnis keine Grenze der oben ausführlich dargestellten[155] Subventionen unter dem Blickwinkel der Wettbewerbsgleichheit der mit verschiedenen Energieträgern befaßten Energieunternehmen dar[156].

---

148 Wolff / Bachof, § 138 Rn. 23; Selmer, NJW 1969, 1267; Kreussler, Der allgemeine Gleichheitssatz als Schranke für den Subventionsgeber, 1972, S. 45 f.; vgl. auch BVerfGE 4, 7 (18 f.) und 18, 1.

149 BVerfGE 1, 14 (52) – st.Rspr –; 4, 114 (155); zuletzt BVerfGE 61, 138 (147).

150 v. Münch - Gubelt, Art. 3 Rn. 12.

151 BVerfGE 9, 334 (337).

152 BVerfGE 4, 7 (19).

153 Siehe z. B. v. Münch - Gubelt, Art. 3 Rn. 11 ff. m.w.N.; Kreussler (Fn. 148), S. 55 ff.

154 Wolff / Bachof, § 138 Rn. 20.

155 s. o. II. 1. a) - d).

156 Allgemein hierzu Klenke (Fn. 28), S. 126.

bb) Wettbewerbsfreiheit

Die Grundrechte der Art. 2 I, 12 I und 14 GG könnten die Wettbewerbsfreiheit der nicht subventionierten Energieunternehmen vor Subventionen an mit konkurrierenden Energieträgern befaßten Energieunternehmen schützen und somit als Grenzlinie der Subventionierung zur Sicherung der Energieversorgung wirksam werden[157].

Zum Teil wird ein verfassungsrechtlicher Schutz der Wettbewerbsfreiheit verneint, weil das Grundgesetz keine bestimmte Wirtschaftsverfassung und deshalb auch kein wettbewerbliches Ordnungssystem garantiere[158].

Entgegen dieser Auffassung nimmt die hL zu Recht eine verfassungsrechtliche Verankerung der Wettbewerbsfreiheit an, beurteilt allerdings die grundrechtliche Verortung unterschiedlich. Beizupflichten ist der Auffassung, daß die Wettbewerbsfreiheit sich als Ausschnitt der allgemeinen Handlungsfreiheit gem. Art. 2 I GG auf wirtschaftlichem Gebiet (Wirtschaftsfreiheit) darstellt und als Recht auf freien Leistungswettbewerb definiert werden kann d. h. als Recht der einzelnen Unternehmen, sich durch freie Leistungskonkurrenz auf dem Markt gegenüber anderen Unternehmen durchzusetzen[159].

Einige Autoren siedeln die Wettbewerbsfreiheit in Art. 12 I und 14 GG an. Art. 12 I GG sei einschlägig, weil sich die berufliche Tätigkeit des Unternehmens im Wettbewerb vollziehe[160]. Und Art. 14 GG schütze das Recht, im Wettbewerb um Marktanteile zu kämpfen, weil nur so das Eigentum am Unternehmen seine Funktion erfüllen könne, Basis der Existenz und eigenverantwortlichen Tätigkeit des Eigentümers zu sein[161].

Hiermit ist zutreffend der Zusammenhang zwischen Berufs-, Eigentums- und Wettbewerbsfreiheit herausgearbeitet. Gleichwohl läßt sich damit nicht die verfassungsrechtliche Verortung der Wettbewerbsfreiheit in Art. 12 I und 14 GG begründen. Diese beiden Artikel schützen ihrem Wortlaut nach lediglich Beruf und Eigentum. Der Wettbewerb stellt sich als Folge der Wahrnehmung dieser Grundrechte durch verschiedene Rechtssubjekte ein[162].

---

[157] Diese Grenzlinie wird in dem Maße problematisch, wie einzelne Energieunternehmen mit konkurrierenden Energieträgern handeln z. B. sind Mineralölunternehmen zu über 50 % an der Ruhrgas AG beteiligt; allerdings bleibt hier die Selbständigkeit der Rechtssubjekte, die mit verschiedenen Energieträgern handeln (z. B. BP-Öl, Ruhrgas-Gas) erhalten, so daß man von konkurrierenden Grundrechtssubjekten sprechen kann.

[158] Scholz, NJW 1969, 1044; Henke, Wirtschaftssubventionen, S. 117 Fn. 17; Klein, Teilnahme, S. 111.

[159] M/H/D/S - Dürig, Art. 2, I., Rn. 48 m.w.N.; BVerwGE 30, 191 = NJW 1969, 522 (523); BVerwGE 60, 154 (159); 65, 167 (174); Pöttgen (Fn. 94), S. 65, 66; s. o. Einl. I.

[160] Unkelbach (Fn. 95), S. 102; Klenke (Fn. 29), S. 124 f.

[161] Klenke (Fn. 29), S. 116 f., 124 f.

[162] Scholz, NJW 1969, 1044.

Schließlich besteht kein Bedürfnis, die Wettbewerbsfreiheit speziell in Art. 12 I und 14 GG geschützt zu sehen, weil hoheitliche Beschränkungen im Rahmen der Schrankensystematik der Grundrechte gem. Art. 2 I, 12 I und 14 GG in gleicher Intensität möglich sind. Die zu Art. 12 I GG entwickelte berufsfreiheitsfreundliche Stufentheorie des BVerfG[163] erweist sich als Konkretisierung des Verhältnismäßigkeitsgrundsatzes[164], der bei Eingriffen in Art. 2 I und 14 I GG in gleicher Weise zu beachten ist. Die Anwendung des Art. 14 III GG hängt nicht davon ab, ob der Schutz der Wettbewerbsfreiheit in Art. 2 I oder 14 GG angesiedelt wird. Wirkt eine Subvention über die Verzerrung des Wettbewerbs enteignend, dann ist Art. 14 III GG unabhängig von der dogmatischen Einordnung der Wettbewerbsfreiheit anwendbar[165].

Nachdem Inhalt und verfassungsrechtlicher Standort der Wettbewerbsfreiheit feststehen, stellt sich die Frage, ob die Subventionen zur Sicherung der Energieversorgung in die Wettbewerbsfreiheit gem. Art. 2 I GG und – was daneben denkbar ist – über die Veränderung der Wettbewerbslage in die Berufsausübungsfreiheit gem. Art. 12 I GG[166] und das Recht am eingerichteten und ausgeübten Gewerbebetrieb gem. Art. 14 GG[167] eingreifen. Hiermit ist das Problem des faktischen Eingriffs in Grundrechte angesprochen[168]. Anders als der klassische Eingriff wirken die Subventionen lediglich indirekt über die Veränderung der Wettbewerbslage auf dem Markt der konkurrierenden Energieträger.

Genauso wie die Wettbewerbsgleichheit[169] sollen deswegen nach einer Meinung die Wettbewerbsfreiheit gem. Art. 2 I GG und die Freiheitsrechte aus Art. 12 I GG und 14 GG von den „eingriffslosen" Subventionen unberührt bleiben. Die Übertragung des liberalen Schemas von Freiheit und Eingriff auf faktische Freiheitsbeeinträchtigungen verfehle die Wirklichkeit[170].

Dem ist entgegenzuhalten, daß es keinen Unterschied ausmacht, ob der Staat die grundrechtliche Freiheit mittels Befehl oder rein tatsächlich beeinträchtigt. Die moderne staatliche Wirtschaftslenkung, deren Kennzeichen die zwar indirekte, aber sehr wirksame Steuerung der Wirtschaftsabläufe ist, führt zwangsläufig zur Rechtsfigur des faktischen Eingriffs (Ein-

---

[163] BVerfGE 7, 377 - Apothekenurteil, vgl. auch BVerfGE 16, 147 (167); 17, 232 (241 f.), 17, 269 (276 f.); 30, 336 (351); 32, 1 (23).

[164] BVerfGE 30, 292 (316 f.); Gentz, NJW 1968, 1603; Seidler, Rechtsschutz bei staatl. Wirtschaftsplanung, S. 134 f.; Fiedler, DÖV 1977, 396.

[165] Das verkennt Klenke (Fn. 29), S. 125.

[166] Gubelt, Das Gesetz zur Sicherung des Steinkohleneinsatzes in der Elektrizitätswirtschaft, S. 72 f.

[167] Götz, Wirtschaftssubventionen, S. 275 f.; Gubelt (Fn. 166), S. 73; Klenke (Fn. 29), S. 148.

[168] s. o. I. 1.

[169] s. o. II. 3. a) aa).

[170] Henke, Wirtschaftssubventionen, S. 116.

griff i.w.S.). Andernfalls würden die Grundrechte als Freiheitsrechte entwertet[171].

Die Natur der Subventionen zur Sicherung der Energieversorgung als faktische Eingriffe in die Wettbewerbsfreiheit gem. Art. 2 I GG und in Art. 12 I und 14 GG, soweit Berufsausübung und das Recht am eingerichteten und ausgeübten Gewerbebetrieb durch die Verzerrung des Wettbewerbs tatsächlich betroffen werden, zeigt sich in folgendem. Wie oben schon angesprochen, sind die einzelnen Energieträger wechselseitig substituierbar[172]. Dieser Umstand führt zu einem Substitutionswettbewerb der verschiedenen Energieträger[173], der zwischen Kohle und Mineralöl besonders hart geführt wird. Jede Subventionierung des einen Energieträgers verursacht über den Substitutionswettbewerb Wettbewerbsnachteile bei den übrigen Energieträgern. Diese Wettbewerbsnachteile tragen die Energieunternehmen, die mit den nicht subventionierten Energieträgern befaßt sind[174]. Damit wird in ihre Wettbewerbsfreiheit gem. Art. 2 I GG und bei entsprechenden tatsächlichen Nachteilen in ihre Berufsausübungsfreiheit gem. Art. 12 I GG sowie ihr Recht am eingerichteten und ausgeübten Gewerbebetrieb gem. Art. 14 GG eingegriffen.

Die Subventionen zur Sicherung der Energieversorgung haben somit nicht nur Leistungscharakter, sondern als dessen Kehrseite auch faktische Eingriffswirkung[175].

Ebenso wie bei der Wettbewerbsgleichheit gem. Art. 3 I GG steht dem Subventionsgesetzgeber allerdings im Rahmen der tangierten Grundrechte aus Art. 2 I, 12 I und 14 GG ein weiter Aktionsspielraum zur Verfügung. Die Wettbewerbsfreiheit gem. Art. 2 I GG steht unter dem Vorbehalt der verfassungsmäßigen Ordnung, zu der nach der Rechtsprechung des BVerfG jede formell und materiell verfassungsmäßige Rechtsnorm rechnet[176]. Das Sozialstaatsprinzip und damit die Staatsaufgabe der Sicherung der Energieversorgung ist Bestandteil der verfassungsmäßigen Ordnung i.S.d. Art. 2 I GG[177]. Weitgesteckte Handlungsmöglichkeiten hat der Subventionsgesetzgeber auch unter Berücksichtigung der Grundsätze der Stufentheorie des BVerfG zu Art. 12 GG[178] und gem. Art. 14 I 2, II und III GG[179].

---

[171] Klenke (Fn. 29), S. 135 ff. (143 f.); Rinck, Wirtschaftsrecht, Rn. 334; Friauf, DVBl. 1971, 680 f.; siehe weiter unten S. 150 f. (öffentliche Energieunternehmen).

[172] s. o. II. 1. e).

[173] s. o. II. 1. e).

[174] Dies entspricht einer „Beschränkung des Wettbewerbs" i.S.d. § 1 GWB als Beschränkung der Handlungsfreiheit von Unternehmen am Markt, vgl. Emmerich, Kartellrecht, 1982, § 5, 6. a).

[175] Kreussler (Fn. 148), S. 74 f.

[176] BVerfGE 6, 32; 50, 290 (366).

[177] M/D/H/S - Dürig, Art. 2, I., Rn. 45, 51; s. o. I. 3. a).

[178] Vgl. z. B. Gubelt (Fn. 167), S. 73.

[179] Vgl. z. B. Klenke (Fn. 29), S. 171; Unkelbach (Fn. 95), S. 106 - 108.

Eine freiheitssichernde „Bremskraft" gegenüber den Subventionen zur Sicherung der Energieversorgung entfalten die faktisch betroffenen Grundrechte der Art. 2 I, 12 I und 14 GG allenfalls in Verbindung mit den Prinzipien des Gesetzesvorbehaltes (Art. 20 III GG) und der Verhältnismäßigkeit[180]. Das gilt es, im folgenden zu untersuchen.

cc) Gesetzesvorbehalt

Das Thema der gesetzlichen Grundlage für Subventionen blickt nunmehr auf eine jahrzehntelange Diskussion in Rechtsprechung und Literatur zurück, ohne daß sich bisher eine Annäherung der unterschiedlichen Standpunkte erkennen ließe. Was die geschilderten Subventionen zur Sicherung der Energieversorgung anbelangt, läßt sich das Problem in tatsächlicher und rechtlicher Hinsicht eingrenzen.

Rein tatsächlich ist zu verzeichnen, daß mittlerweile ein großer Teil der Subventionen zur Sicherung der Energieversorgung auf besonderer parlamentsgesetzlicher Grundlage beruht, so etwa gemäß InvestitionszulagenG und Modernisierungs- und EnergieeinsparungsG[181].

In rechtlicher Hinsicht ist die Notwendigkeit einer besonderen parlamentsgesetzlichen Regelung von Steuervergünstigungen[182] unumstritten, da diese ein Abweichen von den jeweiligen Steuergesetzen bedeuten[183]. Begünstigungen, die in untrennbarem Zusammenhang mit Belastungen stehen, bedürfen ebenfalls einer spezialgesetzlichen Grundlage[184]. Diesem Erfordernis trägt das 3. VerstromungsG für die Zuschüsse zur Steinkohleverstromung Rechnung, die per Ausgleichsabgabe aufgebracht werden und somit in einem untrennbaren Zusammenhang zu dieser Belastung stehen[185].

Infolgedessen reduziert sich das Problem des Gesetzesvorbehaltes auf die Leistungssubventionen aus Haushaltsmitteln, unter denen die Kernenergiesubventionen hervorstechen[186]. Daß für sie eine gesetzliche Grundlage notwendig ist, folgt aus ihrem faktischen Eingriff in die gem. Art. 2 I GG geschützte Wettbewerbsfreiheit der nicht subventionierten Energieunternehmen[187].

---

180 Verstoßen die Subventionen als faktische Grundrechtseingriffe gegen die Prinzipien des Gesetzesvorbehalts oder der Verhältnismäßigkeit, sind sie Grundrechtsverletzungen. Der rechtswidrige Grundrechtseingriff ist Grundrechtsverletzung. So auch Hoffmann - Becking, Die Begrenzung der wirtschaftlichen Betätigung der öffentl. Hand, FS H. J. Wolff, 1973, S. 458.

181 s. o. II. 1. a), c).

182 s. o. II. 1. a), c).

183 Jarass, Wirtschaftsverwaltungsrecht, S. 127.

184 BVerwGE 6, 282 LS 1 und S. 287 f.; Götz, Wirtschaftssubventionen, S. 289, 290; Pöttgen (Fn. 94), S. 105, 106.

185 s. o. I. 1., II. 1. a).

186 s. o. II. 1. d) aa).

Fraglich ist es, ob die Leistungssubventionen zur Sicherung der Energieversorgung dem Erfordernis der gesetzlichen Grundlage schon deshalb genügen, weil die hierfür benötigten Mittel im Haushaltsplan ausgewiesen sind, der gem. Art. 110 II 1 GG durch das Haushaltsgesetz festgestellt wird.

Der Haushaltsplan ist bloß formelles, nicht aber materielles Gesetz, da gem. § 3 II BHO durch ihn Ansprüche oder Verbindlichkeiten weder begründet noch aufgehoben werden[188]. Diese fehlende Außenwirkung des Haushaltsplans dient als Argument, ihn im Hinblick auf Grundrechtseingriffe – also eine Außenwirkung – nicht als ausreichende gesetzliche Ermächtigung anzusehen[189]. Zudem enthalte der Haushaltsplan keinen Maßstab für die Verteilung der Subventionen, der aber wegen ihrer wettbewerbsverzerrenden Wirkungen notwendig sei[190]. Der gem. Art. 19 IV 1 GG geforderten gerichtlichen Kontrolle der Subventionen genügten das Haushaltsgesetz i.V.m. Haushaltsplan nicht, weil das „Bepackungsverbot" des Art. 110 IV 1 GG detaillierte überprüfungsfähige Regelungen verbiete und der Haushaltsplan nur Zahlenwerk enthalte[191].

Trotz dieser Einwände muß die Mittelzuweisung im Haushaltsplan als ausreichende gesetzliche Ermächtigung für die Leistungssubventionen zur Sicherung der Energieversorgung angesehen werden[192]. Der mit den Haushaltsansätzen in Gesetzesform geäußerte Wille des demokratischen Gesetzgebers darf von der Exekutive und den Gerichten nicht mit dem Argument ignoriert werden, es fehle an einer detaillierten gesetzlichen Regelung[193].

Folglich bilden Haushaltsplan i.V.m. Haushaltsgesetz eine ausreichende parlamentsgesetzliche Ermächtigung der Exekutive, die eingesetzten Mittel für die Subventionen zur Sicherung der Energieversorgung zu verwenden[194]. Erwägenswert ist freilich die Überlegung, Verteilungsmaßstab und Empfängerkreis der Subventionen im Haushaltsplan näher zu regeln, etwa im Wege parlamentarisch beschlossener Erläuterungen zu den einzelnen Haushaltstiteln[195]. Hierbei wäre das „Bepackungsverbot" gem. Art. 110 IV 1 GG zu beachten, das nur Vorschriften im HaushaltsG erlaubt, die sich auf die Einnahmen und Ausgaben des Bundes beziehen.

---

[187] s. o. II. 3. a) bb); vgl. auch Kirchhoff (Fn. 54), S. 397; Götz, Wirtschaftssubventionen, S. 289 - 292; Klenke (Fn. 29), S. 151 f.

[188] Wolff / Bachof, § 162 II c; a. A. Klenke (Fn. 29), S. 160 - 166, 170.

[189] Klenke (Fn. 29), S. 166 - 168; H. H. Klein, Die Teilnahme des Staates am wirtschaftlichen Wettbewerb, S. 157.

[190] Klenke (Fn. 29), S. 168 f.

[191] Pöttgen (Fn. 94), S. 129 f.

[192] Vgl. allgemein BVerwG, NJW 1977, 1838 f.; DÖV 1979, 714 f.; Karehnke, DÖV 1975, 623 (625); Wolff / Bachoff, § 154 Rn. 20.

[193] Wolff / Bachof, § 138 Rn. 17.

[194] Vgl. Rinck, Wirtschaftsrecht, Rn. 335; Götz, Wirtschaftssubventionen, S. 300.

[195] Götz, Wirtschaftssubventionen, S. 300 - 302.

dd) Verhältnismäßigkeit

Der Grundsatz der Verhältnismäßigkeit ist bei jedem Grundrechtseingriff zu beachten[196] und bildet damit eine Grenze der Subventionen zur Sicherung der Energieversorgung, die faktisch insbesondere in die Wettbewerbsfreiheit gem. Art. 2 I GG eingreifen. Er setzt sich aus den drei Elementen der Geeignetheit, Erforderlichkeit und Angemessenheit (Verhältnismäßigkeit i.e.S.) zusammen[197].

Danach muß die jeweilige Subvention zur Erreichung des angestrebten Zwecks geeignet sein. Von mehreren geeigneten Maßnahmen muß sie als diejenige ausgewählt werden, welche für den einzelnen und die Allgemeinheit (der Steuerzahler) die geringsten nachteiligen Folgen hat (Erforderlichkeit). Und sie darf nicht zu Nachteilen führen, die insgesamt erkennbar außer Verhältnis zum angestrebten und erreichbaren Erfolg stehen.

Zwar ist hiermit der theoretische Ausgangspunkt geklärt, jedoch bereitet die praktische Anwendung des Verhältnismäßigkeitsgrundsatzes auf die Subventionen zur Sicherung der Energieversorgung Schwierigkeiten. Dies zeigt sich exemplarisch im besonders prägnanten Fall der Subventionen für die Entwicklung der Brutreaktortechnik[198].

Die Prüfung der Geeignetheit einer Subvention hat bei ihrem Zweck anzusetzen. Mit einer Maßnahme können verschiedene Zwecke verfolgt werden[199]. So bezwecken die Subventionen der Brutreaktortechnik nicht nur die Sicherung der Energieversorgung, indem sie den Importbedarf an Uran senken helfen sollen, sondern sie sollen beispielsweise auch ein hohes „know how" der deutschen Technik, die Wettbewerbsfähigkeit der deutschen Industrie und ein günstiges Strompreisniveau fördern[200].

Falls mehrere Zwecke verfolgt werden, müssen sie gemeinsam in die Bewertung einbezogen werden[201]. Die Zielsetzung einer Subvention kann sich im Laufe der Zeit ändern[202], und die Erfolgskontrolle einer Subvention gestaltet sich wegen der komplexen Kausalzusammenhänge diffizil[203].

---

196 BVerfGE 16, 194 (201, 201); Gentz, NJW 1968, 1601; Wolff / Bachof, § 30 II b 1.

197 Wolff / Bachof, § 138 Rn. 25 - 27; Gentz, NJW 1968, 1603 - 1605; Kreussler (Fn. 148), S. 88 - 91; vgl. § 11 BundesgrenzschutzG.

198 s. o. II. 1. d) aa).

199 Instruktiv BVerfGE 30, 292 (317 f.) – Erdölbevorratung; das BVerfG befaßt sich hier mit einem klassischen Eingriff (Erdölbevorratungspflicht); die hieran entwickelten Grundsätze zur Prüfung der Verhältnismäßigkeit können aber ohne Bedenken auf den faktischen Eingriff der Subvention übertragen werden.

200 3. Fortschreibung (Fn. 2), Tz. 79, 4.

201 BVerfGE 30, 292 (318 f.).

202 8. Subventionsbericht (Fn. 135), Tz. 16.

203 8. Subventionsbericht (Fn. 135), Tz. 43 ff.; Kirchhof (Fn. 54), S. 376 f.

Unter diesen Gegebenheiten erscheint es folgerichtig, daß das BVerfG der Beurteilungsfreiheit des Gesetzgebers bei der Auswahl der Ziele nur äußerste Grenzen zieht[204] und die Zwecktauglichkeit einer Maßnahme nur darauf überprüft, ob die Maßnahme schlechthin ungeeignet ist[205]. Eine Fehlprognose im Zeitpunkt der Subvention (Beurteilungszeitpunkt) macht die Subvention noch nicht verfassungwidrig.

Nach diesen Grundsätzen ist nicht erkennbar, daß die Brutreaktorsubventionen ein schlechthin untaugliches Mittel zur Erreichung der mit ihnen verfolgten Ziele darstellen. Dies gilt auch unter dem Gesichtspunkt, daß wegen der Annuität der Haushaltspläne jährlich neu über sie entschieden worden ist, so daß die wachsenden Vorbehalte gegen die Brutreaktortechnik bei der Entscheidungsfindung berücksichtigt werden konnten.

Auch zur Beurteilung der Erforderlichkeit einer wirtschaftslenkenden Subvention ist dem Subventionsgeber ein weiter Ermessensbereich eingeräumt. Nicht jeder Vorzug einer anderen Lösung gegenüber der vom Gesetzgeber gewählten muß zur Verfassungswidrigkeit der Subvention führen; die sachliche Gleichwertigkeit zur Zweckerreichung muß bei der alternativen Maßnahme in jeder Hinsicht eindeutig feststehen[206].

Ein Verzicht auf die Brutreaktortechnik hätte dem Steuerzahler Nachteile in Höhe von ca. 9 Milliarden DM erspart. Die Alternativlösung hätte in der schon zur wirtschaftlichen Reife geführten Leichtwasserreaktortechnik bestanden, die den Kernenergieunternehmen vor der Zusage der massiven Subventionen ausreichend erschien[207]. Mag auch angesichts der neueren Entwicklung (Erschließung neuer Uranvorkommen, teure Entsorgung der Schnellen Brüter) die Leichtwasserreaktortechnik einige der oben genannten Ziele (Sicherung der Energieversorgung, günstiges Strompreisniveau) ebensogut erreichen, so kann angesichts der komplizierten Materie nicht davon gesprochen werden, daß die sachliche Gleichwertigkeit dieser Alternativlösung eindeutig feststeht. Selbst die Brutreaktorsubventionen mit ihrem extrem hohen Einsatz an Steuergeldern genügen somit dem Grundsatz der Erforderlichkeit.

Zum Grundsatz der Angemessenheit führt das BVerfG aus, die überragende Bedeutung der Energiewirtschaft rechtfertige an sich schon weitergehende staatliche Interventionen als auf anderen Wirtschaftsgebieten[208]. Das erscheint nicht richtig. Auch andere große Wirtschaftszweige – Chemie, Mikrotechnik, Datenverarbeitung usw. – haben eine lebenswichtige Bedeu-

---

[204] BVerfGE 30, 292 (317).
[205] BVerfGE 30, 250 (262 f.); 25, 1 (12 f.); kritisch Kloepfer, NJW 1971, 1585.
[206] Vgl. BVerfGE 30, 292 (319); Klenke (Fn. 29), S. 171 f. m. w. N.
[207] s. o. II. 1. d) aa).
[208] BVerfGE 30, 292 (323 f.).

tung, so daß mit der Argumentation des BVerfG einem unbesehenen Ausgreifen staatlicher Einflußnahme Tür und Tor geöffnet wäre. Allerdings kann sich die staatliche Subventionierung auch im Rahmen der Verhältnismäßigkeit i.e.S. weitgehend frei bewegen, da die Unverhältnismäßigkeit der Nachteile gegenüber dem angestrebten Zielen deutlich erkennbar sein muß. Die „Erkennbarkeit“ leidet nicht nur unter der Indifferenz der Zielbestimmung[209], sondern genauso darunter, daß die von einer Subvention ausgelösten Nachteile – abgesehen von den finanziellen Aufwendungen nur schwer spezifiziert werden können. Es läßt sich im einzelnen schwer ermitteln, wie sich die wirtschaftlichen Kräfte bei durch Subventionen ungestörtem Wettbewerb entfaltet hätten[210].

Demgemäß stehen bei den Brutreaktorsubventionen die Nachteile des hohen Geldmitteleinsatzes und des Eingriffs in die Wettbewerbsfreiheit nicht erkennbar außer Verhältnis zu den verfolgten Zielen[211]. Als Ergebnis läßt sich somit festhalten, daß der Grundsatz der Verhältnismäßigkeit in Verbindung mit den faktisch betroffenen Grundrechten, insbes. der Wettbewerbsfreiheit gem. Art. 2 I GG, nur eine sehr weitgestreckte Grenze der Subventionen zur Sicherung der Energieversorgung bedeutet.

b) Subsidiaritätsprinzip

Möglicherweise zieht das Subsidiaritätsprinzip den Subventionen zur Sicherung der Energieversorgung Grenzen. Der Inhalt dieses Prinzips wird nicht einheitlich bestimmt[212]. Als im wesentlichen übereinstimmend verstandener Kern läßt sich jedoch der Grundsatz der abgestuften Zuständigkeiten herausschälen: die größere Einheit soll erst handeln dürfen, wenn die kleinere Einheit eine Aufgabe nicht löst[213]. Nach Auffassung einiger Autoren verbietet das Subsidiaritätsprinzip als Verfassungsgrundsatz eine nicht zwingend erforderliche Subventionierung. Danach sind Subventionen verfassungsrechtlich unzulässig, wo Selbsthilfe möglich ist[214].

Fraglich ist aber, ob dem Grundgesetz ein so verstandenes Subsidiaritätsprinzip entnommen werden kann. Unter zahlreichen Begründungsversuchen[215] erscheint noch derjenige am überzeugendsten, der entsprechend dem

---

[209] s. o. II. 3. a) dd).

[210] 8. Subventionsbericht (Fn. 135), Tz. 59; Kreussler (Fn. 148), S. 82 sub gg); aus volkswirtschaftlicher Sicht: Schorn, Subventionswirkungen, Diss. 1967, S. 189 ff.

[211] Zu ihnen s. o. II. 3. a) dd).

[212] Zuck, Subsidiaritätsprinzip und Grundgesetz, 1968, S. 59 m. w. N.

[213] BVerwGE 23, 304 (306); Emmerich, Wirtschaftsrecht der öffentlichen Unternehmen, S. 108 f.

[214] Pöttgen (Fn. 94), S. 99 f.; Schetting (Fn. 138), S. 288 unter Bezug auf Isensee, Subsidiaritätsprinzip u. Verfassungsrecht, S. 276.

[215] Darstellung bei Zuck (Fn. 212), S. 50 - 59 m.w.N.

Kerninhalt des Subsidiaritätsprinzips im Grundgesetz eine Stufenfolge von Zuständigkeiten und damit das Subsidiaritätsprinzip selbst verankert sieht[216]. Aus der Kette der Verfassungsvorschriften gem. Art. 1 I und III, 2 I, 6 I, 9 I und III, 12 I, 19 II und III, 20 I und II, 24, 28, 30, 70, 72, 83, 91 GG wird eine verfassungsrechtlich aufsteigende Stufenordnung von „unten nach oben“ abgelesen. Sie führt vom einzelnen Menschen über Familie, Vereinigung, Gemeinde und Land bis hin zum Bund.

Dagegen ist einzuwenden, daß aus der verfassungsrechtlichen Garantie einzelner Freiheiten, Einrichtungen und Zuständigkeiten noch nicht auf eine Stufenfolge, und schon gar nicht auf eine solche von unten nach oben geschlossen werden kann[217].

Auch die jeweiligen Einzelbestimmungen sprechen gegen die grundgesetzliche Anerkennung des Subsidiaritätsprinzips[218].

So steht Art. 2 I GG unter einem umfassenden Gesetzesvorbehalt[219].

Der Hinweis auf den Gesetzesvorbehalt in Art. 2 I GG führt zu dem für die Abgrenzung zwischen staatlichen und gesellschaftlichen Zuständigkeiten anstelle des Subsidiaritätsprinzips maßgeblichen Verteilungsschema des Grundgesetzes. Ob eine Aufgabe vom Staat oder von in der Gesellschaft wurzelnden kleineren Organisationen wahrgenommen werden soll, entscheidet sich im Spannungsverhältnis von Rechtsstaat und Sozialstaat[220]. Den sozialstaatlich veranlaßten Subventionen zur Sicherung der Energie versorgung ziehen somit die an anderer Stelle untersuchten freiheitssichernden rechtsstaatlichen Elemente des Grundgesetzes Grenzen, nicht aber das Subsidiaritätsprinzip.

Als politischem Prinzip soll ihm allerdings seine Berechtigung nicht abgesprochen werden[221]. Der 8. Subventionsbericht der Bundesregierung[222] formuliert es so: Subventionen seien lediglich für Zwecke zu gewähren, an denen ein erhebliches öffentliches Interesse bestehe und die ohne Subventionen nicht oder nicht in ausreichendem Maße erreicht werden können. Gemessen hieran erscheinen etwa die umfangreichen Brutreaktorsubventionen[223] in einem kritischen Licht.

---

216 Kalkbrenner, Die rechtliche Verbindlichkeit des Subsidiaritätsprinzips in: Festschrift für G. Küchenhoff, 1972, S. 529; Pöttgen (Fn. 94), S. 95 - 98.

217 Zuck (Fn. 212), S. 58.

218 Vgl. im einzelnen Herzog, Subsidiaritätsprinzip und Staatsverfassung, Der Staat, 1969, S. 399 - 423.

219 Emmerich (Fn. 213), S. 209.

220 R. Scholz, Grenzen staatlicher Aktivität unter der grundgesetzlichen Wirtschaftsverfassung in: Der Staatssektor in der sozialen Marktwirtschaft, Hrsg. D. Duwendag, S. 123.

221 Vgl. Wolff / Bachof, § 138 II Rn. 12.

222 (Fn. 135), Tz. 6.

223 s. o. II. 1. d) aa).

c) Dezentrale Wirtschaftsordnung des Grundgesetzes

Schon der oben dargestellte Umfang und die Wirkungen der staatlichen Eingriffe und Subventionen zur Sicherung der Energieversorgung lassen erkennen, daß der Staat die Energieversorgungsplanung stark beeinflußt. Erinnert sei nur an die maßgebliche staatliche Beteiligung an der Entwicklung der Kernenergie – der Schnelle Brüter in Kalkar wäre ohne den Löwenanteil der staatlichen Finanzierung nie gebaut worden. Damit stellt sich im Hinblick auf die im folgenden noch zu untersuchenden intensiven staatlichen Einwirkungen zur Sicherung der Energieversorgung die Frage, ob und gegebenenfalls in welchem Maße das Grundgesetz eine dezentrale Wirtschaftsordnung als Grenze der Einwirkungen festschreibt. Soweit die verschiedenen Einwirkungen – was bei jeder Einwirkungsform zu prüfen wäre – die Energiewirtschaftsplanung beim Staat zentralisieren, müßten sie insgesamt den Rahmen einer grundgesetzlich verankerten dezentralen Wirtschaftsordnung beachten.

Der Inhalt des Begriffs „dezentrale Wirtschaftsordnung" erschließt sich mit Hilfe der Euckenschen Lehre von den beiden Grundtypen des Wirtschaftens[224]. Nach ihr steht dem Typ der zentralgeleiteten Wirtschaft derjenige der Verkehrswirtschaft gegenüber. Beide Wirtschaftsformen sind in der Wirklichkeit niemals rein anzutreffen. Unterscheidungsmerkmal ist die Zuständigkeit zur Wirtschaftsplanung. In der zentralgeleiteten Wirtschaft (Planwirtschaft) lenkt eine staatliche Zentralstelle das Wirtschaftsgeschehen, während in einer dezentralen Wirtschaftsordnung (Verkehrs- oder Marktwirtschaft) jede einzelne Wirtschaftseinheit selbständig Pläne aufstellt und verwirklicht.

Ausgangspunkt für eine Antwort auf die Frage, wie das Grundgesetz sich zu einer dezentralen Wirtschaftsordnung verhält, ist der in den fünfziger Jahren ausgefochtene Streit über das Verhältnis von Grundgesetz und Wirtschaftsverfassung.

Herbert Krüger[225] vertrat die These von der „Nicht-Entscheidung" des Grundgesetzes über die Wirtschaftsverfassung; dieses wirtschaftspolitische Blankett der Verfassung verpflichte Gesetzgebung und Exekutive, Wirtschaftspolitik unter wirtschaftstheoretisch wertneutralen Gesichtspunkten zu treiben (Garantie der wirtschaftspolitischen Neutralität der Regierung und Gesetzgebung).

---

[224] Zum folgenden: W. Eucken, Grundlagen der Nationalökonomie, 6. A., 1950, S. 78 - 91, 127 - 150; J. H. Müller, Kriterien für die Beurteilung staatlicher Einflußnahme auf die Wirtschaft in: Planung I (Hrsg. J. Kaiser), S. 307 - 313; Emmerich (Fn. 213), S. 64 f.; Papier, VVDSTRL, 35 (1977), S. 76 f.

[225] In DVBl. 1951, 361 ff. (363).

Genau entgegengesetzt argumentierte Nipperdey. Das Grundgesetz enthalte in Art. 2 I GG eine institutionelle Garantie der sozialen Marktwirtschaft als dritter wirtschaftsverfassungsrechtlicher Ordnung zwischen den beiden extremen Formen der zentral gelenkten Verwaltungswirtschaft und der freien Marktwirtschaft[226]. Das GG habe sich primär zum Grundsatz des freien Wettbewerbs bekannt. Korrigierendes gesetzgeberisches Handeln dürfe nicht gröblich gegen die Grundprinzipien der sozialen Marktwirtschaft verstoßen und müsse sich bei Eingriffen in die wirtschaftliche Betätigungsfreiheit eine starke Zurückhaltung auferlegen[227].

Zu diesem Ergebnis gelangte Nipperdey, indem er Art. 2 I GG als grundlegende Sicherung der Wettbewerbs-, Gewerbe-, Konsum- und Vertragsfreiheit gegen interventionistische Staatseingriffe auslegt, denn der Vorbehalt der „verfassungsmäßigen Ordnung" verstehe sich nicht als allgemeiner Gesetzesvorbehalt, sondern ermächtige nur zu Eingriffen aus überragenden Erfordernissen der verfassungsmäßigen Ordnung, deren Bestandteil wiederum die soziale Marktwirtschaft sei[228].

Diese These von der grundgesetzlichen Garantie der sozialen Marktwirtschaft modifizierte Huber. Im Grundgesetz sei nicht eine nur am Rande korrigierte, im Grundsatz aber unbedingte Wettbewerbsfreiheit gewährleistet. Es enthalte vielmehr die institutionelle Garantie einer gemischten Wirtschaftsverfassung als geschlossener Konzeption, die sich im Wege der Verfassungsauslegung erschließe. Sie bestehe in einer Wechselbezüglichkeit der beiden gegenläufigen, jedoch dialektisch verbundenen Hauptgrundsätze der Wirtschaftsfreiheit und Sozialstaatlichkeit, die jeweils in vielen Einzelbestimmungen des GG konkretisiert seien[229].

Das BVerfG hat in seinem Investitionshilfeurteil v. 20. Juli 1954[230] frühzeitig einen vierten Weg beschritten, den es in ständiger Rechtsprechung weitergegangen ist[231]. Nach seiner Auffassung garantiert das GG weder die wirtschaftspolitische Neutralität der Regierungs- und Gesetzgebungsgewalt (so Krüger) noch eine nur mit marktkonformen Mitteln zu steuernde soziale Marktwirtschaft (so Nipperdey). Die wirtschaftspolitische Neutralität des GG bestehe lediglich darin, daß sich der Verfassungsgeber nicht für ein bestimmtes Wirtschaftssystem entschieden habe. Dies ermögliche dem Gesetzgeber, die ihm jeweils sachgemäß erscheinende Wirtschaftspolitik zu verfolgen, sofern er dabei das Grundgesetz beachte.

---

226 WuW 1954, 215 f., 222.

227 WuW 1954, 225 f.

228 Wuw 1954, 214 f., 219 f., 221, 223, 224 - 226.

229 Huber, DÖV 1956, S. 100 - 102.

230 BVerfGE 4, 7 (17 f.).

231 BVerfGE 7, 377 (400) – Apothekenurteil; BVerfGE 50, 290 (338) – Mitbestimmungsurteil.

Diese Sätze sind in Rechtsprechung und Lehre auf nahezu einhellige Zustimmung gestoßen. Sind sie als Ablehnung einer im Grundgesetz verankerten dezentralen Wirtschaftsordnung zu verstehen?

Die Frage muß verneint werden. Die vom BVerfG entschiedene Kontroverse hat den Streit um die Frage zum Gegenstand, ob das Grundgesetz ein bestimmtes in der volkswirtschaftlichen Theorie entwickeltes Wirtschaftssystem garantiert bzw. eine sonstige geschlossene Konzeption des Wirtschaftsverfassungsrechts[232] enthält. Nipperdey entwirft das grundgesetzliche Abbild der bestimmten Wirtschaftsordnung der sozialen Marktwirtschaft, die das GG als Mitteldiing zwischen zwei extremen Wirtschaftsformen garantiere. Huber entnimmt dem GG ebenfalls eine geschlossene wirtschaftsverfassungsrechtliche Konzeption. Nur in diesem Streit hat das BVerfG Stellung bezogen, wie seine Vokabeln von der „nur mit marktkonformen Mitteln zu steuernden sozialen Marktwirtschaft" und dem „bestimmten Wirtschaftssystem" zeigen.

Demgegenüber meint der Begriff „dezentrale Wirtschaftsordnung" nur eine Grundentscheidung zugunsten dezentraler Wirtschaftsplanung, ohne eine bestimmte volkswirtschaftliche Theorie zu rezipieren. Ob das Grundgesetz eine solche Grundentscheidung enthält, ist zu prüfen.

Für sie sprechen zunächst die für das Verhältnis von Staat und Wirtschaft wesentlichen Grundrechte aus Art. 2 I, 9 I, 12 I und 14 GG. In der Grundrechtstheorie ist anerkannt, daß sich die Grundrechte nicht in ihrer Bedeutung als subjektive Abwehrrechte des einzelnen gegen den Staat erschöpfen, sondern auch objektiv-rechtlichen Gehalt haben[233].

Leisner zufolge enthält Art. 14 GG eine objektive „Markt-Garantie"[234]. Weil der Wert des Eigentums auf dem Markt gebildet werde, setze Art. 14 GG eine marktwirtschaftlich verfaßte Wirtschaftsordnung voraus. Das Eigentum habe nur Sinn, wenn eine Trennung von Staat und Gesellschaft wenigstens insoweit bestehe, als die Wertbestimmung der Güter über einen wie immer gearteten Markt nicht vom Staat, sondern von den Bürgern vollzogen werde.

Einen marktwirtschaftlichen „Systemeffekt" leitet Scholz aus der Berufsfreiheitsgarantie in Art. 12 I GG ab[235]. Eine optimale freiheitliche Funktion dieses Grundrechts bedürfe einer markt- und wettbewerbsmäßig organisierten Grundordnung. Die gleiche dezentralisierende „Systemwirkung" läßt sich auch der nach zutreffender herrschender Lehre in Art. 2 I GG

[232] Wirtschaftsverfassungsrecht = verfassungsrechtlicher Rahmen der staatlichen Wirtschaftspolitik, vgl. Klein, Teilnahme, S. 98 m.w.N.

[233] Böckenförde, NJW 1974; 1532 f.; Ossenbühl, NJW 1976, 2101 ff., 2103; Scholz (Fn. 220), S. 123 f.; BVerfGE 50, 290 (337).

[234] Leisner, BB 1975, S. 1 ff. (4).

[235] Scholz (Fn. 220), S. 125.

gewährleisteten Wettbewerbsfreiheit[236] und der Gründungsfreiheit von Handelsgesellschaften gem. Art. 9 I GG beimessen[237].

Auf eine grundgesetzlich verankerte dezentrale Wirtschaftsordnung deutet außer den Wirtschaftsgrundrechten der Umstand, daß das Grundgesetz dem Staat kein Instrumentarium für imperative Wirtschaftsplanung gibt. Die erforderliche detaillierte zentrale Planung kann mit dem im GG vorgesehenen Gesetzgebungs- und Verordnungsverfahren praktisch und rechtlich nicht bewerkstelligt werden. Eine pauschale Delegation der Planungsbefugnisse auf die Exekutive gem. Art. 80 I GG scheiterte am Bestimmtheitserfordernis für die gesetzliche Ermächtigung[238].

Allerdings gewährleistet das Grundgesetz nach dem bisherigen eine dezentrale Wirtschaftsordnung nicht absolut, sondern nur im Prinzip. Das folgt aus den weiten Gesetzesvorbehalten der dezentrale „Systemwirkung" erzeugenden Grundrechte sowie aus Art. 15 und 109 II - IV GG, die zu Sozialisierung und staatlicher Globalsteuerung der Wirtschaft mit fiskalpolitischen Mitteln ermächtigen bzw. verpflichten[239].

Die These einer institutionell im Grundgesetz verankerten dezentralen Wirtschaftsordnung sieht sich Bedenken ausgesetzt. Es fragt sich, ob sie den richtigen Weg weist, der Schwäche der Grundrechte gegenüber modernen Formen der Wirtschaftslenkung abzuhelfen. Ihr wird entgegengehalten, daß die Grundrechte personal verstandene Freiheit sichern, weshalb die Abgrenzung von dezentraler und zentraler Wirtschaftssteuerung in den Bereich wirtschaftspolitischer Zweckmäßigkeit gehöre. Die methodisch indifferente institutionelle Grundrechtsinterpretation führe zu einem unscharfen Freiheitsbegriff und verbräme subjektivistische Wertungen[240]. Backhaus[241] äußert das Bedenken, daß nationalökonomische Begriffe in das Grundgesetz hineingelesen werden.

Das BVerfG[242] koppelt die Funktion der Grundrechte als objektiver Prinzipien eng an ihren individualrechtlichen Kern. Sie diene nur der Verstärkung der Geltungskraft der Grundrechte. Nach Auffassung des BVerfG dürfen die Grundrechte nicht zu einem Gefüge objektiver Normen verselbständigt werden, in dem ihr ursprünglicher Sinn zurücktritt, menschliche Freiheit zu sichern. Der wirtschaftsordnende Gesetzgeber habe zwar die grundrechtliche Freiheit der Bürger zu wahren, werde aber nicht durch verselb-

---

236 s. o. II. 3. c).

237 Papier, VVDStRL 35 (1977), S. 75 - 77, 80; Scholz (Fn. 220), S. 125.

238 Kriele, ZRP 1974, 108; Papier, VVDStRL 35, S. 75.

239 M/H/D/S - Herzog, Art. 20, VIII., Rn. 61.

240 v. Zezschwitz, JA 1979, 251.

241 Öffentliche Unternehmen, S. 2, 121.

242 BVerfGE 50, 290 (337 f.) – Mitbestimmungsurteil.

ständigte, den individualrechtlichen Gehalt der Grundrechte überhöhende Objektivierungen eingeengt.

Dieser Zurückhaltung des BVerfG gegenüber institutioneller Grundrechtsauslegung ist beizupflichten, soweit sie auf die beiden Einwände zielt, daß die Objektivierung der Grundrechte nicht nur die Bewegungsfreiheit des Staates einschränke, sondern auch den Grundrechtsschutz auf subjektiv-rechtlicher Ebene verkürze, indem sie die grundrechtliche Freiheit institutionell determiniere und somit aufhebe[243]. Die Kritik an dem institutionellen Fundament der „dezentralen Wirtschaftsordnung" könnte somit in dem Ergebnis münden, daß im Bereich der Energieversorgung als „langfristigem Gemeinschaftsbedürfnis" staatliches Handeln möglich ist, ohne daß ein grundgesetzlich garantiertes Marktsystem entgegengehalten werden kann[244].

Aus den angesprochenen Gesichtspunkten ergeben sich jedoch keine durchgreifenden Bedenken gegen eine objektiv-institutionelle Grundentscheidung des Grundgesetzes für eine dezentrale Wirtschaftsordnung.

Die Rechtsprechung des BVerfG[245] berührt nicht den zutreffenden Ansatz Nipperdeys[246], daß die für das Wirtschaftsleben wesentlichen Grundrechte der Wirtschafts- und Wettbewerbsfreiheit (Art. 2 I GG), Vereinigungsfreiheit (9 I GG), Berufsfreiheit (Art. 12 I GG) und des Eigentums (Art. 14 GG) zusammen mit der Wesensgehaltsgarantie gem. Art. 19 II GG eine dezentrale Wirtschaftsordnung voraussetzen. Mit ihr ist nicht das ordoliberale Modell der Wettbewerbswirtschaft gemeint, das staatlichen Interventionen, soweit sie nicht den Wettbewerb selbst sichern, von vornherein einen Riegel vorschiebt. In diesem Punkt ging Nipperdey zu weit. Der Hinweis auf die weiten Gesetzesvorbehalte der einschlägigen Grundrechte genügt, um den großen Interventionsspielraum des Staates im Rahmen der grundgesetzlich verankerten dezentralen Wirtschaftsordnung zu verdeutlichen.

Damit ist das erste Bedenken ausgeräumt, eine institutionell im Grundsatz gesicherte dezentrale Wirtschaftsordnung schränke den Bewegungsspielraum des Gesetzgebers ein. Auch das zweite Bedenken einer Verkürzung der subjektiv-rechtlichen Geltungskraft der Grundrechte greift nicht. Die institutionelle Gewährleistung einer im Prinzip dezentralen Wirtschaftsordnung verstärkt die Geltungskraft der wirtschaftlich bedeutsamen Grundrechte. Es kann also nicht von der im Mitbestimmungsurteil des BVerfG angesprochenen unzulässigen Objektivierung von Freiheitsgrundrechten zu Lasten individueller Freiheit die Rede sein. Die grundrechtliche

---

243 Klein, Teilnahme, S. 114 - 117.

244 Kriele, ZRP 1974, S. 110.

245 Siehe Fn. 230, 231, 242.

246 Nipperdey, WuW 1954, 219; ebenso: Papier, VVDSTRL 35, S. 75 f.; Lutter, BB 1975, 613 f.; Rüfner, DVBl. 1967, 691; M/D/H/S - Herzog, Art. 20, VIII., Rn. 60.

Freiheit wird nicht institutionell fixiert und damit nicht aufgehoben. Es bleibt bei der grundrechtlich „undefinierten“ Freiheit[247], die als objektive Leitlinie gegenüber moderner staatlicher Wirtschaftsintervention Bedeutung gewinnt, ohne daß ein klagbarer subjektiver Anspruch daraus resultiert[248].

Die Problematik der dezentralen Wirtschaftsordnung des Grundgesetzes liegt vielmehr in ihrem der Natur der Sache nach unscharfen Freiheitsbegriff. Wie kann die Grenze bestimmt werden, die sie der kombinierten staatlichen Einwirkung zur Sicherung der Energieversorgung in den schon behandelten und noch zu untersuchenden Formen zieht? An welchem Punkt schlägt diese Einwirkung in eine Verletzung der grundgesetzlich verankerten dezentralen Wirtschaftsordnung um?

Hier bietet sich ein Vergleich mit der dezentrale Wirtschaftsplanung ausschließenden zentralen Planwirtschaft an. In dieser Wirtschaftsform ist der Markt durch einen staatlichen Gesamtwirtschaftsplan ersetzt, den Verwaltung, Unternehmen und Haushalte nur noch vollstrecken[249]. Sollte sich erweisen, daß die gesamte staatliche Einwirkung zur Sicherung der Energieversorgung in ihrer faktischen Steuerungskraft einer solchen „Kommandowirtschaft“ gleichkommt, hätte sie den Rahmen der grundgesetzlichen dezentralen Wirtschaftsordnung verlassen. Diese Betrachtungsweise trägt dem Umstand Rechnung, daß der dezentralen Wirtschaftsordnung des Grundgesetzes nicht von der in der Bundesrepublik geschichtlich überholten Planwirtschaft, sondern von den modernen Formen staatlicher Energiewirtschaftslenkung Gefahr droht.

Hiergegen läßt sich nicht einwenden, daß die Energiewirtschaft nur einen Teil der Volkswirtschaft ausmacht und deshalb eine Aufhebung der dezentralen Wirtschaftsordnung auf diesem Sektor keine Grundgesetzverletzung bedeutet. Denn zum einen stellt die Energiewirtschaft einen besonders gewichtigen Teil der Gesamtwirtschaft dar[250]. Zum anderen ist der Verfassungsgrundsatz der dezentralen Wirtschaftsordnung in Bezug auf die einzelnen Wirtschaftsbereiche unteilbar. Dies gilt auch im Hinblick auf Art. 15 GG, der zur Vergesellschaftung von Bodenschätzen und Produktionsmitteln in der Energiewirtschaft ermächtigt. Denn die Grundrechte mit ihren bürgerlich-liberalen Wurzeln einerseits und Art. 15 GG mit seinem sozialistischen Ursprung andererseits sind Bestandteile einer einheitlichen Verfas-

---

247 Böckenförde, NJW 1974, 1531 i.V.m. 1532.

248 Rupp, Grundgesetz und Wirtschaftsverfassung, S. 13; ders., Vom Wandel der Grundrechte, AöR 1976, S. 172 - 176.

249 Vgl. hierzu: Kriele, 2 RP 1974, S. 108 f.; v. Arnim, Volkswirtschaftspolitik, S. 67 f.; Klein, Teilnahme, S. 105; Badura, Wirtschaftsverfassung und Wirtschaftsverwaltung, S. 21; s. o. II. 3. c).

250 s. o. Einl. I. (Fn. 8).

sung. Aufgabe der Verfassungsauslegung ist es daher, diese beiden gegenläufigen Verfassungsprinzipien einander zuzuordnen. Daraus resultiert ein Spannungsverhältnis zwischen grundrechtlich garantierter wirtschaftlicher Freiheit und Sozialisierungsermächtigung[250a].

In diesem Spannungsverhältnis darf die mit den wirtschaftlich bedeutsamen Grundrechten institutionell gewährleistete dezentrale Wirtschaftsordnung als wesentliches Element des Grundgesetzes im Energiebereich nicht aufgehoben werden. Das folgt auch aus Art. 19 II GG. Danach darf der Wesensgehalt der Grundrechte nicht angetastet werden. Zu ihm gehören nach der Rechtsprechung des BVerfG auch die in den Grundrechten der Allgemeinheit gegebenen institutionellen Garantien[250b]. Art. 15 GG ist somit „im Lichte" der dezentrale Wirtschaftsplanung sichernden Grundrechte auszulegen. Umgekehrt bewirkt Art. 15 GG im Wechsel, daß die für das Wirtschaftsleben wesentlichen Grundrechte eine nur im Prinzip dezentrale Wirtschaftsordnung – auch im Energiebereich – gewährleisten[250c].

Es gilt also, fortschreitend die verschiedenen Formen der Einwirkung zur Sicherung der Energieversorgung darauf zu untersuchen, ob und inwieweit sie die Energiewirtschaftsplanung[251] beim Staat zentralisieren. In einem Resümee am Schluß der vorliegenden Untersuchung läßt sich dann das Verhältnis dieser staatlichen Einwirkung zur grundgesetzlich festgelegten dezentralen Wirtschaftsordnung bestimmen.

Als Zwischenergebnis ist für die bereits untersuchten Eingriffe und Subventionen festzuhalten, daß sie sich zur Steuerung der Energiewirtschaftsplanung als überaus wirksam erwiesen haben. Sie haben den Steinkohlenbergbau vor dem Wettbewerb des Mineralöls abgeschirmt mit der Folge, daß die betroffenen Mineralölunternehmen „rote Zahlen schreiben"[252] und ihre Ölverarbeitungskapazitäten in der Bundesrepublik drastisch abbauen mußten. Der Ausbau der Kernenergie wäre ohne die massiven staatlichen Subventionen nicht in der jetzigen Form erfolgt.

Die geschilderten Eingriffe und Subventionen zur Sicherung der Energieversorgung erweisen sich somit als Mittel zentraler staatlicher Energiewirtschaftsplanung.

250a Vgl. zur einheitlichen Verfassungsauslegung und zum folgenden M/H/D/S - Maunz, Papier Art. 15 Rn. 6 i.V.m. Art. 14 Rn. 272 - 276.

250b BVerfGE 2, 266 (285); vgl. auch 22, 180 (219); 30, 47 (53).

250c Zum Gedanken der Wechselwirkung vgl. z. B. BVerfGE 7, 198 (107 f.) – Lüth-Urteil – für das Verhältnis von Grundrecht und allgemeinem Gesetz.

251 Verstanden im weiteren Sinn, also einschließlich der Durchführung, s. o. Einl. II.

252 „Die Zeit" v. 1. 2. 1985, S. 17 – „Schrumpfen oder Sterben"; Hannoversche Allgemeine Zeitung, v. 18. 2. 1985, S. 5.

d) Außerverfassungsrechtliche Grenzen

Auf einige außerverfassungsrechtliche Grenzen der Subventionen zur Sicherung der Energieversorgung soll im Rahmen dieser Arbeit nur kurz hingewiesen werden.

Gem. §§ 23, 44 I BHO dürfen Subventionen nur gewährt werden, wenn der Bund ohne sie ein erhebliches Interesse nicht ausreichend befriedigen kann[253].

Die §§ 12 I, 1 StabG schreiben vor, daß Subventionen nicht im Widerspruch zu den Zielen des „magischen Vierecks", nämlich Stabilität des Preisniveaus, hohem Beschäftigungsstand, stetigem und angemessenem Wirtschaftswachstum und außenwirtschaftlichem Gleichgewicht vergeben werden dürfen.

Auf der Ebene der Europäischen Gemeinschaften verbietet Art. 4 c EGKSV Subventionen an Montanwerke; nach Art. 92 EWGV dürfen Subventionen nicht bestimmte Unternehmen begünstigen und nicht den zwischenstaatlichen Handel beeinträchtigen[254].

---

[253] Im einzelnen hierzu: G. Kirchhoff, Subventionen als Instrument der Lenkung und Koordinierung, S. 31 - 34.

[254] Vgl. näher Rinck, Wirtschaftsrecht, Rn. 353 - 357 m.w.N.; Wolff / Bachof, § 154 III b 3 und 4 m.w.N.

2. Abschnitt

Öffentliche Energieunternehmen und Versorgungsmonopole (§ 103 GWB) als Mittel staatlicher Einwirkung

I. Begriff und Verbreitung

1. Begriff des öffentlichen Energieunternehmens

Für den Begriff des öffentlichen Energieunternehmens als Einwirkungsform zur Sicherung der Energieversorgung sind zwei Merkmale wesentlich: die staatliche[255] Trägerschaft bzw. Kapitalbeteiligung sowie – bei privater und staatlicher Kapitalbeteiligung – der private und staatliche Einfluß auf die Unternehmensleitung[256]. Auf ausführliche Untersuchungen im Schrifttum zu Einzelaspekten der Begriffsbildung[257], die im gegebenen Zusammenhang nicht interessieren, kann verwiesen werden.

Von den vielfältigen Organisationsformen öffentlicher Unternehmen[258] sind in der Energiewirtschaft neben dem kommunalen Eigenbetrieb und dem sehr seltenen Zweckverband vor allem die Eigengesellschaft und das gemischtwirtschaftliche Unternehmen verwirklicht. Kommunale Eigenbetriebe stehen als gemeindliche Sondervermögen unter gesonderter Verwaltung und Rechnungsführung, ohne jedoch als eigene Rechtssubjekte gegenüber der Gemeinde verselbständigt zu sein. Sie sind nach den Eigenbetriebsverordnungen der Länder organisiert. Eigengesellschaft und gemischtwirtschaftliches Unternehmen haben demgegenüber eine privatrechtliche Gesellschaftsform. Hier dominieren AG und GmbH als juristische Personen des Privatrechts. Vereinzelt tauchen die Personengesellschaften der KG und oHG sowie die Rechtsform der eingetragenen Genossenschaft auf. Während das Kapital einer Eigengesellschaft zu 100 % bei der öffentlichen Hand liegt, teilen sich Staat und Private die Kapitalanteile an gemischtwirtschaftlichen Unternehmen.

---

[255] = alle öffentlich-rechtlichen Gebietskörperschaften.

[256] Siehe hierzu schon oben 1. Abschn. I. 3. b) aa).

[257] Püttner, ... öffentliche Unternehmen, S. 42 - 72; Emmerich, ... öffentliche Unternehmen, S. 49 - 63.

[258] Hierzu übersichtlich Hans H. Klein, Teilnahme, S. 32 - 38; Wilke / Schachel, WiVerw, 1978, S. 100 - 102; Rüfner, Formen, S. 265 - 263; Erichsen / Martens, VerwR, 6. A., S. 32.

Öffentliche Unternehmen in den vorgenannten Organisationsformen sind in allen wichtigen Energiebereichen[259] vertreten. Der folgende „Streifzug" verdeutlicht ihr außerordentliches Gewicht nicht nur in der Energie-, sondern in der gesamten bundesdeutschen Wirtschaft und damit ihre herausragende Bedeutung für die Sicherung der Energieversorgung. Das Augenmerk der Darstellung liegt im Hinblick auf die Frage nach den verfassungsrechtlichen Grenzen dieser öffentlichen Unternehmen auf ihrer Tätigkeit und den Beteiligungs- und Einflußverhältnissen.

2. Einige ausgewählte öffentliche Energieunternehmen

a) Ruhrkohle AG

Den bundesdeutschen Steinkohlenbergbau beherrscht unangefochten die 1969 gegründete Ruhrkohle AG[260]. Im Jahre 1974 vereinte sie schon 76,5 % der westdeutschen Steinkohleförderung und 82,2 % der Kokserzeugung auf sich[261]. Gegen ausländische Konkurrenz wird sie durch Importkontingente geschützt[262] (Kopplung der beiden Einwirkungsformen des öffentlichen Unternehmens und des Eingriffs). Nach der Neuordnung der Eigentumsverhältnisse am 10. September 1984 entfällt das Ruhrkohleaktienkapital zu etwa 40 % auf die VEBA, zu 22 % auf das VEW, zu etwa 20 % auf die Stahlkonzerne Thyssen und Hoesch, zu etwa 8 % auf die französische Sidechar und zu 10 % auf die Ruhrkohle selbst[263]. Die Ruhrkohle unterliegt über VEBA und VEW[264] dem bestimmenden Einfluß der öffentlichen Hand. Der Bund nimmt seine Aktionärsrechte durch das Bundesministerium der Finanzen und das Bundeswirtschaftsministerium wahr[265]. Auf der Rangliste der 100 größten bundesdeutschen Unternehmen nahm sie 1984 den 10. Platz ein[266].

b) VEBA AG

Die VEBA AG[267] als mit Abstand größtes Unternehmen der Bundesrepublik blickt auf eine lange Tradition zurück. Preußen gründete sie 1929 und

---

[259] Zu ihnen s. o. Einl. I.

[260] Die Art und Weise der Gründung bildet einen Fall der Einwirkungsform des Zusammenwirkens von Staat und Wirtschaft, dazu s. u. 2. Kap. 1. Abschn. I.

[261] Monopolkommission (Fn. 1), Tz. 644.

[262] s. o. 1. Abschn. I. 1.

[263] „Süddeutsche Zeitung" v. 11. 9. 1984, S. 24.

[264] Zur VEBA sogleich; am VEW (Vereinigte Elektrizitätswerke Westfalen) sind weit überwiegend kommunale Körperschaften, z.T. über das RWE beteiligt neben Privaten, Monopolkommission (Fn. 1), Tz. 733.

[265] Jarass, Formen (Fn. 10), S. 512.

[266] „Die Zeit" v. 10. 8. 1984.

[267] Zum folgenden: Sondergutachten der Monopolkommission, Band 8, Zusammenschlußvorhaben der Deutschen BP AG und VEBA AG, 1978, S. 14 - 22; „Süddeut-

brachte seine Anteile an verschiedenen Elektrizitäts-, Berg- und Hüttenwerken ein. Nach dem zweiten Weltkrieg ging die VEBA gem. Art. 135 VI GG in Bundeseigentum über. Durch Ausgabe sogenannter Volksaktien erfolgte 1965 eine Teilprivatisierung. Ende 1983 reduzierte der Bund seinen Kapitalanteil von 43,7 % auf 30 %. Die übrigen 70 % entfallen heute auf ca. 700 000 Aktionäre. Dieser Streubesitz beläßt dem Bund einen maßgeblichen Einfluß auf die Leitung der VEBA, die somit trotz der nur 30 %igen Bundesbeteiligung ein gemischtwirtschaftliches öffentliches Unternehmen geblieben ist[268].

Die VEBA betätigt sich im wesentlichen über ihre Tochtergesellschaften VEBA Oel AG, Preußische Elektrizitäts AG (PREAG), Nordwestdeutsche Kraftwerke AG (NWK)[268a] und Kraftwerke Ruhr AG im Mineralöl- und Elektrizitätssektor sowie über die Ruhrkohle AG im Steinkohlebereich. Abgeschlossen ist mittlerweile das umstrittene Kapitel „VEBA/Gelsenberg". Auf Betreiben der Bundesregierung fusionierte die VEBA in den Jahren 1974/1975 mit dem deutschen Mineralölunternehmen Gelsenberg AG[269]. Der Zusammenschluß sollte den Kern eines großen deutschen Mineralölunternehmens bilden. Die Bundesregierung wollte so die Abhängigkeit der deutschen Ölversorgung von den multinationalen Ölkonzernen mindern und die Versorgung mit Mineralöl langfristig sichern. Schon kurze Zeit später besann sich die Bundesregierung anders. Am 5. März 1979 erlaubte der Bundesminister für Wirtschaft gem. § 24 III GWB die völlige Übertragung der Gelsenberg AG auf die Deutsche BP AG, die Tochter eines multinationalen Ölkonzerns[270].

c) DEMINEX GmbH

Dem Bemühen der Bundesregierung um eine gesicherte Mineralölversorgung hat die Deutsche Erdölversorgungsgesellschaft mbH – DEMINEX[271] ihre Existenz zu verdanken. Ihre Geschichte beginnt im Jahre 1964, als die Bundesregierung deutschen Mineralölgesellschaften bis zu 800 Millionen DM an Darlehen für die Erdöl- und Erdgassuche zusagte. Auf Drängen der

sche Zeitung" v. 27. 6. 1984, „VEBA auf dem Weg zur Normalität" und v. 24. 8. 1984 „VEBA kündigt höhere Dividenden an"; Sondergutachten der Monopolkommission, Band 2, Wettbewerbliche und strukturelle Aspekte einer Zusammenfassung von Unternehmen im Energiebereich (VEBA/Gelsenberg), 1975, S. 13 - 16.

[268] Vgl. zu diesem Aspekt Emmerich, ... öffentliche Unternehmen, S. 223.

[268a] PREAG und NWK werden nunmehr verschmolzen Süddeutsche Zeitung v. 14. 5. 85, S. 27; Hannoversche Allgemeine Zeitung v. 7. 6. 85, S. 7

[269] Dazu s. u. 2. Kap. 1. Abschn. I (Zusammenwirken Staat/Wirtschaft).

[270] WuW 1979, Teil II Informationen, S. 227; Commerzbank, Wer gehört zu wem? (1982) unter „Gelsenberg AG".

[271] Blömer, Glückauf 1972, S. 143; Dolinski / Ziesing (Fn. 36), S. 27 - 31, 325 B4; Monopolkommission, BP/VEBA (Fn. 267), S. 20; Monopolkommission, VEBA/Gelsenberg (Fn. 268), S. 166.

Bundesregierung wurde 1966 die Deutsche MineralölexplorationsgesellschaftmbH (DEMINEX) gegründet, die allerdings keine nennenswerten Aktien entfaltete, weil kurz nach ihrer Gründung keine Bohrdarlehen mehr vergeben wurden.

Verhandlungen der Bundesregierung mit deutschen Mineralölunternehmen ergaben Anfang 1969 die Einigung über ein Basisprogramm für die deutsche Erdölversorgung. Auf dieser Grundlage erfolgte die Neugründung der DEMINEX mit einem Stammkapital von 50 Millionen DM. Gründungsmitglieder waren die Gesellschaften Gelsenberg AG (18,5 %), Wintershall AG (18,5 %), Deutsche Schachtbau- und Tiefbohrgesellschaft mbH (10 %), Preussag AG (7 %), VEBA Chemie AG (18,5 %), Union Rheinische Braunkohlen Kraftstoff AG (18,5 %) und Saarbergwerke AG (9 %). 1974 hielt die VEBA schon 54 % des Kapitals der DEMINEX.

Das Basisprogramm und der Vertrag v. 17. 7. 1969 zwischen Bund und DEMINEX verpflichten die DEMINEX, außerhalb des Bundesgebietes (früher: außerhalb der EG) Erdöl- und Erdgaslagerstätten aufzuschließen bzw. zu erwerben, langfristige Erdöllieferverträge einzugehen sowie Erdöl zu transportieren. Im Gegenzug leistet der Bund Subventionen[272] (Kopplung der Einwirkungsformen des öffentlichen Unternehmens und der Subvention).

Drei Unternehmen aus dem Strom- und Gassektor sollen im folgenden als signifikant hervorgehoben werden, bevor ein genaues Bild der dortigen Unternehmensstruktur und Versorgungsmonopole gezeichnet wird.

d) VIAG AG

Die 1922 vom Reich gegründete Vereinigte Industrie-Unternehmungen AG (VIAG), die sich jetzt zu 100 % im Eigentum des Bundes befindet[273] (Rechtsnachfolge gem. Art. 134 I GG), befaßt sich in ihrem Unternehmenbereich Energie mit der Stromerzeugung und Ferngasbelieferung[274]. Sie nahm 1984 in der Liste der 100 größten Unternehmen der Bundesrepublik den 40. Platz ein[275].

e) Ruhrgas AG

Den 21. Platz in dieser Liste hielt die 1926 gegründete Ruhrgas AG[276]. Ihre Geschäftstätigkeit erstreckt sich auf Erwerb, Erzeugung, Gewinnung,

---

272 s. o. 1. Abschn. II. 1. d) bb).

273 Vgl. näher Emmerich, ... öffentliche Unternehmen, S. 30 f., 33 - 35 m.w.N.; „Die Zeit" v. 16. 11. 1984, S. 25.

274 „Die Zeit" v. 22. 6. 1984 – Auszug aus dem Jahresabschluß 1983.

275 „Die Zeit" v. 10. 8. 1984, S. 18.

Transport und Veräußerung von Gas jeder Art sowie jede damit zusammenhängende wirtschaftliche und technische Tätigkeit. Als weitaus größter Importeur bezieht sie Erdgas[277] aus den Niederlanden, der Sowjetunion, Norwegen und Algerien. Sie kauft knapp die Hälfte der westdeutschen Erdgasförderung, die sich ganz überwiegend in der Hand von Mineralölunternehmen befindet (Exxon, Shell)[278]. Die Marktstufe Erdgastransport ist ebenfalls eine Domäne der Ruhrgas AG, die hier mit über 40 % Anteil am Gesamtrohrnetz das mit Abstand größte Ferngasunternehmen darstellt. Von den Ferngasunternehmen i.e.S. (Importeure sowie überregionale und regionale Weitervertrieb) hatte sie bereits 1974 62,5 % der Anteile an Gasbezug, -förderung und -erzeugung. Die von ihr abgesetzten Gasmengen machten damals schon rund 65 % des gesamten Gasendverbrauchs der Bundesrepublik aus.

An der Ruhrgas AG sind seit ihrer Gründung ausschließlich Unternehmen beteiligt. Die komplizierte Beteiligungsstruktur[279] hat sich aus dem steten Vordringen von Unternehmen mit Mineralöl- und Erdgasinteressen gegenüber den im Steinkohlenbergbau verwurzelten „Altgesellschaften" (z. B. Mannesmann AG, Hoesch AG, Ruhrkohle AG als Zusammenschluß bis 1969 selbständiger Bergbauunternehmen) ergeben. Direkt oder indirekt halten Ölgesellschaften die Mehrheit der Kapitalanteile, so die Esso AG und Deutsche Shell AG über die Gesellschaft Gewerkschaft Brigitta 26,5 %, die Deutsche BP AG über die Gelsenberg AG 25 %, die Mobil oil AG über die Schubert KG 7,4 % und die Texaco AG über die Bergemann KG 3,5 %. Durch einen Stimmrechtsbindungsvertrag („Bergemann-Pool") haben sich jedoch die „Altgesellschaften" ihren beherrschenden Einfluß auf die Ruhrgas AG gesichert. Die Bergemann KG (aus den „Altgesellschaften" Ruhrkohle AG, Mannesmann AG, Hoesch AG u. a.) mit 31,1 % und die Gelsenberg AG mit 25 % verfügen zusammen über 56,1 % der Kapitalanteile der Ruhrgas AG. In dem Vertrag ist vereinbart, daß die Bergemann KG das Stimmrecht für die der Gelsenberg KG gehörenden Aktien im eigenen Namen ausübt. Innerhalb der Bergemann KG hat die Ruhrkohle AG mit 42,5 % Kapitalanteilen den beherrschenden Einfluß. Auch mit Übernahme der Gelsenberg AG durch die Deutsche BP AG ist sichergestellt, daß die Mineralölunternehmen im „Bergemann-Pool aus Bergemann KG und Gelsenberg AG unter der Stimmrechtsmehrheit bleiben.

Schon allein die Ruhrkohle AG als öffentliches Unternehmen verleiht nach ihrer Beteiligung und ihrem maßgeblichen Einfluß auf die Ruhrgas AG

[276] Monopolkommission, BP/VEBA (Fn. 267), S. 22 - 24, 52 ff.; Monopolkommission (Fn. 1), Tz. 625, 626.

[277] 1974 hielt sie schon 47,3 % aller Importe; Monopolkommission (Fn. 1), Tz. 620.

[278] Monopolkommission (Fn. 1), Tz. 626.

[279] Monopolkommission BP/VEBA (Fn. 267), S. 54 - 62; Monopolkommission (Fn. 1), Tz. 626, 627; WuW 1979, Teil III, Informationen, S. 227 f.

auch dieser die Eigenschaft eines öffentlichen Unternehmens. Die Deutsche BP AG – und damit ihre 100 % Tochter Gelsenberg AG – läßt sich als ausländisches Unternehmen einordnen, weil sie zu 100 % der „British Petroleum Co Ltd“ gehört, an welcher der Britische Staat zu 48 % beteiligt ist[280].

f) RWE AG

Unter den Elektrizitätsunternehmen ragt mit Abstand das 1898 gegründete Rheinisch Westfälische Elektrizitätswerk AG (RWE AG) hervor[281], das sich 1984 auf Platz 9 der Rangliste der 100 größten Unternehmen der Bundesrepublik befand[282]. Der Schwerpunkt seiner Tätigkeit liegt in der Stromerzeugung und -verteilung. Im Jahre 1974 erzeugte das RWE 29 % des Stroms und belieferte es 14,5 % der Tarif- und 27,1 % der Sonderabnehmer in der Bundesrepublik. Das Fundament dieser starken Stellung liegt in der kostengünstigen Stromerzeugung aus Braunkohle in den rheinischen Braunkohlerevieren. Beinahe 90 % des Braunkohlenbergbaus der Bundesrepublik betreibt die RWE-Tochter Rheinische Braunkohlenwerke AG (Rheinbraun)[283]. Dieser Wettbewerbsvorteil sowie die gleich zu erläuternden Versorgungsmonopole haben dem RWE nicht nur zu seiner überragenden Stellung im Elektrizitätssektor verholfen, sondern auch sein Eindringen in den Mineralölbereich ermöglicht. Im Geschäftsjahr 1983/1984 erreichte der Geschäftsbereich „Mineralöl/Chemie“ mit 7,9 Milliarden DM die Hälfte des Außenumsatzes von 15,7 Milliarden DM bei „Strom und Versorgung“.

Private Eigner halten mit 70 % deutlich die Mehrheit der Kapitalanteile. Die restlichen 30 % verteilen sich auf die Städte Essen, Düsseldorf, Köln, Trier und Mülheim/Ruhr sowie drei Kreise. Die öffentlichen Körperschaften haben sich in der Hauptversammlung jedoch eine Stimmrechtsmehrheit von rund 60 % und damit die Beherrschung des RWE gesichert. Mehrstimmrechtsaktien im nominellen Wert von ca. 36 Millionen DM sind mit zwanzigfachem Stimmrecht ausgestattet und befinden sich ausschließlich im kommunalen Eigentum, während ein Drittel des Grundkapitals von 2,25 Milliarden DM aus stimmrechtslosen Vorzugsaktien besteht.

---

280 Brockhaus, 1983 unter dem Stichwort „British Petroleum Co Ltd“.

281 Monopolkommission (Fn. 1), Tz. 703, 708 - 712, 713 - 719, 733, 789; Aktionärsinformation und Dividendenbekanntmachung Geschäftsjahr 1983/84 in „Die Zeit“ v. 24. 8. 1984, S. 21 und v. 8. 3. 85, S. 26; „Die Zeit“ v. 22. 2. 1985 – „Ein Versorgungsunternehmen nicht nur für die Kunden“; Emmerich, ... öffentliche Unternehmen, S. 223 bei Fn. 130.

282 „Die Zeit“ v. 10. 8. 1984, S. 18.

283 Monopolkommission (Fn. 1), Tz. 668 - 673.

3. Öffentliche Unternehmen in der Elektrizitätswirtschaft

Die Dominanz nicht nur des RWE, sondern öffentlicher Unternehmen überhaupt in der Elektrizitätswirtschaft hat mittlerweile eine bald 100jährige Geschichte[284]. Schon vor dem ersten Weltkrieg hatte sich eine Unternehmens- und Versorgungsstruktur entwickelt, der die heutige weitgehend entspricht. Die zunächst rein privatwirtschaftlichen Anfänge gingen über in eine sich mehr und mehr verstärkende staatliche Beteiligung an den Elektrizitätsversorgungsunternehmen. Im Jahre 1913 verteilten sich 40 % der Stromerzeugung auf vollständig im Eigentum der öffentlichen Hand stehende Unternehmen, 17 % auf gemischtwirtschaftliche und 43 % auf rein private Unternehmen. Diese Unternehmen verfügten in ihren Versorgungsgebieten schon über die heute gem. § 103 GWB legalisierten Versorgungsmonopole aufgrund von Konzessions- und Demarkationsverträgen[285]. Mit ihrer Beteiligung an den Elektrizitätsversorgungsunternehmen bezweckten die öffentlichen Gebietskörperschaften, die Gefahren dieser Monopole für das Gemeinwohl auszuschalten und Verantwortung für eine sichere Stromversorgung zu übernehmen. Nicht zuletzt winkte die Aussicht auf Gewinn.

Den Strom erzeugen heute die öffentliche[286] Elektrizitätswirtschaft (ca. 80 %), die Industrie (industrielle Kraftwirtschaft, ca. 18 %) und die Bundesbahn (ca. 2 %)[287]. Die Industrie speist einen großen Teil ihres erzeugten Stroms ins öffentliche Netz ein.

In der öffentlichen Elektrizitätswirtschaft werden drei miteinander verknüpfte Marktstufen unterschieden, nämlich Erzeugung und überregionaler Transport als erste Stufe sowie regionale und lokale Versorgung[288]. Ihnen entsprechen nur ungefähr die drei Unternehmensgruppen der lokalen, regionalen und Verbundunternehmen, weil die einer dieser Gruppen zuordnenden Unternehmen häufig nicht nur auf einer Marktstufe tätig sind.

Bei den lokalen Stromversorgungsunternehmen handelt es sich in der Regel um Eigenbetriebe oder Eigengesellschaften der Gemeinden mit nur einem Niederspannungsnetz, die den von ihnen an Endverbraucher verteilten Strom von regionalen oder überregionalen Elektrizitätsunternehmen beziehen. Sie haben nur selten eigene Kraftwerke und unterhalten oft den „Querverbund“ aus Strom-, Gas-, Fernwärme- und Wasserversorgung[289].

---

[284] H. U. Evers, Das Recht der Energieversorgung, 2. A., 1983, S. 23 - 30; H. Gröner, Die Ordnung der deutschen Elektrizitätswirtschaft, 1975, S. 43 - 73.

[285] Zu ihnen s. u. I. 5.

[286] i.S.v. Dritte versorgend = Gegenbegriff zur Eigenversorgung der industriellen Kraftwirtschaft, Monopolkommission (Fn. 1), S. 383 Fn. 101.

[287] Büdenbender, Energierecht, 1982, Tz. 1329; Monopolkommission (Fn. 1), Tz. 706.

[288] Monopolkommission (Fn. 1), Tz. 703.

[289] Büdenbender (Fn. 287), Tz. 1309 - 1311; Monopolkommission (Fn. 1), Tz. 703.

Die Regionalunternehmen versorgen Stadt und Land in großräumigen Zonen zu gleichen Preisen und beliefern andere Elektrizitätsunternehmen. Sie verfügen begrenzt über Eigenerzeugung und müssen ihren restlichen Bedarf bei den Verbundunternehmen decken. In der Mehrheit sind sie gemischtwirtschaftliche Unternehmen in den Rechtsformen der AG (mit Mehrstimmrechtsaktien zugunsten der öffentlichen Hand) und GmbH. Die öffentlichen Hände halten im arithmetischen Mittel ca. 63 % (45 % Kommunen) der Anteile an ihnen zuzüglich mittelbarer Beteiligungen[290].

Die 10 Verbundgesellschaften der Bundesrepublik[291] – unter ihnen das RWE – sind nach ihrem Verbundbetrieb getauft, der im großräumigen Stromaustausch durch Zusammenschalten ihrer Hochspannungsnetze stattfindet. Sie beliefern mit dem von ihnen erzeugten Strom große Industrieverbraucher, Regional- und Kommunalunternehmen (z. T. über Töchter) sowie Nieder- und Mittelspannungsabnehmer, sind also auf allen drei Marktstufen tätig. Alle Verbundgesellschaften sind entweder Eigengesellschaften oder gemischtwirtschaftliche Unternehmen in der Rechtsform der AG unter Beteiligung von Bund, Ländern, Kreisen, Gemeinden und Privaten.

Als Vorteile des bis in die frühen Anfänge der Stromversorgung zurückzuverfolgenden Verbundbetriebes ergeben sich eine gleichmäßige Auslastung der Kapazitäten und daraus Kostenersparnisse, weil weniger Kraftwerke vorgehalten werden müssen sowie Ausgleichsmöglichkeiten bei Störungen. Er führt allerdings zu einer intensiven Zusammenarbeit der Verbundgesellschaften, die gemeinsam die langfristige Entwicklung der Elektrizitätswirtschaft planen, so etwa den Kraftwerks- und Leitungsbau. Hierfür ist von Gewicht, daß sich die Verbundgesellschaften zunehmend an Unternehmen der regionalen und lokalen Stromversorgung beteiligen. Die Kooperation der Verbundgesellschaften ist durch den Zusammenschluß in der Deutschen Verbundgesellschaft (DVG) institutionalisiert.

Nicht zuletzt die Übermacht der Verbundgesellschaften hat die Zahl der Elektrizitätsversorgungsunternehmen ständig schrumpfen lassen[292]. Im Jahre 1974 existierten noch etwa 1200 - 1300 Unternehmen, die zu 85 % kleine und Kleinstunternehmen mit nur 10 % der Stromabgabe waren. Die meisten von ihnen erreichten nicht die wirtschaftliche Mindestgröße, weswegen die Vermutung naheliegt, daß sie die Existenz ihren Versorgungsmonopolen zu verdanken hatten. Bis 1984 ging die Zahl der Unternehmen auf etwa 1000 zurück.

---

[290] Büdenbender (Fn. 287), Tz. 1306, 1307, 1316; Monopolkommission (Fn. 1), Tz. 703.

[291] Monopolkommission (Fn. 1), Tz. 703, 720 - 728, 733; Büdenbender (Fn. 287), Tz. 1301 - 1305, 1316.

[292] Monopolkommission (Fn. 1), Tz. 708; Büdenbender (Fn. 287), Tz. 1229; „Stern", v. 23. 2. 1984, S. 116.

Abschließend sei noch ein Überblick über die Anteile an Kapital, Stromerzeugung und -abgabe in der öffentlichen[293] Elektrizitätswirtschaft nach dem Stand von 1979 gegeben[294]. Etwa 440 Unternehmen mit zu mehr als 95 % staatlicher Beteiligung erzeugten ca. 17 % des Stroms und hielten ca. 28 % der Stromabgabe. Nur rund 100 „gemischtwirtschaftliche" Unternehmen[295] beherrschten mit etwa 82 % Anteil die Stromerzeugung und lieferten mit ca. 69 % den Großteil der Stromabgabe. Rund 140 „private" Unternehmen[296] vereinten nur ca. 1 % der Stromerzeugung und ca. 3 % der Stromabgabe auf sich.

4. Öffentliche Unternehmen in der Gaswirtschaft

Die Geschichte der Gaswirtschaft[297] weist die gleichen Merkmale wie diejenige der Elektrizitätswirtschaft auf. Aus privatwirtschaftlichen Anfängen entwickelte sich schon früh (ab 1860) eine Versorgung unter starker Beteiligung der kommunalen Gebietskörperschaften. Die einzelnen Unternehmen besaßen in ihren Versorgungsgebieten Versorgungsmonopole. Nach dem zweiten Weltkrieg veränderte sich die Struktur des Gasaufkommens grundlegend. Neben die Kohle- und Hochofengase traten zunehmend Erd- und Mineralölgase, deren Anteil am Aufkommen sich in den Jahren 1964 bis 1974 von 7,3 % auf 61,6 % sprunghaft ausdehnte[298].

Auch in der Gaswirtschaft[299] unterscheidet man drei Marktstufen: Aufkommen (= inländische Erzeugung und Förderung sowie Import), Transport und Verteilung. Der private bzw. ausländische Kapitalanteil liegt in der Gaswirtschaft deutlich höher als in der Elektrizitätswirtschaft.

Die inländische Erdgasförderung befindet sich fast ganz in den Händen von Mineralölunternehmen. Im Jahre 1974 hielten allein die je zur Hälfte im Eigentum der Esso AG und Deutschen Shell AG befindlichen Gesellschaften Gewerkschaft Brigitta und Gewerkschaft Elwerath ca. 60 % der inländischen Erdgasförderung. Beherrschendes Importunternehmen ist die Ruhr-

[293] Zum Begriffsinhalt s. o. Fn. 286.

[294] Büdenbender (Fn. 287), Rn. 1314 - 1320; Monopolkommission (Fn. 1), Tz. 729 - 735.

[295] Hier rein formal definiert: zu weniger als 95 % in öffentlicher und zu weniger als 75 % in privater Hand. Daß die Höhe der Kapitalanteile für den Begriff des gemischtwirtschaftlichen öffentlichen Unternehmens – dazu s. o. I. nicht wesentlich ist, sondern der Einfluß auf die Unternehmensleitung, zeigt sich am Beispiel der Ruhrgas, s. o. I. 2. e).

[296] Auch rein formal definiert: mit mehr als 75 % privatem Kapitalanteil – entscheidend für den materiellen Begriff des Privatunternehmens ist die ausschließlich private Unternehmensleitung, s. o. I.

[297] Evers (Fn. 284), S. 21 f.

[298] Monopolkommission (Fn. 1), Tz. 616.

[299] Monopolkommission (Fn. 1), Tz. 619 - 640; Büdenbender (Fn. 287), Tz. 1321 - 1328, 1334 - 1336.

gas AG, die 1974 47,3 % aller Importe abwickelte. In der Stufe Aufkommen existieren außer den eben genannten nur einige wenige weitere Unternehmen.

Der Transportmarkt umfaßt den regionalen und überregionalen Gastransport. Die hier tätigen 16 Ferngasunternehmen beliefern Endverbraucher und Ortsgasunternehmen. Einige von ihnen, wie die hier ebenfalls dominierende Ruhrgas AG[300], arbeiten auch im Bereich des Aufkommens. Die Ferngasunternehmen haben ihre Hochdruckleitungen zu einem Verbundbetrieb zusammengeschaltet.

Auf den Marktstufen Aufkommen und Transport finden sich Eigengesellschaften sowie gemischt- und privatwirtschaftliche Unternehmen.

Etwa 80 % (1974) der Gasverteilung übernehmen zahlreiche Ortsgasgesellschaften, die sich – als Eigenbetriebe, Eigengesellschaften, selten Zweckverbände – zu etwa 85 % ganz im Eigentum der Kommunen befinden. Eine Nebenrolle spielen die gemischtwirtschaftlichen und privaten (nur 3,6 %) Ortsgasunternehmen. Kennzeichnend für die meisten Ortsgasgesellschaften ist der „Querverbund" mit Strom, Fernwärme und Wasser.

5. Versorgungsmonopole öffentlicher Energieunternehmen in der Elektrizitäts- und Gaswirtschaft (§ 103 I Nr. 1, 2 und 4 GWB)

Die oben beschriebenen öffentlichen Unternehmen der Elektrizitäts- und Gasversorgung sichern sich durch Verträge in ihren Versorgungsgebieten Ausschließlichkeitsstellungen, die gem. § 103 I GWB von den Kartellverboten[301] der §§ 1, 15 und 18 GWB freigestellt sind.

Grundlage ihrer Versorgungsmonopole sind die gem. § 103 I Nr. 2 GWB anerkannten Konzessionsverträge mit einer sog. Ausschließlichkeitsklausel[302]. In ihnen räumt eine Gebietskörperschaft einem Versorgungsunternehmen das ausschließliche Recht ein, in ihrem Gebiet Leitungen zur Strom- bzw. Gasversorgung von Letztverbrauchern zu betreiben. Die Gemeinden haben ein Interesse daran, ihr gesamtes Straßennetz ausschließlich einem Versorgungsunternehmen zur Verfügung zu stellen, um als Gegenleistung die begehrten Konzessionsabgaben zu kassieren, die für die Gemeindehaushalte eine hohe Bedeutung besitzen.

---

[300] s. o. I. 2. e).

[301] Zum Begriff des Kartells und des Kartellverbots: Rinck, Wirtschaftsrecht, Rn. 739, 772.

[302] Immenga / Mestmäcker-Klaue, GWB, § 103 Rn. 23 - 31; Evers (Fn. 284), S. 175 - 190; Monopolkommission (Fn. 1), Tz. 739 - 742; Emmerich, Ist der kartellrechtliche Ausnahmebereich für die leitungsgebundene Versorgungswirtschaft wettbewerbspolitisch gerechtfertigt?, 1978, S. 32 f.

Das Wegemonopol der Gemeinden ermöglicht somit das Leitungsmonopol der Versorgungsunternehmen. Häufig kommen die Gemeinden den Versorgungsunternehmen noch weiter entgegen, indem sie sich verpflichten, eine eigene Versorgung in ihrem Gebiet zu unterlassen[303]. Bis 1973 sind beim Bundeskartellamt über 30 000 Konzessionsverträge angemeldet worden, die zu 80 % den Elektrizitätsmarkt betreffen.

Die gem. § 103 I Nr. 1 GWB erlaubten Demarkationsverträge[304] ergänzen die Konzessionsverträge. Die Leitungsmonopole vermögen einen Wettbewerb um Endverbraucher und weiterverteilende Versorgungsunternehmen nicht auszuschließen, wenn mehrere Lieferunternehmen diese Abnehmer über ihre Leitungsnetze erreichen könnten. Diese Lücke schließen die Demarkationsverträge. Sie enthalten die Verpflichtung eines Versorgungsunternehmens oder einer Gebietskörperschaft gegenüber einem anderen Versorgungsunternehmen, in einem bestimmten Gebiet eine öffentliche Versorgung über feste Leitungswege mit Elektrizität oder Gas zu unterlassen, also nicht in das Versorgungsgebiet des anderen Versorgungsunternehmens einzudringen.

Die Elektrizitäts- und Ferngasverbundunternehmen haben nicht nur ihre Versorgungsgebiete mittels Demarkationsverträgen gegeneinander und gegenüber von ihnen belieferten Weiterverteilern abgegrenzt[305]. Gemäß § 103 I Nr. 4 GWB ist ihnen der Abschluß von Verbundverträgen gestattet, in denen sie den Verbundbetrieb[306] im Hinblick auf den Kapazitätseinsatz die Gebiete, Preise, Bedingungen sowie die Nutzung von Netzkapazitäten und Reserveleistungen absprechen. Hierdurch wird ihnen die Beherrschung des Verbundnetzes ermöglicht[307].

Die geschilderten Verträge lassen die öffentlichen Unternehmen der Elektrizitäts- und Gaswirtschaft zu „geborenen Monopolisten" werden[308]. Zusammengenommen eliminieren die Konzessions- und Demarkationsverträge jeglichen Wettbewerb der öffentlichen Unternehmen untereinander und machen Dritten eine Strom- bzw. Gasversorgung praktisch unmöglich[309].

---

303 Unselbständige Demarkation i.S.d. § 103 I Nr. 1 GWB, str., vgl. Immenga / Mestmäcker-Klaue (Fn. 302), § 103 Rn. 24 m.w.N.

304 Immenga / Mestmäcker-Klaue (Fn. 303), § 103, Rn. 12 - 22; Evers (Fn. 284), S. 190 f.; Monopolkommission (Fn. 1), Tz. 743; Emmerich (Fn. 302), S. 31 f.

305 Monopolkommission (Fn. 1), Tz. 625, 720, 726; zum „blauen Gebiet" der Ruhrgas AG vgl. Monopolkommission, BP/VEBA (Fn. 267), S. 62, 64.

306 Hierzu s. o. S. 113 f., 117.

307 Evers (Fn. 284), S. 201; Emmerich (Fn. 302), S. 48; und in: Ordnungspolitische Überlegungen zur leitungsgebundenen Energieversorgung, Schriftenreihe: Recht – Technik – Wirtschaft, Band 15, Hrsg. v. Emmerich und R. Lukes, 1977. S. 66.

308 Immenga / Mestmäcker-Klaue (Fn. 303), v. § 103 Rn. 6 - 7.

309 Monopolkommission (Fn. 1), Tz. 743; Jarass, Formen (Fn. 10), S. 519; dieses Ergebnis wird nicht dadurch verhindert, daß Demarkationsverträge nur die Vertragsbeteiligten selbst und nicht unbeteiligte Dritte binden.

Das jeweilige öffentliche Unternehmen besitzt somit ein rechtsgeschäftliches faktisches Monopol (Versorgungsmonopol). Es hat in seinem Versorgungsgebiet die ausschließliche Möglichkeit, die Strom- bzw. Gasversorgung auszuüben. Im Unterschied zum Verwaltungsmonopol[310] ist dieses faktische Monopol nicht durch Rechtssatz oder Hoheitsakt begründet, sondern beruht allein auf vertraglichen Bedingungen. Das faktische Monopol kann nicht aus dem Grunde verneint werden, weil Elektrizität und Gas dem Wettbewerb anderer Energiearten ausgesetzt sind[311]. Denn Ansatzpunkt der Betrachtung muß der bracheninterne Wettbewerb auf dem Elektrizitäts- bzw. Gasmarkt sein.

Zur Rechtfertigung der faktischen Monopole in geschlossenen Versorgungsgebieten und folglich der Bereichsausnahmen gem. § 103 I GWB werden einige technische und wirtschaftliche Eigenarten der Strom- und Gasversorgung angeführt[312]: die mangelnde Speicherfähigkeit von Elektrizität und (in geringerem Maße) Gas zwingt dazu, die Erzeugung starr an den Verbrauch zu koppeln und am Spitzenverbrauch („Spitzenlast") zu orientieren. Mit aus diesem Grund fallen sehr hohe Investitionskosten für Kraftwerke und Leitungsnetze (Leitungsgebundenheit von Strom und Gas) an. Dies legt es nahe, Doppelinvestitionen zu vermeiden und den Auslastungsgrad der Anlagen durch breite Streuung der Abnehmerkreise mit unterschiedlichen Abnahmegewohnheiten zu steigern. Die langen Ausreifungszeiten der Investitionen erfordern eine langfristige Planung.

Trotz dieser auf den ersten Blick einleuchtenden Gründe für die faktischen Monopole ist die Reformdiskussion um ihre Abschaffung oder zumindest Einschränkung nicht verstummt[313]. So wird darauf hingewiesen, daß die faktischen Monopole die industrielle Eigenstromversorgung und den Bau von Gemeinschaftskraftwerken durch andere als die großen Verbundunternehmen behindern mit der Folge, daß ein rationeller Energieeinsatz insbesondere durch die gekoppelte Erzeugung von Strom und Wärme (Kraft-Wärme-Kopplung) unterbleibt[314].

---

[310] Zu den Begriffen des faktischen Monopols und des Verwaltungsmonopols: Badura, Das Verwaltungsmonopol, S. 2 - 4, 86 f.; Emmerich, ... öffentliche Unternehmen, S. 115 f., 117 f.; Klein, Teilnahme, S. 180 f.; Püttner, ... öffentliche Unternehmen, S. 163 f.

[311] So aber Börner, Grenzen der Wettbewerbswirtschaft, in Studien zum deutschen und europäischen Wirtschaftsrecht, Band 2, 1977, S. 256; zum Wettbewerb der Energiearten kurz und prägnant Baur, in: ordnungspolitische Überlegungen (Fn. 307), S. 80 f.

[312] Baur (Fn. 307), 76 f.; Evers (Fn. 284), S. 194 - 198; Immenga / Mestmäcker-Klaue (Fn. 303), v. § 103 Rn. 1; Dally, in: Perspektiven der Energiewirtschaft, Schriftenreihe Recht – Technik – Wirtschaft, Band 10, S. 21 f.; Monopolkommission (Fn. 1), Tz. 702.

[313] Ausführlich zu ihr: Emmerich (Fn. 303), S. 49 - 64; vgl. auch Evers (Fn. 284), S. 197, 199 m.w.N.

[314] Dally (Fn. 312), S. 24 f.; Monopolkommission (Fn. 1), Tz. 745, Tz. 750 zur Behinderung durch §§ 5 II, 6 III EnWG; Emmerich (Fn. 303), S. 47 f.

Eine nähere Auseinandersetzung mit den Gründen für und gegen die faktischen Monopole hat im Rahmen der Untersuchung ihrer verfassungsrechtlichen Grenzen zu erfolgen[315].

6. Kapital- und Lieferverflechtungen der öffentlichen Energieunternehmen untereinander

Die öffentlichen Energieunternehmen sind kapitalmäßig in vielfältiger Weise verflochten. Dies gilt zunächst innerhalb der jeweiligen Branche. So sind die Ferngasunternehmen durch Kapitalbeteiligungen verbunden, wobei die Ruhrgas AG den Knotenpunkt bildet[316]. Im Elektrizitätsbereich ist beispielsweise das RWE an zahlreichen reinen Stromerzeugungsunternehmen (z. B. Kernkraft- und Wasserkraftwerksgesellschaften) sowie an regionalen und lokalen Stromerzeugungs- und -verteilungsunternehmen beteiligt[317]. Darüber hinaus bilden namentlich VEBA, RWE, VEW, Ruhrkohle AG, STEAG[318], DEMINEX und Ruhrgas AG einen Kapitalverflechtungskomplex, der verschiedene Energiearten einbezieht und somit deren Substitutionswettbewerb und Forschungsanstrengungen für neue Energieträger und -verwendungen gefährdet[319].

Hinzu kommen langfristige Lieferverflechtungen, von denen der „Jahrhundertvertrag" über den Steinkohlebezug zur Stromerzeugung[320] sowie die Stromlieferungen des Steinkohlenbergbaus an die Stromversorgungsunternehmen RWE und VEW genannt seien[321].

7. Öffentliche Energieunternehmen und Versorgungsmonopole (§ 103 I GWB) als Einwirkung zur Sicherung der Energieversorgung

Püttner[322] spricht den westdeutschen öffentlichen Unternehmen generell und damit auch den öffentlichen Energieunternehmen die Eignung ab, Instrumente staatlicher Politik zu sein, um große politische Aufgaben zu lösen. Dies ergebe sich aus ihrer Zersplitterung und Einzelautonomie, der Gleichbehandlung mit privaten Unternehmen und der fehlenden einheitlichen Leitung. Mögen die genannten Gründe zum Teil auch zutreffen – die Gesichtspunkte der Einzelautonomie und fehlenden einheitlichen Leitung

---

315 s. u. III. 1. b) bb).

316 Monopolkommission (Fn. 1), Tz. 627, 628.

317 Monopolkommission (Fn. 1), Tz. 715.

318 Sie erzeugte 1974 rund 13 % des Steinkohlestromes und gehört zu 66,4 % der Ruhrkohle AG, Monopolkommission (Fn. 1), Tz. 644, 661.

319 Monopolkommission (Fn. 1), Tz. 719, 795, 824 und s. o. I. 2. a) (Ruhrkohle), b) (VEBA); c) (DEMINEX), e) (Ruhrgas); f) (RWE).

320 s. o. Einl. I.; s. u. 2. Kap. 1 Abschn. I.

321 Monopolkommission (Fn. 1), Tz. 718.

322 DÖV 1983, 702.

etwa sind durch die beschriebenen Unternehmensverflechtungen stark in Frage gestellt –, so ändern sie nichts daran, daß die öffentlichen Energieunternehmen eine staatliche Einwirkung zur Sicherung der Energieversorgung im oben definierten[323] Sinn darstellen. Durch ihre Beteiligung an den verschiedenen Energieunternehmen verfolgen die öffentlichen Gebietskörperschaften aktiv den Unternehmenszweck dieser Energieunternehmen, der in der Energieversorgung liegt[324].

Ebenso beruhen die Versorgungsmonopole der öffentlichen Energieunternehmen in der leitungsgebundenen Energieversorgung und die sie legalisierenden Bereichsausnahmen gem. § 103 I GWB auf der Überlegung, sie seien als Einwirkung unerläßlich, um die Energieversorgung zu sichern[325].

II. Bedeutung der öffentlichen Energieunternehmen und Versorgungsmonopole (§ 103 GWB) für die (Wirtschafts-)Freiheit und Unterscheidung von Staat und Gesellschaft

Die Einwirkungsformen des Eingriffs und der Subvention führen zu einer partiellen Aufhebung der organisatorischen und funktionalen Unterscheidung von Staat und Energiewirtschaft als Teilbereich der Gesellschaft[326]. Die hiermit einhergehende Identifikation betrifft das Außenverhältnis beider Bereiche. Dagegen dringt der Staat mittels öffentlicher Energieunternehmen gleichsam von innen her in den wirtschaftlich-gesellschaftlichen Bereich ein. Dort, wo sich die öffentlichen Unternehmen in Form von Eigenbetrieben und Eigengesellschaften ganz in seiner Hand befinden, ist die Unterscheidung von Staat und Energiewirtschaft als gesellschaftlichem Teilbereich völlig aufgehoben. Die Verklammerung beider Bereiche ist auch im gemischtwirtschaftlichen Unternehmen weit fortgeschritten, das die Energiewirtschaft kennzeichnet (RWE, VEBA, Ruhrgas AG, Ruhrkohle AG etc.). Im Gegensatz zur Auffassung Börners[327] gerät die Energiewirtschaft durch das Vorherrschen privatrechtlicher Gesellschaftsformen und gemeinsamer öffentlicher und privater Kapitalbeteiligung nicht in ein Zwischenfeld zwischen Staat und Gesellschaft. Denn entscheidend ist die im privatrechtlichen Gewand stattfindende kooperative Unternehmensleitung seitens Staat und privater gesellschaftlicher Kräfte. Sie drückt sinnfällig

---

[323] s. o. Einl. II.

[324] Vgl. Badura, Wirtschaftliche Betätigung der öffentlichen Hand, in: Festschrift für H. J. Schlochauer, 1981, S. 6 f., 21 f.; P. Karst, Die kartellrechtliche Sonderstellung der Energieversorgungsunternehmen und ihre Vereinbarung mit dem GG, jur. Diss., 1971, S. 79 - 81.

[325] Emmerich, in: Ordnungspolitische Überlegungen (Fn. 307), S. 51; Baur, in: Ordnungspolitische Überlegungen (Fn. 307), S. 76 f.; Evers (Fn. 284), S. 199.

[326] s. o. 1. Abschn. II. 2.

[327] Energie zwischen Staat und Gesellschaft, in: Studien zum deutschen und europäischen Wirtschaftsrecht, Band 2, 1977, S. 402.

Identifikation von Staat und Energiewirtschaft als gesellschaftlichem Teilbereich aus. Rein private Energieunternehmen spielen daneben als Überbleibsel einer Trennung beider Bereiche eine untergeordnete Rolle. Von Bedeutung sind praktisch nur die Mineralölgesellschaften, die sich allerdings – wie beispielsweise die Deutsche BP AG – zu großen Teilen im Eigentum ausländischer Staaten befinden.

Zu den Versorgungsmonopolen der öffentlichen Elektrizitäts- und Gasunternehmen braucht nur kurz angemerkt werden, daß sie die individuelle und gesellschaftliche Freiheit auf wirtschaftlichem Gebiet im jeweiligen Versorgungsgebiet völlig aufheben. Die Einwirkungsform des öffentlichen Energieunternehmens baut mit der Unterscheidung von Staat und Energiewirtschaft (als gesellschaftlichem Teilbereich) zugleich die Freiheit privater Wirtschaftssubjekte[328] innerhalb der Energiewirtschaft ab. Damit stellt sich auch hier die Frage nach den (verfassungs-)rechtlichen Grenzen.

III. Maß der (verfassungs-)rechtlich festgelegten (Wirtschafts-)Freiheit und Unterscheidung von Staat und Gesellschaft bezogen auf öffentliche Energieunternehmen und Versorgungsmonopole (§ 103 I GWB)

Das Grundgesetz enthält keine allgemeine Aussage über die Zulässigkeit öffentlicher Unternehmen an sich oder gar ein Verbot derselben[329]. Daraus läßt sich entgegen verbreiteter Auffassung[330] nicht der Umkehrschluß ziehen, das Grundgesetz gehe von der grundsätzlichen Zulässigkeit öffentlicher Unternehmen aus. Auch sprechen dafür weder die vielbeschworene Formel von der „wirtschaftspolitischen Neutralität" des GG, die in absoluter Form ohnehin nicht haltbar ist[331], noch die bis in die Zeit vor Inkrafttreten des GG zurückreichende Geschichte zahlreicher öffentlicher (Energie-) Unternehmen[332].

Vielmehr müssen im jeweiligen Einzelfall die zur Debatte stehenden öffentlichen Unternehmen – hier die Gruppe der öffentlichen Energieunternehmen – auf ihre Vereinbarkeit mit dem Grundgesetz und seinen rechtsstaatlichen freiheitssichernden Elementen überprüft werden. Von dieser Prüfung entbinden nicht einige verstreute positivrechtliche Regelungen des

---

328 Zum Zusammenhang zwischen der Unterscheidung von Staat und Gesellschaft einerseits und Freiheit andererseits s. o. Einl. I.

329 Art. 156 I 2 WRV ermächtigte das Reich dazu, sich selbst, die Länder oder die Gemeinden an der Verwaltung wirtschaftlicher Unternehmungen und Verbände zu beteiligen.

330 Püttner, DÖV 1983, 699; Klein, Teilnahme, S. 180; Bettermann, Gewerbefreiheit d. ö. Hand, S. 14 f.

331 Dazu eingehend s. o. 1. Abschn. II. 3. c).

332 So aber Bettermann, Gewerbefreiheit (Fn. 330), S. 14 f.

GG, die sich mit öffentlichen Unternehmen befassen. So läßt sich aus den Art. 87 I und Art. 88 GG, welche dem Bund die Verwaltungskompetenzen für Bahn, Post und Bundesbank zuweisen, nichts für die verfassungsrechtliche Zulässigkeit anderer öffentlicher Unternehmen gewinnen. Die mit den für das Wirtschaftsleben wesentlichen Grundrechten vorausgesetzte dezentrale Wirtschaftsordnung des Grundgesetzes[333] läßt diese Vorschriften als nicht ausdehnungsfähige Ausnahmevorschriften erscheinen[334]. Das gilt ebenso im Hinblick auf die gem. Art. 105, 106 und 108 GG anerkannten Finanzmonopole (gesetzliches Branntwein- und Zündwarenmonopol des Staates) als „absolutesten Formen erwerbswirtschaftlicher Staatsbetätigung“[335]; es führte zu weit, aus diesen punktuellen Vorschriften abzuleiten, das Grundgesetz habe die bei seinem Inkrafttreten vorgefundenen öffentlichen Wirtschaftsunternehmen ohne gesetzliche Monopole erst recht anerkennen wollen. Aus diesen Vorschriften kann mithin kein Bestandsschutz vom GG vorgefundener öffentlicher Energieunternehmen abgeleitet werden.

Eine Anerkennung solcher vorgefundenen öffentlichen Energieunternehmen könnte schon eher aus Art. 134 I und Art. 135 VI GG folgen, die die Rechtsnachfolge in das Vermögen des Reichs und des Landes Preußen regeln, womit unter anderem die VIAG und die VEBA angesprochen sind[336]. In der Tat wird die Auffassung vertreten[337], damit seien die angesprochenen Unternehmen in ihrem zur Zeit des Inkraftwerdens des GG vorhandenen Umfang und in ihrer gewohnten wirtschaftlichen Betätigung verfassungsrechtlich gebilligt. Die Richtigkeit dieser These muß schon deshalb bezweifelt werden, weil die genannten Grundgesetzartikel nur die Frage entschieden haben, welche Gebietskörperschaft im föderalen Staatsaufbau der Bundesrepublik Eigentümerin des nun einmal vorhandenen Vermögens werden sollte, nicht aber, ob an den vorgefundenen öffentlichen Unternehmen festgehalten werden kann. Vor allem aber hätte sich eine verfassungsrechtliche Billigung des vorgefundenen Bestandes öffentlicher Unternehmen und ihrer gewohnten wirtschaftlichen Betätigung inzwischen geschichtlich erledigt. Denn die Unternehmen haben in einem fortlaufenden Anpassungsprozeß ständig ihre Geschäftstätigkeit verändert. Es würde überspitzt anmuten, einen historischen Kern des jeweiligen öffentlichen (Energie-)Unternehmens – soweit noch vorhanden – als gem. Art. 134 I und Art. 135 VI GG gebilligt anzusehen, das übrige Unternehmen jedoch nicht.

---

[333] s. o. 1. Abschn. II. 3. c).

[334] Vgl. Hoffmann-Becking, Die Begrenzung der wirtschaftlichen Betätigung der öffentlichen Hand, FS H. J. Wolff, 1973, S. 461.

[335] a. A. Maunz / Dürig / Herzog - Dürig, Art. 2 I Rn. 52; Zu den Finanzmonopolen: Püttner, ... öffentliche Unternehmen, S. 67.

[336] s. o. I. 2. b), d).

[337] Klein, Teilnahme, S. 146; Badura (Fn. 324), S. 20 Fn. 68.

Festzuhalten bleibt also, daß das Grundgesetz zwar in einer Kette von Verfassungsvorschriften, zu denen noch die Art. 110 I und 115 II GG über „Bundesbetriebe" und „Sondervermögen des Bundes" rechnen[338], von einer wirtschaftlichen Betätigung der öffentlichen Hand ausgeht. Das macht aber eine am Maßstab der grundgesetzlichen Freiheit orientierte Prüfung der öffentlichen Energieunternehmen nicht überflüssig. „Vor die Klammer" dieser sogleich anzustellenden Untersuchung gehören zunächst noch die folgenden Überlegungen.

Nach Auffassung Bettermanns[339] ergibt sich aus Art. 15 GG die Zulässigkeit öffentlicher (Energie-)Unternehmen. Denn diese Verfassungsnorm gestatte die Überführung von Produktionsmitteln in das Eigentum der öffentlichen Hand und erkenne damit an, daß die öffentliche Hand als Produzent und folglich als Unternehmer fingieren dürfe.

Die überwiegende Meinung begreift hingegen die Überführung von Produktionsmitteln in Gemeineigentum zwecks Vergesellschaftung als ein aliud gegenüber der Wirtschaftstätigkeit öffentlicher Unternehmen außerhalb eines vergesellschafteten Bereiches[340]. Welcher Auffassung der Vorzug zu geben ist, kann indes hier offen bleiben, da selbst mit der Argumentation Bettermanns die oben dargestellte Kette von Verfassungsvorschriften lediglich um ein weiteres den konkreten Fall der öffentlichen Energieunternehmen nicht entscheidendes Glied ergänzt würde[341].

Im Zusammenhang mit dem in Art. 15 GG geregelten Zugriff des Staates auf Produktionsmittel steht die Problematik der demokratischen Kontrolle der öffentlichen Energieunternehmen, die je nach Organisationsform mehr oder weniger gegenüber den Muttergemeinwesen verselbständigt sind. Dieser Fragenkreis soll hier nicht vertieft werden[342].

Genauso wenig ist im Rahmen dieser Arbeit die bundesstaatliche Zuständigkeitsverteilung zum Betrieb öffentlicher Unternehmen von Interesse, da sie nur das Innenverhältnis des auf die Energiewirtschaft einwirkenden Staates betrifft[343].

Auch eine angenommene „weitgespannte Richtlinie", das jeweilige öffentliche (Energie-)Unternehmen müsse einem öffentlichen Interesse dienen[344], führt nicht weiter. Abgesehen davon, daß die öffentlichen Energieun-

[338] Dickersbach, WiVerw 1983, 197.

[339] Gewerbefreiheit (Fn. 330), S. 16 - 18.

[340] Klein, Teilnahme, S. 187; Dickersbach, WiVerw 1983, S. 197.

[341] Allgemein in diesem Sinne auch Wilke / Schachel, WiVerw 1978, S. 111.

[342] Hierzu jeweils mit weiteren Nachweisen: Wilke / Schachel, WiVerw 1978, S. 112; Badura (Fn. 324), S. 7.

[343] Mit ihr beschäftigen sich: Dickersbach, WiVerw 1983, S. 192 - 195 m.w.N.; Wilke / Schachel, WiVerw 1978, S. 113 m.w.N.

[344] Badura (Fn. 324), 19 f.

ternehmen die im Sozialstaatsprinzip wurzelnde Aufgabe der Sicherung der Energieversorgung wahrnehmen[345], handelt der Staat stets im öffentlichen Interesse, soweit dieses – wie obige „Richtlinie" – als allgemeine Staatszielbestimmung (Allgemeinwohl) verstanden wird. Denn in der pluralistischen Demokratie des Grundgesetzes bestimmen Gesetzgebung und Exekutive im Rahmen des Grundgesetzes, welche Zwecke im öffentlichen Interesse liegen und deshalb verfolgt werden sollen[346].

Das Subsidiaritätsprinzip schließlich, das nach Dürig[347] öffentliche Unternehmen auf verfassungsrechtlicher Ebene begrenzen soll, kommt nach hier vertretener Auffassung[348] nur als politisches Prinzip zum Zuge.

1. Sozialstaatsprinzip und Freiheitsgrundrechte (Art. 2 I, 12 I, 14 GG)

Wie oben schon inzidenter herausgearbeitet[349], liegt auch die Wurzel der Einwirkungsform der öffentlichen Energieunternehmen in der im Sozialstaatsprinzip verankerten Staatsaufgabe der Sicherung der Energieversorgung. Ihre Grenzen sind nunmehr am Maßstab der „Wirtschaftsgrundrechte" der Art. 2 I, 12 I und 14 GG zu bestimmen.

a) Anwendbarkeit der Grundrechte und faktischer Grundrechtseingriff

Ob die Grundrechte gegenüber öffentlichen Energieunternehmen Wirkungen entfalten, zeigt sich als überaus problematisch. Drei miteinander verwobene Fragenkreise sind zu unterscheiden. Zunächst fragt sich, ob die oben[350] bejahte Grundrechtssubjektivität der öffentlichen Energieunternehmen in privatrechtlichen Organisationsformen die Anwendbarkeit der Grundrechte gegenüber diesen Unternehmen ausschließt. Danach ist die Anwendbarkeit der Grundrechte privater Wirtschaftssubjekte gegenüber öffentlichen Energieunternehmen allgemein zu prüfen. Und schließlich stellt sich die Frage, ob und gegebenenfalls wie das öffentliche Energieunternehmen zu einem Grundrechtseingriff führen kann; hier geht es wie schon bei der Einwirkungsform der Subventionen um die Problematik des

---

[345] s. o. 1. Abschn. I. 3. a).

[346] Backhaus, ... öffentliche Unternehmen, 2. Aufl. 1980, S. 143; Dickersbach, WiVerw 1983, S. 198 f.; differenzierend Martens, Öffentlich als Rechtsbegriff, S. 179 ff., 185 ff. - 189 (insbes. S. 185 + 189); vgl. auch BVerfGE 30, 292 (311).

[347] M/D/H/S - Dürig, Art. 2, I., Rn. 52 dd.

[348] s. o. 1. Abschn. II. 3. b).

[349] s. o. 1. Abschn. I. 3. a), II. 3. a), 2. Abschn. III. a. E.

[350] s. o. 1. Abschn. I. 3. b) aa).

faktischen Eingriffs[351]. Ein faktischer Eingriff kommt nur in Betracht, wenn die Grundrechte anwendbar sind.

Dickersbach[352] meint, die Schrankenfunktion der Grundrechte gegenüber öffentlichen Unternehmen entfalle in dem Umfang, in dem sich die öffentliche Hand wie ein Privater auf Grundrechte berufen könne. Ein solcher notwendiger Zusammenhang zwischen Grundrechtssubjektivität und Grundrechtsgebundenheit besteht jedoch nicht[353]. Dickersbach wäre nur dann beizupflichten, wenn zwischen beidem ein Widerspruch bestünde. Das ist nicht so. Die Grundrechtssubjektivität der öffentlichen Energieunternehmen als juristischer Personen des Privatrechts richtet sich gegen den Staat[354], soweit er seine Unternehmen zu „Einfallstoren" umfassender Energiewirtschaftslenkung machen möchte[355]. Nicht richtet sich ihre Grundrechtssubjektivität gegen konkurrierende Privatunternehmen. Das bedeutet, daß sie zugleich Grundrechtssubjekte und gegenüber privaten Grundrechtsträgern grundrechtsgebunden sein können.

Dieses Ergebnis wird bestätigt durch einen Blick auf einige juristische Personen des öffentlichen Rechts – Rundfunkanstalten und Universitäten –, denen die allgemeine Auffassung gleichzeitig Grundrechtssubjektivität und Grundrechtsgebundenheit beimißt, ohne hierin einen rechtslogischen Widerspruch zu entdecken[356].

Die Frage der Grundrechtsgebundenheit der öffentlichen Energieunternehmen läßt sich begrifflich auf zwei Ansatzpunkte beziehen, die im folgenden gemeinsam behandelt werden. Einmal könnten die Grundrechte Privater gegenüber der Betätigung öffentlicher Energieunternehmen – deren „Teilnahme am Wettbewerb" – anwendbar sein, und hier besonders gegenüber monopolistischer wirtschaftlicher Betätigung, womit die Versorgungsmonopole im Bereich des § 103 GWB angesprochen sind. Zum anderen werden die Grundrechte möglicherweise schon auf der vorgelagerten Stufe der staatlichen Errichtung des öffentlichen Energieunternehmens bzw. der staatlichen Kapitalbeteiligung wirksam[357].

Das Problem wäre schnell gelöst, wenn der noch herrschenden Lehre vom „Verwaltungsprivatrecht" zu folgen wäre. Sie sieht das entscheidende Kri-

---

[351] s. o. 1. Abschn. I. 1., II. 3. a) bb).

[352] WiVerw 1983, 203.

[353] Ebenso Klein, Teilnahme, S. 234 unter anderen Vorzeichen.

[354] = alle öffentlichen Gebietskörperschaften.

[355] s. o. 1. Abschn. 3. b).

[356] M/D/H/S - Dürig, Art. 19, III., Rn. 33, 35; vgl. auch Püttner, ... öffentliche Unternehmen, S. 152 - 155 m.w.N. in Fn. 35.

[357] Die Mühe einer Unterscheidung zwischen Betätigung (Fortführung, Erweiterung) einerseits und Errichtung bzw. Beteiligung andererseits machen sich nur wenige, vgl. allerdings Bettermann (Fn. 330), S. 3; Dickersbach, WiVerw 1983, 207.

terium darin, ob ein Verwaltungsträger, sei es in öffentlich-rechtlicher oder privatrechtlicher Organisationsform, unmittelbar öffentliche Aufgaben gegenüber dem Bürger in privatrechtlichen Handlungsformen (bürgerlichrechtlichen Leistungsbeziehungen) erfüllt. Um öffentliche Aufgaben gehe es, wenn zur Befriedigung lebenswichtiger Bedürfnisse Daseinsvorsorge geleistet werde[358].

Danach werden öffentliche Energieunternehmen im Bereich des grundrechtsgebundenen Verwaltungsprivatrechts tätig, indem sie in privatrechtlichen Handlungsformen (bürgerlich-rechtlichen Verträgen)[359] unmittelbar gegenüber dem Bürger die staatliche und zugleich öffentliche Aufgabe[360] der Sicherung der Energieversorgung wahrnehmen[361].

Jedoch ergeben sich Bedenken. Die Begriffe „öffentliche Aufgabe" und „Daseinsvorsorge" bzw. „lebenswichtiges Bedürfnis" geraten zu Rechtsbegriffen, an welche die Rechtsfolge der Anwendbarkeit der Grundrechte geknüpft wird. Es geht aber nicht an, die Grundrechte deshalb zum Zuge kommen zu lassen, weil eine „öffentliche Aufgabe" in Rede steht. Schon der Versuch, den genannten Begriffen feste Konturen zu verleihen und damit den Anwendungsbereich der Grundrechte zu bestimmen, ist zum Scheitern verurteilt[362]. Es handelt sich um notwendig völlig offene Begriffe, deren Ausfüllung entsprechend der Veränderung der wirtschaftlichen Rahmenbedingungen einem steten Wandel unterliegt; insoweit sind die Organe der Gesetzgebung und Exekutive zu immer neuen politischen Entscheidungen aufgerufen[363]. Von Natur aus öffentliche Aufgaben gibt es nicht. Noch wichtiger ist die Überlegung, daß auch private (Energie-)Wirtschaftsunternehmen öffentliche Aufgaben erfüllen, wie etwa die Mineralölbevorratung für Versorgungskrisen zeigt. Nähmen die Vertreter der Lehre vom Verwaltungsprivatrecht ihr materielles Kriterium der Erfüllung einer öffentlichen Aufgabe[364] ernst, müßten sie auch für diese Unternehmen eine Bindung an die

---

[358] Badura (Fn. 324), S. 11; ders. Verwaltungsmonopol S. 284 f.; Steindorff, Einführung, S. 89/90; M/D/H/S - Dürig, Art. 3, I., Rn. 480, 486; v. Zezschwitz, NJW 1983, 1874; Wolff / Bachof, § 23 II b; Erichsen / Martens, 6. A., S. 48 f.; Siebert, FS Niedermeyer, S. 215, 219 ff., 229 ff., 235 ff.; BGHZ 29, 76 (80); 52, 325 (328, 329).

[359] Evers (Fn. 284), S. 127 ff.

[360] Jede staatliche Aufgabe ist eine öffentliche (d. h. im Allgemeininteresse liegende) Aufgabe des Staates – öffentliche Aufgaben können als weiterer Begriff auch Privaten obliegen; zu den Abgrenzungsschwierigkeiten sogleich.

[361] Auf die Abgrenzung des verwaltungsprivatrechtlichen vom fiskalprivatrechtlichen Bereich, die innerhalb der Lehre vom Verwaltungsprivatrecht umstritten ist, braucht an dieser Stelle also nicht eingegangen werden, hierzu Jarass, WiverwR, S. 146 f. m.w.N.

[362] Emmerich, JuS 1970, 334 - 336; zum Schlüsselbegriff der öffentlichen Aufgabe: Schuppert, VerwArch 71 (1980), 309 ff.; Fiedler, DÖV 1977, 395; Rüfner, Formen, S. 397; *a. A.* M/D/H - Dürig, Art. 3, I. Rn. 483 - 491.

[363] s. o. III. a. E.

[364] Besonders klar stellt BGHZ 52, 325 (328, 329) hierauf ab.

Grundrechte bejahen. Damit würde jedoch die Funktion der Grundrechte auf den Kopf gestellt, in erster Linie Freiheitsrechte gegen den Staat zu sein.

Konsequenterweise muß auch die der Lehre vom Verwaltungsprivatrecht entgegengesetzte Schlußfolgerung aus der Wahrnehmung öffentlicher Aufgaben abgelehnt werden, daß nämlich die Grundrechte – insbesondere Art. 12 I GG – unanwendbar seien, weil der Staat öffentliche Aufgaben erfülle. Zu dieser Auffassung ließe sich auf der Grundlage der älteren Rechtsprechung des BVerwG[365] gelangen, die im älteren Schrifttum Zustimmung gefunden hat[366]. Das BVerwG hielt Art. 12 I GG dort für unanwendbar, wo ein Beruf – hier die von den öffentlichen Energieunternehmen ausgeübten Berufe – mit der Wahrnehmung öffentlicher Aufgaben befaßt sei. Nachdem das BVerfG in seinem Apothekenurteil[367] dieser Rechtsprechung eine Absage erteilt hatte, gab das BVerwG sie ausdrücklich auf[368]. Die neuere Rechtsprechung des BVerfG verläuft nicht ganz geradlinig. Zwar hat es das Arbeitsvermittlungsmonopol uneingeschränkt an Art. 12 I GG gemessen[369], jedoch bei der Prüfung der Gebäudefeuerversicherungsmonopole offen gelassen, ob Art. 12 I GG auf ein Monopol unanwendbar sei, weil der Staat damit die Bewältigung einer öffentlichen Aufgabe an sich gezogen habe[370].

Diese gewundenen Wege der Rechtsprechung verdeutlichen zusätzlich, daß es an der Zeit ist, die Frage der Anwendbarkeit der Grundrechte von dem Begriff der „öffentlichen Aufgabe“ zu trennen. Dessen Untauglichkeit ergibt sich aus den völlig entgegengesetzten Schlußfolgerungen, die an ihn geknüpft worden sind: einerseits Grundrechtsgeltung, andererseits Unanwendbarkeit der Grundrechte.

In radikaler Abkehr von der These des Verwaltungsprivatrechts liegt die Idee nahe, die gesamte erwerbswirtschaftliche Betätigung[371] des Staates und damit alle öffentlichen Energieunternehmen ausschließlich dem Privat- und Wettbewerbsrecht zu unterstellen und sie von allen Grundrechtsbindungen zu lösen. Emmerich[372] hält eine „starre“ Grundrechtsbindung mit der Teilnahme des Staats am Wirtschaftsverkehr für unvereinbar; insbesondere aus

---

365 BVerwGE 2, 85 (86); 2, 89 (92); 3, 21 (23); 4, 250 (254); 6, 13 (14).

366 A. Doerry, Die Rechtsstellung der Pflicht- und Monopolanstalten der Gebäudefeuerversicherung im Gemeinsamen Markt, Jur. Diss., Hamburg, 1965; Rings, NJW 1957, S. 657; v. Mangoldt / Klein, Art. 12 Anm. V 2a.

367 BVerfGE 7, 377 (398).

368 BVerwGE 9, (336); 39, 159 (168).

369 BVerfGE 21, 245 (248 ff.).

370 BVerfGE 41, 205 (218).

371 Während nach der Lehre des Verwaltungsprivatrechts erwerbswirtschaftliche und verwaltungsprivatrechtliche Betätigung Gegenbegriffe sind, schließt im folgenden der Begriff der Erwerbswirtschaft auch das Verwaltungsprivatrecht ein, vgl. Emmerich, JuS 1970, S. 336 f.; ders. ... öffentliche Unternehmen, passim (S. 50, 62, 128, 172).

372 JuS 1970, 334 - 336; ders., ... öffentliche Unternehmen, 125 - 138, 144 - 146.

Art. 3 I GG folge ein Kontrahierungszwang und das Verbot jeden Preiswettbewerbs. Die Grundrechtsbindung der öffentlichen (Energie-)Unternehmen in privatrechtlicher Organisationsform stoße auf unüberwindliche Hindernisse. Sie sei nur nachvollziehbar bei einer Geltung der Grundrechte im Privatrechtsverkehr (Drittwirkung). Dies bedeute aber das Ende jeden Wettbewerbs und jeder Privatautonomie. Der besonderen Rolle der öffentlichen (Energie-)Unternehmen in der Marktwirtschaft entspreche es, daß das Privat- und Wettbewerbsrecht sie in diese Wirtschaftsordnung integrieren müsse. Dazu seien die Grundrechte nicht in der Lage, da ihre Anwendung die Privatautonomie und Wettbewerbsordnung bedrohten. Es gehe um das Problem wirtschaftlicher Macht, das ausschließlich mit den Mitteln des Privat- und Wettbewerbsrechts gelöst werden könne.

Zu Recht sieht auch Püttner[373] das Kernproblem der Anwendbarkeit der Grundrechte bei den öffentlichen Unternehmen in privatrechtlicher Organisationsform, die – wie gezeigt – die Energiewirtschaft beherrschen. Grund dafür, sie als nicht grundrechtsgebunden anzusehen, sei die privatrechtliche Organisationsform selbst: der Staat bleibe hinter der „Maske" der privatrechtlichen Gesellschaft nicht dieselbe Person. Denn die mit eigener Rechtspersönlichkeit ausgestattete Gesellschaft bestehe unabhängig vom Wechsel der Gesellschafter und unterliege einer gesetzlichen Ordnung, welche die Verhältnisse zwischen Gesellschaft und Gesellschaftern regele. Dieser Ordnung unterwerfe sich der Staat. Der rechtliche Status der Gesellschaft werde durch die rechtlichen Verhältnisse der Gesellschaft nicht beeinflußt.

Diese privatrechtliche Begründung für eine Verwandlung des Staates in einen „grundrechtsfreien" Fiskus[374] ergänzen Bettermann[375] und Klein[376] um ein öffentlich-rechtliches Argument. Der privatrechtlich handelnde Staat sei nicht an die Grundrechte gebunden, da mangels Zwangsakten das von den Grundrechten vorausgesetzte Subjektionsverhältnis fehle, vielmehr der Fiskus als gleichberechtigtes Privatrechtssubjekt auftrete.

Die Idee, die öffentlichen Energieunternehmen allein durch das Privat- und Wettbewerbsrecht zu begrenzen, beruht somit auf der Annahme, daß staatliche Macht im privatrechtlichen und wirtschaftlichen Bereich keine spezifisch staatliche Macht darstellt[377], so daß folgerichtig der wirtschaftende Staat nur privatrechtlich zu handeln bzw. organisiert zu sein braucht, um sich den Bindungen der Freiheitsgrundrechte zu entziehen[378]. Diese Aus-

---

[373] . . . öffentliche Unternehmen, S. 152 - 155, 318.

[374] Fiskus = Staat als Privatrechtssubjekt, vgl. Klein, Teilnahme, S. 168.

[375] (Fn. 330), S. 18 - 20.

[376] Teilnahme, S. 117.

[377] Besonders klar insoweit Klein, Teilnahme, S. 174 - 177.

[378] Seltsamerweise soll er dann aber in öffentlich-rechtlicher Organisationsform bei öffentlich-rechtlichen Leistungsbeziehungen doch wieder der Grundrechtsbin-

nahme ist jedoch unzutreffend. Gemäß Art. 1 III GG ist die „vollziehende Gewalt" an die Grundrechte gebunden. „Vollziehende Gewalt" in diesem Sinne sind die öffentlichen Energieunternehmen einschließlich der gemischtwirtschaftlichen.

Klein[379] ist nicht darin Recht zu geben, daß der Begriff der „Gewalt" in Art. 1 I 2 und III GG im Wege historisch-genetischer Auslegung ausschließlich als sich in Geboten und Verboten (= klassischer Eingriff) äußernde staatliche Zwangsgewalt verstanden werden muß. Dies folgt auch nicht aus dem Wortlaut „Gewalt". Die Aufzählung aller drei Staatsfunktionen in Art. 1 III GG verdeutlicht den Willen des Grundgesetzes, den Staat umfassend an die Grundrechte zu binden. Die „vollziehende Gewalt" in Art. 1 III GG läßt sich also nicht auf einen hoheitlichen Teil beschränken, von dem sich der Fiskus als wirtschaftlich handelndes personenverschiedenes Subjekt abspaltet; der Staat ist als Einheit zu sehen[380].

Nach allgemeiner Auffassung unterliegt auch die „zwanglose" schlicht hoheitliche und privatrechtlich arbeitende Leistungsverwaltung der Grundrechtsbindung[381]. Im übrigen wurde der Terminus „vollziehende Gewalt" erst im Jahre 1956 an Stelle des Wortes „Verwaltung" in Art. 1 III GG eingefügt, um die Bindung der neu gegründeten Bundeswehr an die Grundrechte zu betonen. Eine sachliche Änderung war hiermit nicht bezweckt.

Auch wo der Staat wirtschaftet, ist seine „ungeheure Machtfülle" gegenwärtig. Da es insoweit nicht auf die gewählte Organisations- und Handlungsform ankommt, ist er gemäß Art. 1 III GG auch als Wirtschaftssubjekt an die Grundrechte gebunden, deren freiheitssichernde Funktion in der Bändigung staatlicher Macht besteht. Der Staat verwandelt sich als Fiskus nicht in eine Privatperson, sondern bleibt Staat[382]. Das Problem der „Drittwirkung" der Grundrechte im Privatrechtsverkehr stellt sich also nicht. Es besteht kein Anlaß, ausgerechnet in dem für staatliche Machtentfaltung besonders sensiblen (energie-)wirtschaftlichen Bereich den Staat von der Grundrechtsbindung freizuzeichnen, nur weil er sich in einen privatrechtlichen Mantel hüllt.

Zugegebenermaßen bilden die gemischtwirtschaftlichen Energieunternehmen einen schwer einzuordnenden Komplex. Es erscheint jedoch gerechtfertigt, auch sie als „vollziehende Gewalt" i.S.d. Art. 1 III GG zu

---

dung unterliegen, so ausdrücklich Emmerich als Vorreiter der ausschließlichen Einordnung des wirtschaftlich mächtigen Staates in das Privat- und Wettbewerbsrecht, ... öffentliche Unternehmen, S. 145.

379 Teilnahme, S. 169 - 174.

380 Ehlers, DVBl. 1983, 424 f.; Zeidler, VVDStRL 19, S. 225 - 230.

381 Ehlers, DVBl. 1983, S. 424.

382 Karst (Fn. 324), S. 92, 96; Mallmann, VVDStRL 19, S. 201 f.; Hesse, Grundzüge, Rn. 348; vgl. auch Ehlers, DVBl. 1983, 424 f., der sich auf die Untersuchung der öffentlich-rechtlich organisierten staatlichen Wirtschaftstätigkeit beschränkt.

begreifen und somit der Grundrechtsbindung zu unterwerfen. Denn über sie äußert sich staatliche Macht durch den staatlichen Einfluß auf die Leitung des Unternehmens. Es genügt nicht, wie es vorgeschlagen wird, die staatlichen Träger zu verpflichten, auf die gemischtwirtschaftlichen Unternehmen einzuwirken, um so die Beachtung der Grundrechte zu gewährleisten[383]. Dieser Vorschlag leidet an mangelnder Praktikabilität. Schließlich ergibt sich die Notwendigkeit, auch die gemischtwirtschaftlichen Unternehmen als „vollziehende Gewalt" an die Grundrechte zu binden, daraus, daß andernfalls der Staat nur Private an seinen Energieunternehmen zu beteiligen brauchte, um nicht mehr Grundrechtsadressat zu sein.

Die Befürchtung Emmerichs, die Bindung öffentlicher (Energie-)Unternehmen an die Grundrechte erweise sich als Todesstoß für Privatautonomie und Wettbewerb, ist unbegründet. Art. 3 I GG als bloßes Willkürverbot enthält kein Differenzierungsverbot[384] und führt deshalb keineswegs zur Abschaffung des Preiswettbewerbs und zum Kontrahierungszwang. Im Rahmen der Wirtschaftsgrundrechte aus Art. 2 I, 12 I und 14 GG ermöglicht der Verhältnismäßigkeitsgrundsatz flexible Lösungen, was schon die Untersuchung der Einwirkungsform der Subvention ergeben hat[385] und noch im folgenden für den Bereich der öffentlichen Energieunternehmen zu zeigen sein wird.

Ausschließlich auf die Begrenzungskraft der Privatrechtsordnung und des Wettbewerbsrechts zu vertrauen, verfehlt gerade an den kritischen Punkten das Ziel. Denn das einfachgesetzliche Privat- und Wettbewerbsrecht steht gesetzgeberischer Disposition offen. Im Bereich des § 103 GWB hat der Gesetzgeber die Versorgungsmonopole der öffentlichen Energieunternehmen von der Wettbewerbsordnung freigestellt. Gegenüber dieser faktisch monopolistischen Tätigkeit der öffentlichen Energieunternehmen sind nach dem Gesagten die Grundrechte aus Art. 2 I, 12 I und 14 GG erst recht anwendbar[386]. Eine Grundrechtsbindung auch privater faktischer Monopole, mithin ein aus Art. 12 I GG im Sinne einer objektiven Ordnungsnorm zu entnehmendes Monopolverbot folgt daraus nicht[387]. Denn Anknüpfungspunkt für die Anwendbarkeit der Grundrechte ist der entscheidende staatliche Einfluß im öffentlichen Energieunternehmen.

---

383 M/H/D/S - Dürig, Art. 3, I GG, Rn. 488; Püttner, ... öffentliche Unternehmen, S. 153.

384 s. o. 1. Abschn. II. 3. a) aa); Ehlers, DVBl. 1983, 425.

385 s. o. 1. Abschn. II. 3. a) dd).

386 Grupp, ZHR 140 (1976), S. 390; Badura (Fn. 324), S. 21 f.; Karst (Fn. 324), S. 97 f.; Püttner, ... öffentliche Unternehmen, S. 163 f.; Dickersbach, WiVerw 1983, S. 206, 209.

387 So aber Emmerich, ... öffentliche Unternehmen, S. 117; Klein, Teilnahme, S. 180 - 182.

Damit stellt sich die Frage, ob die wirtschaftliche Betätigung der öffentlichen Energieunternehmen und die staatliche Kapitalbeteiligung an ihnen bzw. die staatliche Errichtung[388] in die anwendbaren Grundrechte privater Wirtschaftssubjekte aus Art. 2 I, 12 I und 14 GG eingreift. Es kommt nur ein faktischer Grundrechtseingriff[389] in Betracht, da es an imperativen Maßnahmen zulasten privater Wirtschaftssubjekte fehlt.

Konsequent lehnt Klein[390] die Möglichkeit eines faktischen Grundrechtseingriffs durch staatliche Wettbewerbsteilnahme mit der Begründung ab, ein Grundrechtseingriff könne nur durch imperative d. h. regelnde Maßnahmen staatlicher Zwangsgewalt erfolgen.

Ihm folgt das BVerwG[391]. Nach dessen Auffassung schützt Art. 12 I GG weder vor privater Konkurrenz im allgemeinen noch vor staatlicher Konkurrenz im besonderen. Die wirtschaftliche Betätigung öffentlicher Unternehmen betreffe i.d.R. nur die Erwerbschancen Privater. Deshalb möchte das BVerwG einen „Eingriff durch Konkurrenz" bzw. eine Grundrechtsverletzung (Art. 2 I, 12 I, 14 GG) ausschließen. Eine Ausnahme soll allerdings für „unerträgliche Entscheidungen" der Wettbewerbsfreiheit gem. Art. 2 I GG gelten[392]. Hiermit verwandt ist der Gedanke, der Teilnahme eines öffentlichen (Energie-)Unternehmens am wirtschaftlichen Wettbewerb fehle die Grundrechtsrelevanz ebenso wie dem Marktverhalten eines – subventionierten – Privatunternehmens, da es keine Freiheit vor gleichgerichteter wirtschaftlicher Tätigkeit gebe; es sei denn, das öffentliche (Energie-) Unternehmen betreibe einen Vernichtungswettbewerb[393].

Diese Betrachtungsweise verfehlt indessen die freiheitssichernde Funktion der „Wirtschaftsgrundrechte" aus Art. 2 I, 12 I und 14 GG. Entscheidend für den faktischen Eingriff ist die Verkürzung des grundrechtlich geschützten tatsächlichen Handlungsspielraums. Hat die wirtschaftliche Betätigung der öffentlichen Energieunternehmen eine solche Wirkung, ist sie faktischer Eingriff. Es kommt also auf den freiheitsverkürzenden Effekt an[394]. Für ihn spielt es keine Rolle, daß ein öffentliches Energieunternehmen schon lange vor einem privaten Konkurrenten existiert hat[395]. Zu unüberwindlichen Abgrenzungsschwierigkeiten führte es, den faktischen Eingriff erst ab einer bestimmten „Intensität" der Freiheitsverkürzung zu beja-

---

388 Zur Unterscheidung beider Punkte s. o. III. 1. a).

389 Hierzu schon s. o. 1. Abschn. I. 1., II. 3. a) bb).

390 Teilnahme, S. 177.

391 BVerwGE 39, 329 (336 f.).

392 BVerwG, GewArch 1979, 14.

393 Dickersbach, WiVerw 1983, S. 208 - 210 – Dickersbach ist Richter am BVerwG.

394 Hoffmann-Becking (Fn. 334), S. 458; Grupp, ZHR 140 (1976), S. 390; Püttner, ... öffentliche Unternehmen, S. 143; Gallwas, Faktische Beeinträchtigungen, S. 19 f., 25 ff. (28 f.), 104; Friauf, DVBl. 1971, 680 - 682.

395 Vgl. Hoffmann-Becking (Fn. 334), S. 459 f.

hen[396], etwa dann, wenn das öffentliche Energieunternehmen den Boden der „marktwirtschaftlichen Gleichordnung" verläßt oder zu einem Vernichtungswettbewerb übergeht. Die „Intensität" des Eingriffs ist ein Anwendungsfall des Verhältnismäßigkeitsgrundsatzes, der im Rahmen des faktischen Grundrechtseingriffs in elastischer Weise die Bedürfnisse des Freiheitsschutzes mit Wirkung und Zweck staatlicher Einwirkung verbindet.

Es bleibt also im einzelnen zu prüfen, ob die öffentlichen Energieunternehmen in den durch Art. 2 I, 12 I und 14 GG geschützten wirtschaftlichen Handlungsspielraum Privater faktisch eingreifen.

Art. 2 I GG schützt die Wettbewerbsfreiheit[397]. Ein faktischer Eingriff in diese Freiheit liegt vor[398], wenn das betreffende öffentliche Energieunternehmen den Handlungsspielraum privater Energieunternehmen im Wettbewerb verkürzt d. h. ihnen Wettbewerbsnachteile zufügt. Das ist immer dann der Fall, wenn zwischen den Unternehmen ein Wettbewerbsverhältnis besteht, weil sie mit demselben Energieträger oder mit im Substitutionswettbewerb substituierbaren Energieträgern handeln. Insofern liegt also schon in der bloßen Teilnahme der öffentlichen Energieunternehmen am Wettbewerb ein faktischer Grundrechtseingriff. Als Beispielsfall sei das Wettbewerbsverhältnis der VEBA Oel AG zu privaten Mineralölunternehmen genannt. Die faktischen Versorgungsmonopole öffentlicher Energieunternehmen gem. § 103 I GWB greifen in krasser Weise in die Wettbewerbsfreiheit möglicher privater Konkurrenten ein.

Über die Veränderung der Wettbewerbslage beschränken die öffentlichen Energieunternehmen die Berufsausübungsfreiheit konkurrierender privater Energieunternehmen[399].

Soweit die faktischen Versorgungsmonopole i.S.d. § 103 I GWB die industrielle Stromeigenversorgung behindern[400], greifen die öffentlichen Stromversorger faktisch in die Berufsausübungsfreiheit der betroffenen Industrieunternehmen ein. Da die faktischen Versorungsmonopole i.S.d. § 103 I GWB im jeweiligen Monopolgebiet Privatunternehmen von der Betätigung als Strom- und Gasversorger ausschließen, ist die Berufswahlfreiheit betroffen[401].

---

[396] So aber: Dickersbach, WiVerw 1983, S. 208 f.; Badura (Fn. 324), S. 21 f.

[397] s. o. 1. Abschn. II. 3. a) bb).

[398] Für die Einwirkungsform der Subvention s. o. 1. Abschn. II. 3. a) bb).

[399] Vgl. insoweit anschaulich Bettermann (Fn. 330), S. 18, der nicht den faktischen Eingriff verneint, sondern die Anwendbarkeit des Art. 12 GG leugnet, s. o. III. 1. a); grundlegend Hoffmann-Becking (Fn. 334), S. 453 - 460; Gallwas (Fn. 394), S. 104.

[400] s. o. I. 5.

[401] Karst (Fn. 324), S. 98; Püttner, . . . öffentliche Unternehmen, S. 179; Hoffmann-Becking (Fn. 334), S. 459; Grupp, ZHR 140 (1976), S. 390.

Entsprechendes gilt für den faktischen Eingriff in die Eigentumsfreiheit gem. Art. 14 GG (eingerichteter und ausgeübter Gewerbebetrieb), der jedenfalls dann nicht mehr von der Hand zu weisen ist, wenn die Veränderung der Wettbewerbslage zu Verlusten führt, die zu einer Schließung des Betriebes zwingen[402].

Greift somit die Teilnahme der öffentlichen Energieunternehmen am Wettbewerb in die Wettbewerbs-, Berufs- und Eigentumsfreiheit privater Wirtschaftssubjekte ein, muß dies auch schon für die staatliche Errichtung bzw. die staatliche Kapitalbeteiligung an den öffentlichen Energieunternehmen gelten. Denn Errichtung bzw. Beteiligung sind conditio qua non für die wirtschaftliche Betätigung.

Auf zwei Relativierungen der praktischen Bedeutung des Grundrechtsschutzes sei an dieser Stelle hingewiesen. In weiten Bereichen der Energiewirtschaft existieren keine privaten Energieunternehmen; der Grundrechtsschutz betrifft insoweit lediglich mögliche private Unternehmen[403], ihren Zugang zum Markt[404]. Zweitens ist eine hochgradige Verflechtung der verschiedenen Energieunternehmen mit privater und öffentlicher Kapitalbeteiligung zu verzeichnen[405]. Von daher wird bei einem privaten Energieunternehmen selten Interesse am Grundrechtsschutz gegenüber einem mit ihm verflochtenen öffentlichen Energieunternehmen bestehen.

b) Verhältnismäßigkeitsgrundsatz

Mit dem Verhältnismäßigkeitsgrundsatz – Geeignetheit, Erforderlichkeit, Angemessenheit[406] – ist der verfassungsrechtliche Weg vorgezeichnet, das Spannungsverhältnis zwischen der Einwirkungsform des öffentlichen Energieunternehmens (Betätigung und staatliche Trägerschaft)[407] und den faktisch berührten Freiheiten gem. Art. 2 I, 12 I und 14 GG zu lösen. Dem läßt sich nicht entgegenhalten, es handele sich lediglich um eine Zweckmäßigkeitsfrage, ob ein öffentliches Unternehmen betrieben werden solle[408]. Auch Zweckmäßigkeitsentscheidungen sind am Maßstab der Grundrechte in Verbindung mit dem Verhältnismäßigkeitsgrundsatz zu messen, was für den wichtigen Fall der Ermessensverwaltungsakte einhelliger Meinung entspricht.

---

402 Vgl. Gubelt (Fn. 166), S. 73 f. für den Parallelfall der Subvention; Gallwas (Fn. 394), S. 104.

403 Badura (Fn. 324), S. 21.

404 Grupp, ZHR 140 (1976), S. 389 f.

405 s. o. I. 6.

406 Begriff s. o. 1. Abschn. II. 3. a) dd).

407 s. o. III. 1. a): Grundrechtseingriff nicht nur durch Teilnahme am Wettbewerb, sondern auch durch staatliche Errichtung bzw. Kapitalbeteiligung.

408 So Klein, Teilnahme, S. 179.

Ernster zu nehmen ist der Einwand, das verfassungsrechtlich nicht anerkannte Subsidiaritätsprinzip werde durch die Hintertür wieder in die Verfassung eingeführt, indem die Erforderlichkeit des öffentlichen gegenüber dem Privatunternehmen geprüft werde[409]. In der Tat überschneiden sich beide Prinzipien an diesem Punkt[410]. In beiden Fällen wird gefragt, ob die staatliche Einwirkung gegenüber privatwirtschaftlicher Betätigung erforderlich scheint, weil letztere nicht in der Lage ist, eine in Rede stehende Aufgabe – hier die Sicherung der Energieversorgung – zu übernehmen. Diese Überschneidung ist jedoch im Interesse einer sachgerechten Abgrenzung zwischen staatlicher Einwirkung und grundrechtlich geschützter Freiheit hinzunehmen, zumal es nicht angebracht ist, den Geltungsbereich eines Verfassungsgrundsatzes durch ein außerverfassungsrechtliches Prinzip zu beschneiden.

Somit sind die Grenzen der Einwirkungsform des öffentlichen Energieunternehmens uneingeschränkt mit Hilfe des Verhältnismäßigkeitsgrundsatzes zu bestimmen, wobei die verbreitete faktisch monopolistische Betätigung gesonderter Würdigung bedarf. Die Prüfung kann für die in Art. 2 I, 12 I und 14 GG geschützten Freiheiten auch im Hinblick auf die zu Art. 12 I GG entwickelte Stufentheorie des BVerfG gemeinsam erfolgen, da die Stufentheorie lediglich eine nähere Konkretisierung des Verhältnismäßigkeitsgrundsatzes darstellt[411]. Die für die Einwirkungsform der Subvention als faktischem Eingriff entwickelten Grundsätze gewinnen im folgenden Bedeutung[412].

aa) Öffentliche Energieunternehmen allgemein

Danach müssen die öffentlichen Energieunternehmen geeignet sein, den Zweck der Sicherung der Energieversorgung zu erreichen. Das ist unproblematisch der Fall, wie die reibungslos funktionierende Versorgung zeigt.

Viel spricht jedoch dafür, daß private Energieunternehmen mindestens ebenso gut wie öffentliche in der Lage und auch bereit wären, die Sicherheit der Energieversorgung zu gewährleisten. Ein Hinweis hierauf ist die erhebliche private Kapitalbeteiligung besonders an den großen öffentlichen Energieunternehmen. Öffentliche Energieunternehmen könnten also zur Sicherung der Energieversorgung nicht erforderlich[413] sein. Nach den vom BVerfG im Erdölbevorratungsbeschluß entwickelten Grundsätzen müßte allerdings die sachliche Gleichwertigkeit der rein privatwirtschaftlichen

[409] Dickersbach, WiVerw 1983, 209.
[410] Hoffmann-Becking (Fn. 334), 449 - 453.
[411] s. o. 1. Abschn. II. 1. a) bb).
[412] s. o. 1. Abschn. II. 3. a) dd).
[413] Vgl. Grupp, ZHR 140 (1976), S. 388; Hoffmann-Becking (Fn. 334), S. 449.

Lösung eindeutig feststehen[414], was sich als eine Art Beweislastumkehr zugunsten der öffentlichen Energieunternehmen auswirkt[415].

Gegen die rein marktwirtschaftliche Lösung ohne öffentliche Energieunternehmen wird das Bedenken geäußert[416], daß die langfristige Sicherung der Energieversorgung gefährdet wird durch einen festzustellenden Widerspruch zwischen kurzfristigen Entwicklungen und langfristigen Notwendigkeiten. Kurzfristig läßt sich ein Energieüberfluß verzeichnen. Langfristig sind erhebliche Investitionen nötig, die private Unternehmen möglicherweise nicht aufbringen können, weil die in Zeiten des Energieüberflusses erzielten Wettbewerbspreise zu niedrig sind, um diese Investitionen zu finanzieren. Die Unvorhersehbarkeit der langfristigen Entwicklung – beispielsweise der Zuwachsraten des Energiebedarfs, des genauen Zeitpunkts eines Rückgangs der Erdölförderung und des genauen Zeitpunkts einer Notwendigkeit von Alternativenergien, der politischen Entwicklung in den Erdölförderländern – erschwert die notwendigen unternehmerischen Entscheidungen über Forschung, Entwicklung und Kapazitäten.

Unter diesen Bedingungen wird das umfassende staatliche Engagement mittels öffentlicher Energieunternehmen mit der Übernahme staatlicher Verantwortung für eine sichere Energieversorgung begründet und auf die geschichtlichen Wurzeln hingewiesen[417]. Ein neueres Beispiel hierfür bildet der auf Betreiben des Bundes im Jahre 1974 erfolgte Zusammenschluß der VEBA mit der Gelsenberg AG, um die deutsche Mineralölversorgung langfristig zu sichern[418]. Die Übernahme staatlicher Verantwortung für die Sicherung der Energieversorgung in öffentlichen Energieunternehmen rechtfertigt sich, wenn die Auffassung zutrifft, daß sich private und öffentliche Unternehmen in einem Punkt deutlich unterscheiden[419]. Danach verfolgt das private Energieunternehmen den Zweck der Sicherung der Energieversorgung nur im Rahmen seiner primären Zielsetzung, dem Streben nach Gewinn. Damit droht die Gefahr, daß es seine energiewirtschaftlichen Aktivitäten aufgibt, sobald keine Gewinne mehr winken, etwa weil wegen der oben angesprochenen Veränderungen auf dem Energiemarkt sehr hohe

---

[414] BVerfGE 30, 292 (319); s. o. 1. Abschn. II. 3. a) dd); ebenso Grupp, ZHR 140 (1976), S. 388: die Annahme, daß private Unternehmen die Aufgabe nicht oder unzureichend erfüllen, muß widerlegt werden; vgl. auch Gentz, NJW 1968, 1604. Das BVerfG hat seine Grundsätze zwar an einer gesetzlichen wirtschaftspolitischen Maßnahme, dem Mineralölbevorratungsgesetz entwickelt; sie gelten entsprechend aber auch für andere staatliche wirtschaftspolitische Maßnahmen; vgl. auch Steindorff, Wirtschaftsrecht, 146 f.

[415] Kritisch hierzu Hoffmann-Becking (Fn. 334), S. 460 f.

[416] Vgl. Börner (Fn. 61), S. 83 - 85.

[417] Evers (Fn. 284), S. 24; Karst (Fn. 324), S. 80 f.; Büdenbender (Fn. 287), S. 519 Rn. 1317; Stober, ZHR 145 (1981), S. 566 f.

[418] s. o. I. 2. b), s. u. 2. Kap. 1. Abschn. I.

[419] Vgl. Karl Hax, Die öffentliche Unternehmung in der Marktwirtschaft, Fin. Arch.Bd. 27 (1968), S. 41, 44 ff.; vgl. auch Büdenbender (Fn. 287), S. 519 Rn. 1317.

Investitionskosten erforderlich sind oder das Investitionsrisiko zu hoch ist. Dagegen, so läßt sich argumentieren, gewährleisten die staatlichen Träger durch ihren gesellschafts- und eigenbetriebsrechtlich ermöglichten Einfluß auf die Entscheidungen der öffentlichen Energieunternehmen, daß die übernommene Aufgabe der Sicherung der Energieversorgung dauerhaft erfüllt wird.

Neben dieser Überlegung müssen für die „Erforderlichkeit" der öffentlichen Energieunternehmen auch noch die sonstigen mit ihnen erstrebten Ziele berücksichtigt werden[420]. Beispielsweise verfolgt die Ruhrkohle AG den sozial- und strukturpolitischen Zweck, die im Ruhrbergbau notwendigen Umstrukturierungen sozial verträglich durchzuführen[421] und werden die von den kommunalen öffentlichen Energieunternehmen erzielten Gewinne für den defizitären öffentlichen Personennahverkehr verwendet[422].

Aus alledem muß die Schlußfolgerung gezogen werden, daß die sachliche Gleichwertigkeit der rein privatwirtschaftlichen Lösung gegenüber öffentlichen Energieunternehmen im Rahmen der verfassungsrechtlichen Prüfung des „erforderlichen" Freiheitseingriffs nicht feststeht, mag man auch der privatwirtschaftlichen Lösung stärker zuneigen. Die staatliche Einwirkung auf Aufsichtsmaßnahmen zu beschränken[423], wie in den USA mit den „regulations" für private Versorgungsunternehmen, ist gegenüber der Einwirkungsform des öffentlichen Energieunternehmens nicht das mildere Mittel, weil in beiden Fällen der Eingriff in die wirtschaftliche Freiheit ähnlich intensiv geschieht, um die Sicherheit der Energieversorgung zu gewährleisten. Insgesamt ergibt sich somit nicht, daß die öffentlichen Energieunternehmen über das im verfassungsrechtlichen Sinn erforderliche Maß hinaus in die gem. Art. 2 I, 12 I und 14 GG geschützte Freiheit privater Wirtschaftssubjekte eingreifen.

Die Einwirkungsform des öffentlichen Energieunternehmens muß nach dem Gesagten schließlich auch als angemessener Eingriff (Verhältnismäßigkeit i.e.S.)[424] zur Sicherung der Energieversorgung betrachtet werden.

bb) Versorgungsmonopole (§ 103 I GWB)

Damit steht aber noch nicht fest, daß die faktisch monopolistische Betätigung der öffentlichen Strom- und Gasversorgungsunternehmen[425] verhält-

---

[420] Vgl. BVerfGE 30, 292 (319) und oben 1. Abschn. II 3. a) dd); allgemein zu den Zwecken öffentlicher Unternehmen: Püttner, DÖV 1983, 698.

[421] Jarass, Formen, S. 510 f.; vgl. auch Eduard Pestel in „Die Zeit" v. 24. 2. 1984 S. 24 „vor einer neuen Krise".

[422] Hax (Fn. 419), S. 46.

[423] Püttner, DÖV 1983, 698.

[424] Hierzu s. o. 1. Abschn. II. 3. a) dd).

nismäßig (i.w.S.) in die gem. Art. 2 I, 12 I und 14 GG geschützte wirtschaftliche Freiheit eingreift.

Zwar erweist sich diese tiefgreifende faktische Freiheitsbeschränkung[426] als geeignet, die Energieversorgung zu sichern. Jedoch erscheint es sehr zweifelhaft, ob die genannten technischen und wirtschaftlichen Besonderheiten der Strom- und Gasversorgung[427], zu denen noch die rechtliche Besonderheit der allgemeinen Anschluß- und Versorgungspflicht gem. § 6 I EnWG kommt[428], faktische Versorgungsmonopole erforderlich machen. Die wettbewerbliche Strom- und Gasversorgung öffentlicher Energieunternehmen könnte als milderes Mittel ebenso geeignet sein, die Sicherheit und Billigkeit[429] der Energieversorgung zu erreichen. Das Problem bildet den Gegenstand langjähriger Reformdiskussion, in der bislang diejenigen die Oberhand behalten haben, die die Erforderlichkeit der Versorgungsmonopole bejahen[430].

Indessen sind nach der Wettbewerbskonzeption, die Emmerich besonders eindrucksvoll herausgearbeitet hat[431], die Versorgungsmonopole der öffentlichen Strom- und Gasversorgungsunternehmen weder aus Gründen der Sicherheit noch der Billigkeit der Energieversorgung erforderlich. So gefährdet der Wettbewerb um besonders lukrative Sonderabnehmer und Verteilerunternehmen nicht eine angebliche „gesunde Durchmischung" der Versorgungsgebiete d. h. ein ausgewogenes Verhältnis unterschiedlich gewinnversprechender Abnehmergruppen (Sonderabnehmer, Tarifabnehmer). Denn die Struktur der Versorgungsgebiete hat sich geschichtlich zufällig entlang der kommunalen Gebietsgrenzen entwickelt. Und über „Grenzmengenabkommen" behalten sich einzelne Lieferunternehmen gegenüber anderen Versorgungsunternehmen die Versorgung lukrativer Sonderabnehmer vor. Erst der flexible Wettbewerbsprozeß führt zu einer „gesunden Durchmischung".

Er erlaubt wegen der Unvorhersehbarkeit seiner Ergebnisse auch nicht die verbreitete These, das um Sonderabnehmer gebrachte Unternehmen

---

425 s. o. I. 5.

426 Im einzelnen hierzu oben III. 1. a).

427 s. o. I. 5.

428 Ausführlich zu ihr: Börner, Recht und Konzentration in: Studien zum deutschen und europäischen Wirtschaftsrecht. Bd I, S. 407 - 413.

429 Dieser weitere zur Rechtfertigung der Versorgungsmonopole genannte Zweck muß bei der Prüfung ihrer „Erforderlichkeit" mitberücksichtigt werden.

430 Nachweise zum Meinungsstand in Evers (Fn. 284), S. 199 Fn. 1; pro Erforderlichkeit z. B. Börner (Fn. 428), S. 381 ff. (407 - 413); ders., Reform des Energierechts und Natur der Sache in: (Fn. 428), Band II, S. 63 ff. (insbes. 79 - 91); ders., Grenzen der Wettbewerbswirtschaft in: (Fn. 428), Band II, S. 243 ff. (253 - 257); Baur (Fn. 307), S. 76 f., 83 - 85; Karst (Fn. 324), S. 97 - 100; contra Erforderlichkeit z. B. Emmerich, Ist der kartellrechtliche Ausnahmebereich ... gerechtfertigt? S. 79 - 93, Gröner (Fn. 284), S. 344 - 351, 414 ff.

431 (Fn. 430), a.a.O.

müsse für die übrigen Abnehmer die Preise erhöhen. Leistungsfähige Unternehmen haben aus dem Markt zu scheiden.

Die Anschluß- und Versorgungspflicht gem. § 6 EnWG, die auch zum Anschluß verlustbringender Abnehmer verpflichtet, ist erst eine Folge der Versorgungsmonopole und kann deshalb auch nicht zu ihrer Rechtfertigung herangezogen werden.

Die Sicherheit der Versorgung wird nicht dadurch bedroht, daß insbesondere in strukturbenachteiligten Gebieten einzelne Versorgungsunternehmen verdrängt werden. Denn der Wettbewerb führt nicht zu Versorgungslücken, weil auch schlecht strukturierte Gebiete für leistungsfähige Unternehmen interessant bleiben. Im Notfall könnten immer noch Demarkations- und Konzessionsverträge als Rationalisierungskartelle gem. § 5 II GWB genehmigt oder gem. § 8 I 2 EnWG ein Unternehmen mit der Versorgung beauftragt werden.

Der Wettbewerb bewirkt auch nicht den Bau überflüssiger und preistreibender „Doppelleitungen", da nur dann in neue Leitungen investiert wird, wenn es gewinnversprechend und damit – wegen der optimalen Faktorallokation des Wettbewerbs – volkswirtschaftlich sinnvoll ist. Der Bau einer neuen Leitung unterbleibt beispielsweise, wenn eine „Durchleitung"[432] durch vorhandene Leitungen kostengünstiger wäre.

Schließlich setzt die langfristige Planung der Investitionen nicht geschlossene Versorgungsgebiete zur Sicherung der Rentabilität voraus, weil der Strom- und Gasmarkt ausreichend gewinnträchtig ist und das Investitionsrisiko jedenfalls teilweise aufgrund der Allgemeinen Versorgungsbedingungen (AVB) über Hausanschluß- und Baukostenzuschüsse sowie abnahmeunabhängige Grund- und Leistungspreise[433] auf die Abnehmer überwälzt werden kann. Die kontinuierliche Abnahme von Strom und Gas läßt sich im Wettbewerb insbesondere über ein allen Versorgungsmaßnahmen offenstehendes Verbundnetz erreichen.

Diesem überzeugenden Gedankengang[434] hat sich der Gesetzgeber jedoch nicht angeschlossen. In der 4. GWB-Novelle 1980 bestätigte er die Bereichsausnahmen des § 103 I GWB und damit mittelbar die existierenden fakti-

---

[432] Für Durchleitungen müßten allerdings die rechtlichen Voraussetzungen geschaffen werden. Der Referentenentwurf eines „Gesetzes zur Förderung und Sicherung der Versorgung mit leitungsgebundener Energie" 1973 sah vor, daß der Bundeswirtschaftsminister per Rechtsverordnung Durchleitungspflichten der Versorgungsunternehmen festlegen konnte, vgl. Evers (Fn. 284), S. 39; Monopolkommission (Fn. 1), Tz. 767; technisch handelt es sich bei „Durchleitungen" darum, daß an der einen Stelle Strom in das Netz eingespeist und an anderer Stelle entnommen wird.

[433] Vgl. Evers (Fn. 284), S. 149 ff. (151).

[434] Vgl. schon Eckstein, Die wirtschaftliche Betätigung der öffentlichen Hand in Bergbau und in der Elektrizitätswirtschaft in der Bundesrepublik Deutschland, 1966, S. 151 - 154.

schen Monopole. Er fügte lediglich den § 103 a GWB ein, der die Kartellverträge auf 20 Jahre befristet. Man wird diese Entscheidung unter dem Gesichtspunkt der „Erforderlichkeit" der Versorgungsmonopole akzeptieren müssen. Die zugunsten der Versorgungsmonopole eingreifende „Beweislastumkehr"[435], wonach die sachliche Gleichwertigkeit der wettbewerblichen Lösung eindeutig feststehen muß, verhindert das Verdikt der Verfassungswidrigkeit.

Nach allem kann auch nicht davon gesprochen werden, daß die Strom- und Gasversorgungsmonopole öffentlicher Energieunternehmen erkennbar unangemessen zur Sicherung der Energieversorgung sind.

c) Gesetzesvorbehalt (Art. 20 III GG)

Die Frage, ob die Entscheidung über das Tätigwerden öffentlicher Energieunternehmen als Abgrenzung zwischen dem öffentlichen und privaten Sektor in die Zuständigkeit des Gesetzgebers gem. Art. 20 III GG fällt, läßt sich auf der Grundlage der bisherigen Ausführungen beantworten. Verneint man die Grundrechtsgebundenheit öffentlicher Energieunternehmen, die dann folgerichtig nicht in grundrechtliche Freiheiten faktisch eingreifen können, gilt für sie der Gesetzesvorbehalt nicht[436].

Etwas anderes muß nach oben vertretener Auffassung gelten. Errichtung und Betätigung des öffentlichen Energieunternehmens wirken danach als faktischer Eingriff in die gem. Art. 2 I, 12 I und 14 GG geschützten wirtschaftlichen Freiheiten[437]. Eine gesetzliche Grundlage ist somit notwendig. Dies entspricht auch dem Gebot, die Einwirkungsformen der Subventionen und des öffentlichen Energieunternehmens als faktische Eingriffe in gleicher Weise dem Gesetzesvorbehalt zu unterwerfen[438].

Die neuere Rechtsprechung des BVerfG, die mit ihrer „Wesentlichkeitstheorie" begonnen hat, das Prinzip des Gesetzesvorbehalts vom „Eingriff in Freiheit und Eigentum" als überholter Formel der konstitutionellen, bürgerlich-liberalen Staatsauffassung des 19. Jahrhunderts abzukoppeln[439], führt vorliegend zu keinem anderen Ergebnis. Das BVerfG fordert für alle wesentlichen Entscheidungen, die den Bürger unmittelbar betreffen, eine gesetzliche Grundlage. Daß Eingriffe in Freiheit und Eigentum – auch fakti-

---

[435] s. o. III. 1. b) aa), 1. Abschn. II. 3. a) dd).

[436] Vgl. z. B. Emmerich, ... öffentliche Unternehmen, S. 112; Klein, Teilnahme, S. 159.

[437] s. o. III. 1. a).

[438] s. o. 1. Abschn. II. 3. a) cc); ebenso Karst (Fn. 324), S. 91; Brohm, Strukturen, S. 48 f.; differenzierend Gallwas (Fn. 394), S. 94 ff. (106 - 109).

[439] BVerfGE 40, 237 (249); 47, 46 (78 f.); 49, 89 (126 f.) – Schneller-Brüter-Beschluß, vgl. auch Badura (Fn. 324), S. 22 f.; Dickersbach, WiVerw 1983, 200 f.

sche – in diesem Sinne wesentliche Entscheidungen darstellen bzw. voraussetzen, kann keinem Zweifel unterliegen[440].

Als somit notwendige gesetzliche Grundlage öffentlicher Energieunternehmen reicht nicht das Sozialstaatsprinzip gem. Art. 20 I GG aus[441], da es das „wie“ staatlicher Zweckverfolgung nicht festlegt[442] und somit keine Billigung der Einwirkungsform des öffentlichen Energieunternehmens enthält. Weiter führt schon die Auslegung des Art. 15 GG, wie sie Bettermann befürwortet[443]: indem diese Norm die Überführung von Produktionsmitteln in das Eigentum der öffentlichen Hand gestattet, erkennt sie an, daß die öffentliche Hand als Produzent und folglich als Unternehmer fungieren darf. Hieran ist richtig, daß es den Parlamentsvorbehalt gem. Art. 20 III GG überspannen hieße, würde man für die öffentlichen Energieunternehmen spezielle gesetzliche Grundlagen fordern[444]. Schon oben wurde die Verwandtschaft von Subvention und öffentlichem Energieunternehmen als jeweils faktischer Grundrechtseingriff festgestellt. Dieser Aspekt hilft jetzt weiter. Wie bei der Einwirkungsform der Subvention kann auch für das öffentliche Energieunternehmen die Bereitstellung der notwendigen Mittel im Haushaltsplan der jeweiligen Gebietskörperschaft als ausreichende parlamentsgesetzliche Ermächtigung angesehen werden[445].

2. Art. 3 I GG (allgemeiner Gleichheitssatz)

Der allgemeine Gleichheitssatz gem. Art. 3 I GG ist als „Willkürverbot“ auszulegen[446]. In seinem Rahmen hat sich die Tätigkeit der öffentlichen Energieunternehmen zu bewegen[447]. Problematisch ist die Legalisierung der Strom- und Gasversorgungsmonopole gem. § 103 I GWB, weil das GWB in anderen Energiebereichen keine Monopolisierung gestattet[448]. Entsprechend den obigen Ausführungen zu den Freiheitsgrundrechten aus Art. 2 I, 12 I, 14 GG[449] müssen die technisch-wirtschaftlichen sowie rechtlichen Besonderheiten der leitungsgebundenen Strom- und Gasversorgung als

---

[440] So wohl auch BVerfGE 47, 46 (79).

[441] So aber Grupp, ZHR 140 (1976), 381 f., die „sozialwirtschaftliche Tätigkeit der öffentlichen Hand“ allgemein.

[442] s. o. 1. Abschn. I. 3. a).

[443] s. o. III.

[444] So auch Dickersbach, WiVerw 1983, S. 201; Scholz, AÖR 97, 306.

[445] Wilke / Schachel, WiVerw 1978, S. 111; Dickersbach, WiVerw 1983, S. 201; Karst (Fn. 324), S. 93; zur Problematik des Haushaltsplans als gesetzliche Grundlage s. o. 1. Abschnitt II. 3. a) cc).

[446] Dazu 1. Abschn. II. 3. a) aa).

[447] Vgl. z. B. Püttner, . . . öffentliche Unternehmen, S. 180 - 186.

[448] Ausführlich Karst (Fn. 324), S. 103 - 121.

[449] s. o. III. 1. b) bb).

sachliche Gründe für die Bereichsausnahme gem. § 103 I GWB akzeptiert werden[450].

3. Art. 28 II GG (kommunale Selbstverwaltung)

Stern vertritt die Auffassung, daß kommunale Versorgungsunternehmen, zu denen die öffentlichen Energieunternehmen im kommunalen Eigentum oder unter kommunaler Kapitalbeteiligung (RWE!) zählen, als Ausprägung der Selbstverwaltungsgarantie gem. Art. 28 II GG auch insoweit geschützt sind, als sie Grundrechte privater Wirtschaftssubjekte tatsächlich einschränken[451]. Ihm kann nicht beigepflichtet werden. Art. 28 II GG sichert das historisch gewachsene Selbstverwaltungsrecht der Gemeinden und Gemeindeverbände gegenüber der unmittelbaren Staatsverwaltung (Staat i.e.S.)[452]. Schon dieser geschichtliche Kontext verbietet es, der Selbstverwaltungsgarantie des Art. 28 II GG eine in den grundrechtlich geschützten Raum hineinreichende „Drittwirkung" zuzuerkennen. Art. 28 II GG als „Funktionsverteilungs- und Zuordnungsnorm nach Maßgabe eines historisch überkommenen suum cuique tribuere"[453] betrifft nur das Innenverhältnis des Staates. Anderenfalls geriete er zu einer für die deutsche Wirtschaftsordnung grundlegenden Ordnungsvorschrift, die den Kommunen die gesamte Energiewirtschaft auf den überkommenen kommunalen Tätigkeitsfeldern (z. B. Energieverteilung) gegenüber der Privatwirtschaft reservierte. Das ist nach Wortlaut und Stellung des Art. 28 II im GG ausgeschlossen[454].

4. Dezentrale Wirtschaftsordnung des GG

In diesem Abschnitt hat sich herausgestellt, daß der staatlichen Einwirkung zur Sicherung der Energieversorgung mit den öffentlichen Energieunternehmen ein weiteres Handlungsmittel zur Verfügung steht, das neben den Einwirkungsformen des Eingriffs und der Subvention zusätzlich bedeutende Einflußmöglichkeiten eröffnet.

Die Entscheidung des GG für eine im Prinzip dezentrale Wirtschaftsordnung[455] begrenzt die staatliche Einwirkung zur Sicherung der Energieversorgung. Daher gilt es nunmehr, wie schon für Eingriff und Subvention[456] zu

[450] a. A. Karst (Fn. 324), S. 112 - 121, – der allerdings inkonsequenterweise eine Verletzung des Art. 12 I GG ausschließt, S. 97 - 100.

[451] Stern in BK Art. 28 Rn. 72 m.w.N.; vorsichtig ebenso Hoffmann-Becking (Fn. 334), S. 416 f.

[452] Wolff / Bachof II § 85 I b 2, c i.V.m. § 80 III; Thieme, JZ 1961, 283.

[453] Stern (Fn. 451), Rn. 72.

[454] Emmerich, Die kommunalen Wirtschaftsunternehmen zwischen Wirtschaft und Verwaltung, 1970, S. 23 f.

[455] s. o. 1. Abschn. II. 3. c).

[456] s. o. 1. Abschn. II. 3. c).

prüfen, inwieweit die Einwirkungsform des öffentlichen Energieunternehmens die Energiewirtschaftsplanung beim Staat zentralisiert, d. h. die selbständige Planung einzelner Wirtschaftseinheiten aufhebt und damit die gesamte staatliche Einwirkung zur Sicherung der Energieversorgung der Grenze der dezentralen Wirtschaftsordnung des GG näherbringt.

Zu einfach wäre die Feststellung, die öffentlichen Energieunternehmen seien allein wegen des staatlichen Einflusses auf ihre Leitung und ihres großen Gewichts in der westdeutschen (Energie-)Wirtschaft ein Meilenstein auf dem Wege zu zentraler staatlicher Energiewirtschaftsplanung.

Für die genauere Untersuchung ihres Verhältnisses zur dezentralen Wirtschaftsordnung des GG lassen sich wirtschaftswissenschaftliche Erkenntnisse fruchtbar machen, die das Verhältnis öffentlicher Unternehmen zur Marktwirtschaft betreffen[457]. Die staatliche Einwirkung zur Sicherung der Energieversorgung mittels öffentlicher Energieunternehmen könnte der Grenze der grundgesetzlichen dezentralen Wirtschaftsordnung deshalb näherrücken, weil staatliches Eigentum an Produktionsmitteln und damit öffentliche Unternehmen von vornherein einen Fremdkörper in einer Marktwirtschaft d. h. dezentralen Wirtschaftsordnung bilden[458].

Die Vertreter dieser Auffassung haben indessen an Boden verloren. Allgemeine Anerkennung findet nur noch der Satz, das Privateigentum an Produktionsmitteln habe dezentralisierende Wirkung und sei eine der Voraussetzungen einer Wettbewerbsordnung[459]. Abgesehen davon hat Karl Hax Gefolgschaft gefunden[460], demzufolge für die Charakterisierung einer Marktwirtschaft nicht die Art des Eigentums an Produktionsmitteln – staatliches oder privates – entscheidend ist, sondern seine Verwaltung in dezentralisierter Form. Dafür nennt er das Beispiel des nationalsozialistischen Deutschlands, in dem zwar das Privateigentum an Produktionsmitteln unangetastet blieb, jedoch das Wirtschaftssystem durch die straffe staatliche Wirtschaftslenkung den Charakter einer Zentralverwaltungswirtschaft erhielt. Nach seiner Ansicht verändern umgekehrt dezentral geführte öffentliche Unternehmen nicht die marktwirtschaftlich-dezentrale Ordnung, weil deren Eigenart gerade in der Dezentralisierung der Planungs- und Entscheidungsgewalt liege.

---

[457] Vgl. aber Backhaus, ... öffentliche Unternehmen, 2. A., S. 36, 3 wendet sich dagegen, bestimmte wirtschaftspolitische Einstellungen unter Verwendung der Euke'schen Begriffe in der Verfassung wiederzuentdecken, Emmerich, ... öffentliche Unternehmen, S. 63 f.

[458] So für viele Eckstein (Fn. 434), Die wirtschaftliche Betätigung, S. 81; sehr kritisch Backhaus, ... öffentliche Unternehmen, S. 36: Verbindung aus ökonomischer Modellanalyse und jur. Dogmatik führt häufig zu wirtschaftlich befremdlichen Ergebnissen; originell Herbert Krüger, ZBR 1979, 157.

[459] Hax (Fn. 419), S. 47; Püttner, ... öffentliche Unternehmen, S. 25; Backhaus, ... öffentliche Unternehmen, 2. A., S. 38.

[460] (Fn. 419), S. 47 f.; z. B. Backhaus, ... öffentliche Unternehmen, 2. A., S. 40; Püttner, ... öffentliche Unternehmen, S. 25.

Was die Eigentumsfrage anbelangt, ist Hax insofern Recht zu geben, als kein zwingender Zusammenhang zwischen Privateigentum an Produktionsmitteln und einer dezentralen Wirtschaftsordnung besteht. Jedoch gebührt dem Aspekt des Privateigentums ein stärkerer Akzent. Die Entfaltung freier wirtschaftlicher Initiative des einzelnen und damit dezentrale Wirtschaftsplanung werden durch privates Eigentum an Produktionsmitteln begünstigt und andererseits behindert, wenn kein Privateigentum an Produktionsmitteln erworben werden kann. Folglich geraten öffentliche Unternehmen und Marktwirtschaft in ein um so größeres Spannungsverhältnis, je stärker öffentliche Unternehmen auf einzelnen Märkten private Unternehmen verdrängen[461]. Somit kommt dem Umstand, wie die Frage des Eigentums an den Produktionsmitteln gelöst ist, die Bedeutung eines vorsichtigen Indizes für den Grad der Zentralisierung bzw. Dezentralisierung der Wirtschaft zu.

Ob der Staat (Bund, Länder, kommunale Gebietskörperschaften) mit Hilfe seiner öffentlichen Energieunternehmen die Energiewirtschaftsplanung[462] zentralisiert, hängt – worauf auch Hax abstellt – entscheidend davon ab, inwieweit noch von selbständiger Planung voneinander unabhängiger Wirtschaftssubjekte die Rede sein kann[463]. Hier rückt die oben ausführlich dargestellte stets zunehmende Kapital- und Lieferverflechtung der öffentlichen Energieunternehmen in der Bundesrepublik[464] ins Blickfeld. Sie bewirkt eine Einschränkung der selbständigen Planung der beteiligten einzelnen Unternehmen zugunsten einer abstimmenden interesseharmonisierenden d. h. zentralen Energiewirtschaftsplanung, die die Bereiche Kohle, Gas, Fernwärme, Elektrizität und Öl umfaßt[465]. Ein dezentralisierendes Gegengewicht, das sich im Substitutionswettbewerb bemerkbar macht, bilden die privaten bzw. in ausländischem Kapitalbesitz befindlichen Mineralölunternehmen.

Der Zentralisierung der Energiewirtschaftsplanung mittels des Verflechtungskomplexes öffentlicher Energieunternehmen kann darüber hinaus die innere Struktur der beteiligten Unternehmen entgegenwirken. Deren Kennzeichen liegt in der Beteiligung unterschiedlicher Gebietskörperschaften an den einzelnen öffentlichen Energieunternehmen.

---

[461] Emmerich, ... öffentliche Unternehmen, S. 69 f.; a. A. Püttner, ... öffentliche Unternehmen, S. 209 f.; der es als unbedenklich ansieht, wenn nur in bestimmten Wirtschaftsbereichen öffentliche Unternehmen konzentriert sind.

[462] i.S.v. Planung und Ausführung, Einl. I.

[463] s. o. 1. Abschn. II. 3. c).

[464] s. o. I. 6.

[465] Klargestellt sei ausdrücklich, daß staatliche Zentralisierung der Energiewirtschaftsplanung in Rede steht, auf die der Maßstab der dezentralen Wirtschaftsordnung auf jeden Fall anwendbar ist. Zu den Grundrechten als objektiv freiheitssichernden Ordnungsnormen schlechthin vgl. Rupp, Vom Wandel der Grundrechte, AöR 1976, S. 172 - 176.

Beispielsweise halten verschiedene Kreise und Städte neben Privaten das Aktienkapital des RWE. Eigner der VEBA ist hingegen außer Privaten nur der Bund. Auch innerhalb einer einzelnen Gebietskörperschaft kann die Verwaltung der Kapitalbeteiligungen dezentralisiert sein. So werden die Bundesanteile an öffentlichen Energieunternehmen vom Bundesfinanz- und Bundeswirtschaftsministerium verwaltet[466]. Für die Elektrizitätswirtschaft trifft deshalb die Monopolkommission[467] die Einschätzung, daß von einer einheitlichen Beherrschung der Elektrizitätswirtschaft durch den Staat nicht die Rede sein kann. Zwar halten Städte, Kreise, Landschaftsverbände, Zweckverbände, Bund und Länder die überwiegende Zahl der Kapitalanteile[468]. Jedoch nimmt die Monopolkommission eine Interessenverschiedenheit der beteiligten staatlichen Körperschaften an und erwartet daher nicht, daß diese ihre Stimmrechte abgestimmt ausüben. Es sei sogar wahrscheinlich, daß sich die unterschiedlichen Interessen der einzelnen öffentlichen Kapitaleigner im jeweiligen Unternehmen neutralisieren.

Auf eine Formel gebracht scheint also der dezentrale Staatsaufbau der Bundesrepublik eine einzelwirtschaftliche Planung der öffentlichen Energieunternehmen weitgehend aufrechtzuerhalten. Damit würde auf sie die verbreitete Ansicht zutreffen, im föderalen Bundesstaat mit kommunaler Selbstverwaltung fügten sich öffentliche Unternehmen „reibungslos" in eine Marktwirtschaft und damit dezentrale Wirtschaftsordnung[469] ein.

Bedenken sind anzumelden. Schlicht die Neutralisierung der unterschiedlichen Interessen der verschiedenen öffentlichen Körperschaften im jeweils einzelnen Energieunternehmen zu unterstellen und dies als Argument für autonome Unternehmensplanung heranzuziehen, widerspricht tatsächlichen Gegebenheiten. So haben die kommunalen Anteilseigner des RWE eine besondere Arbeitsgemeinschaft in der Rechtsform einer privatrechtlichen Gesellschaft gegründet, um vorweg ihre Interessen auszugleichen und einen einheitlichen Standpunkt zur Geltung zu bringen[470]. Auch in anderen öffentlichen Energieunternehmen läßt sich durch Stimmrechtsbindungsverträge und besondere Organe ein ständiges Zusammenwirken der öffentlichen Anteilseigner mit dem Ziel einer gemeinsamen Beherrschung der jeweiligen Gesellschaft gewährleisten[471].

---

466 Jarass, Formen, S. 512; s. o. I. 2. a); Klein, Teilnahme, S. 50; Püttner, DÖV 1983, 701.

467 (Fn. 1), Tz. 733.

468 s. o. I. 3.

469 Hax (Fn. 419), S. 47 f.; R. Schmidt in Planung III (Hrsg. J. H. Kaiser), S. 306; Jarass, Formen, S. 520; Püttner, ... öffentliche Unternehmen, S. 247; ders., DÖV 81, 701 (allgemein).

470 Püttner, Recht der kommunalen Energieversorgung, S. 102.

471 Vgl. Emmerich, ... öffentliche Unternehmen, S. 223.

Im Rahmen des ganzen Verflechtungskomplexes öffentlicher Energieunternehmen fällt dem Bund eine beherrschende Rolle zu, die aus dem Übergewicht seiner direkten und indirekten Beteiligungen in der Energiewirtschaft erwächst, wie etwa seine Anteile an der VEBA, Ruhrkohle, STEAG, Ruhrgas und DEMINEX zeigen. Diese Rolle leistet staatlicher Zentralisierung der Energiewirtschaftsplanung mittels öffentlicher Energieunternehmen Vorschub. Daß eine solche Entwicklung zur Zentralisierung trotz der Beteiligung unterschiedlicher Gebietskörperschaften an den einzelnen Energieunternehmen nicht von der Hand zu weisen ist, mögen zwei Beispiele belegen. Die Monopolkommission nennt an anderer Stelle ihres Gutachtens als Folge der Zusammenschlüsse öffentlicher Energieunternehmen die Vergemeinschaftung von Forschungsanstrengungen[472] d. h. die Aufhebung autonomer einzelwirtschaftlicher Unternehmenstätigkeit im Forschungsbereich. Mit dem Abschluß des Kohle/Strom-„Jahrhundertvertrages“[473] als Herzstück der sog. „Kohlevorrangpolitik“ zur Verdrängung des Erdöls haben die in den beteiligten öffentlichen Energieunternehmen (z. B. Ruhrkohle AG einerseits, RWE andererseits) vertretenen verschiedenen Gebietskörperschaften gezeigt, daß sie zu einer einheitlichen Energiewirtschaftsplanung mit dem Mittel öffentlicher Energieunternehmen bereit und in der Lage sind.

Die beiden vorgenannten Beispiele gebieten auch Zurückhaltung gegenüber dem Argument, die Organisationsform sichere dem jeweiligen öffentlichen Energieunternehmen einen hohen Grad an Selbständigkeit. Auf Eigenbetriebe trifft es nicht zu, weil in ihnen der Einfluß der Muttergemeinwesen über das Eigenbetriebsrecht der Länder sichergestellt ist[474]. Anders kann es bei den dominierenden privatrechtlichen Gesellschaftsformen der AG und GmbH aussehen.

Für Aktiengesellschaften hat sich heute die nahezu einhellige Meinung herausgebildet, daß dem Staat neben seinen Aktionärsrechten keine besonderen Einflußmöglichkeiten zustehen, die das privatrechtliche Aktienrecht abändern oder durchbrechen[475]. Nach dem Aktiengesetz kann der Staat in der Hauptversammlung als Aktionär sein Stimmrecht ausüben. Auf die Geschäftsleitung erhält er hierdurch aber keinen Einfluß, weil der Vorstand gem. § 76 I AktG eigenverantwortlich die Gesellschaft leitet[476] und gem. § 119 II AktG selbst darüber entscheidet, ob die Hauptversammlung über Fragen der Geschäftsführung bestimmen kann. Nach herrschender Lehre

---

472 Monopolkommission (Fn. 1), Tz. 795, s. o. 1. Kap. 2. Abschn. I. 6.

473 s. o. Einl. I., s. u. 2. Kap. 1. Abschn. I.

474 Wilke / Schachel, WiVerw 1978, S. 100; Püttner (Fn. 470), S. 58 - 60, 69, 76 ff.

475 Püttner, DÖV 1983, 703; Badura (Fn. 324), S. 14; vgl. ausführlich über Ansätze zur öffentlich rechtlichen Modifikation des Gesellschaftsrechts, Emmerich, ... öffentliche Unternehmen, S. 150 - 155.

476 Vgl. Püttner (Fn. 470), S. 83 f.

sind die seitens der staatlichen Gebietskörperschaften gewählten oder entsandten Aufsichtsratsmitglieder nicht an Weisungen gebunden und nach dem Rechtsgedanken der §§ 93, 116 AktG auf das Gesellschaftsinteresse verpflichtet[477]. Gleiches gilt für den Vorstand. Bei gemischtwirtschaftlichen Unternehmen muß das Interesse der privaten Aktionäre beachtet werden, das z. B. mit der Schadensersatzpflicht gem. § 117 AktG abgesichert wird[478].

Es verwundert nicht, daß eine Ansicht unter Hinweis auf die genannten aktienrechtlichen Regelungen eine Verselbständigung der Führung der öffentlichen Unternehmen verzeichnet und zu dem Schluß kommt, das einzelne öffentliche (Energie-)Unternehmen führe ein weitgehendes Eigenleben, zumal die Einführung der paritätischen Mitbestimmung den Einfluß der staatlichen Anteilseigner noch mehr zurückgedrängt habe[479]. Ihr ist entgegenzuhalten, daß die staatlichen Anteilseigner aus verschiedenen Gründen jederzeit ihren bestimmenden Einfluß im jeweiligen öffentlichen Energieunternehmen geltend machen können. Rein tatsächlich werden die staatlicherseits in der Hauptversammlung gewählten und die staatlich entsandten Aufsichtsratsmitglieder die Interessen des öffentlichen Verwaltungsträgers verfolgen. Dieser ist häufig auch direkt im Vorstand vertreten. So besteht im RWE das „Gewohnheitsrecht" der kommunalen Anteilseigner auf zwei Vorstandsmitglieder[480]. Erfahrungsgemäß üben die öffentlichen Aktionäre wirksam auf ihre in den Aufsichtsrat und den Vorstand entsandten Vertreter Einfluß, wie Hans H. Klein[481] mit einem historischen Beispiel zeigt. In den fünfziger Jahren gelang es der Bundesregierung durch Beeinflussung der Vorstände und Aufsichtsräte bundeseigener Unternehmen, eine wirtschaftspolitisch gewünschte Preis- und Investitionspolitik dieser Unternehmen zu erreichen.

Weisungsrechte gegenüber dem Vorstand eines öffentlichen Energieunternehmens können sich die öffentlichen Gebietskörperschaften in einem Beherrschungsvertrag gem. §§ 17, 18, 291 AktG einräumen lassen. Auch der Staat kann herrschendes Unternehmen im Sinne der aktienrechtlichen Vorschriften sein[482]. Zusätzliche schuldrechtliche Bindungen und satzungsgemäße Einflußrechte wie beispielsweise weitgehende Zustimmungsvorbehalte gem. § 111 IV AktG zugunsten des mit zuverlässigen Beamten und Ministern besetzten Aufsichtsrats sind außerdem möglich[483].

---

477 BGHZ 36, 296 (306); Jarass, WiVerw, S. 145; a. A. Rüfner, Formen, S. 192 f.; Eckstein (Fn. 434), S. 147; Püttner, ... öffentliche Unternehmen, S. 321.

478 Püttner (Fn. 470), S. 100 ff.

479 Jarass, WiVerwR, S. 145; Wilke / Schachel, WiVerw 1978, S. 101 m.w.N.

480 „Die Zeit" v. 22. 2. 1985, S. 29.

481 Teilnahme, S. 51.

482 Badura (Fn. 324), S. 14; Püttner (Fn. 470), S. 86; ders., ... öffentliche Unternehmen, S. 321.

483 Püttner, ... öffentliche Unternehmen, S. 321; ders., (Fn. 470), S. 86.

Das GmbHG ermöglicht dem Staat eine noch einfachere Beherrschung der öffentlichen Energieunternehmen in der Organisationsform der GmbH. Denn gem. § 45 I GmbHG kann schon die Satzung Weisungsrechte der maßgeblich von der öffentlichen Hand beeinflußten Gesellschafterversammlung gegenüber den Geschäftsführern vorsehen[484].

Eine genauere Prüfung ergibt also, daß die einzelnen staatlichen Träger ihre öffentlichen Energieunternehmen auch unter dem Gesichtspunkt der zumeist privatrechtlichen Organisationsform wirksam steuern können. Einer zentralen Energiewirtschaftsplanung mittels öffentlicher Energieunternehmen stehen somit weder die Beteiligung unterschiedlicher Gebietskörperschaften d. h. der dezentrale Staatsaufbau noch die Organisationsform der Unternehmen entgegen.

Der anti-dezentrale Effekt des Verflechtungskomplexes öffentlicher Energieunternehmen verstärkt sich, wenn es zutrifft, daß zwischen ihnen und dem Wettbewerb als einer Voraussetzung marktwirtschaftlicher Ordnung ein Spannungsverhältnis besteht. Verbreitet wird öffentlichen Unternehmen der interventionistische Zweck der Wettbewerbsförderung auf verkrusteten Märkten zugebilligt[485].

Von anderer Seite verlautet hingegen der Einwand, wegen verschiedener Sondervorteile gegenüber privaten Unternehmen wirkten öffentliche Unternehmen wettbewerbsstörend[486]. Für die öffentlichen Energieunternehmen ist dieser Einwand zum Teil berechtigt. Zwar wurden im Zusammenhang mit der VEBA-Teilprivatisierung im Jahre 1965[487] die letzten Steuerprivilegien der Versorgungsbetriebe abgeschafft[488]. Jedoch bedeuten die umfangreichen Subventionen, die sich direkt oder indirekt (z. B. die Förderung der Kernenergieentwicklung) zugunsten öffentlicher Energieunternehmen auswirken, einen deutlich feststellbaren Sondervorteil vor allem im Substitutionswettbewerb gegen die privaten bzw. ausländischen Mineralölgesellschaften[489]. Allerdings können Sondernachteile die Sondervorteile in gewissem Umfang aufwiegen[490] und so das Spannungsverhältnis zwischen öffentlichen Energieunternehmen und Wettbewerb mindern. So führt die der Ruhrkohle zugedachte Rolle in der staatlichen Energiepolitik zu einer ständigen betriebswirtschaftlich falschen Überproduktion, einem „neuen Mittelgebirge“ aus Kohle[491].

---

[484] Vgl. Wilke / Schachel, WiVerw 1978, S. 101; Jarass, WiVerw S. 145.

[485] Püttner, DÖV 1983, 698; Krüger, ZBR 1978, 162; Hax (Fn. 149), S. 45.

[486] Eckstein (Fn. 434), S. 79; Emmerich, ... öffentliche Unternehmen, S. 79 f., 81 - 83.

[487] s. o. 1. Kap. 2. Abschn. I. 2. b).

[488] Püttner, ... öffentliche Unternehmen, S. 364, Fn. 45.

[489] Ausführlich hierzu s. o. 1. Abschn. II. 1. a).

[490] Eckstein (Fn. 434), S. 79.

[491] „Die Zeit“ v. 24. 2. 1984, S. 27.

Schließlich verbindet sich die große wirtschaftliche Macht der öffentlichen Energieunternehmen mit dem Zugang zur politischen Macht, was ständige Störungen dezentraler Wirtschaftssteuerung begünstigt. Die Versorgungsmonopole i.S.d. § 103 I GWB blieben unter anderem wegen des großen Einflusses der Vertreter öffentlicher Energieunternehmen auf Gesetzgeber und Bundesregierung bis heute erhalten[492]. Dieser Einfluß bewirkte auch Einschränkungen des Fernwärmeausbaus. Auf Druck der öffentlichen Stromversorger fuhr die Bundesregierung im Frühjahr 1982 ihre Fernwärmepläne zurück. Sie verzichtete zugunsten der auf dem Wärmemarkt mit der Fernwärme konkurrierenden Elektrizität darauf, die Fernwärme bis zum Jahr 2000 so stark auszubauen wie ursprünglich geplant[493].

Nach allem kann für die Einwirkungsform des öffentlichen Energieunternehmens in einem Zwischenergebnis gesagt werden, daß die vielfältigen Verflechtungen der öffentlichen Energieunternehmen und der maßgebliche Einfluß des Bundes in bedeutenden Energieunternehmen zusammen mit den gewährten Subventionen und den wirtschaftlich-politischen Machtverhältnissen zu einer Einschränkung der selbständigen Planung voneinander unabhängiger Unternehmen führen. Insoweit erweist sich die Einwirkungsform des öffentlichen Energieunternehmens nach imperativem Eingriff und Subvention als weiteres Mittel zentraler staatlicher Energiewirtschaftsplanung[494].

5. Einfaches Gesetzesrecht

Auf einige einfachgesetzliche Regelungen zum Schutz der wirtschaftlichen Freiheit privater Wirtschaftssubjekte gegenüber öffentlichen Energieunternehmen und hiermit der Funktionstrennung zwischen Staat und Gesellschaft soll nur kurz hingewiesen werden.

Die Vorschriften des Wettbewerbsrechts, insbesondere die §§ 26 II GWB (Diskriminierungsverbot) und 1 UWG (unlauterer Wettbewerb), begegnen dem Mißbrauch der wirtschaftlichen Macht öffentlicher Energieunternehmen im privatrechtlichen Geschäftsverkehr. Der Schutz des Wettbewerbs kann außerhalb der Sonderregelungen des GWB und UWG auch über § 138 BGB gelingen[495].

Das Subsidiaritätsprinzip ist verwirklicht in § 65 I Nr. 1 BHO und in einigen landesgesetzlichen Nachfolgebestimmungen zu § 67 I DGO. Gem. § 65 I Nr. 1 BHO soll sich der Bund an einem Unternehmen in privatrechtlicher

---

492 Emmerich, ... öffentliche Unternehmen, S. 83 f. m.w.N.; S. 357 m.w.N.; Monopolkommission (Fn. 1), Tz. 735.

493 „Stern" v. 23. 2. 1984, S. 120.

494 s. o. 1. Abschn. II. 3. c) a. E.

495 Ausführlich Emmerich, ... öffentliche Unternehmen, S. 134.

Organisationsform nur beteiligen, wenn er ein öffentliches Interesse verfolgt, das sich nicht besser und wirtschaftlicher auf andere Weise erreichen läßt. Ähnliches gilt nach den Subsidiaritätsklauseln des Kommunalrechts einiger Länder (z. B. Art. 75 Bay GO; § 88 GO NW, § 108 NGO) für die gemeindliche energiewirtschaftliche Betätigung[496]. Da die Sicherung der Energieversorgung als öffentlicher Zweck anerkannt ist, bzw. die Bestimmung dieses öffentlichen Zwecks den zuständigen staatlichen Organen nach politischem Ermessen obliegt, wirken sich die genannten Normen praktisch nicht als Barriere gegen öffentliche Energieunternehmen aus.

[496] Vgl. näher Steindorff, Wirtschaftsrecht, S. 92 - 94; Wilke / Schachel, WiVerw 1978, S. 114 f.

2. Kapitel

Zweiseitiges Zusammenwirken von Staat und (Energie-)Wirtschaft zur Sicherung der Energieversorgung (moral suasion, Selbstbeschränkungsabkommen, Energieversorgungskonzepte)

1. Abschnitt

Die Mitwirkung an staatlicher Energiewirtschaftsplanung[497] – moral suasion/Selbstbeschränkungsabkommen

I. Begriff und Anwendungsfälle

In den letzten Jahren erfolgt die staatliche Einwirkung zur Sicherung der Energieversorgung zunehmend in einer Handlungsform, die Herbert Krüger als „Wirtschaftspolitisches Mitwirkungsverhältnis (WPMV)“[498] und neue Kategorie der „Zusammenarbeit“ zwischen Staat und (Energie-)Wirtschaft[499] begrüßt und gefordert hat.

Der Staat begnügt sich nicht mehr mit einseitiger Einflußnahme, sondern bemüht sich, mittels moral suasion (z. B. psychologischer Anreize) die Wirtschaft zu bewegen, die Aufgabe der Sicherung der Energieversorgung „zu zweit“ zu erfüllen: die Wirtschaft soll an der Erstellung und Durchführung der staatlichen Energiewirtschaftsplanung mitwirken[500]. Es kommt zu einem „echten Paktieren“ zwischen Staat und Wirtschaft, das bei den einseitigen rechtlich durchorganisierten Formen der Einwirkung – insbesondere den Subventionen – nicht feststellbar ist[501]. Die zweiseitige „echte Kooperation“[502] zwischen Staat und Wirtschaft überwindet entgegen Herbert Krüger nicht als herrschaftslose Form der Wirtschaftspolitik[503] die Alterna-

---

[497] Verstanden einschließlich der Durchführung, s. o. Einl. II.

[498] H. Krüger, Das wirtschaftliche Mitwirkungsverhältnis, S. 11, 40 - 46.

[499] Ders., Von der Notwendigkeit einer freien und auf lange Sicht angelegten Zusammenarbeit zwischen Staat und Wirtschaft, S. 23.

[500] Vgl. Kaiser, NJW 1971, 588.

[501] Rüfner, DVBl. 1976, 694.

[502] Rüfner, DVBl. 1976, 693; Ipsen in: Planung II (Hrsg. J. H. Kaiser), S. 104.

[503] So die Klassifizierung J. Schlarmanns, Die Wirtschaft als Partner des Staates, S. 95 ff.

tive von Freiheit und Lenkung. Sie ist ein weiteres Mittel staatlicher Wirtschaftslenkung[504]. Die Besonderheit im Energiebereich liegt darin, daß die Kooperation häufig zwischen dem Staat und seinen öffentlichen Energieunternehmen stattfindet und somit die beiden Einwirkungsformen der zweiseitigen Kooperation und des öffentlichen Energieunternehmens gekoppelt werden.

Während die einseitige Einwirkung zur Sicherung der Energieversorgung in feste Rechts- und Organisationsformen gegossen ist, läßt sich das zweiseitige Zusammenwirken weitgehend nur als tatsächliche Handlungsform erfassen, deren schillernde Vielfältigkeit Einordnungsschwierigkeiten bereitet. Im Zentrum des zweiseitigen Zusammenwirkens von Staat und Wirtschaft zur Sicherung der Energieversorgung steht die staatliche moral suasion, die, wenn sie Erfolg hat, Kooperation veranlaßt. Diese fordert den kooperationswilligen Wirtschaftssubjekten häufig eine unternehmerische „Selbstbeschränkung" ab.

Der Begriff moral suasion hat sich für die instrumentelle Verwendung von Informationen als Mittel staatlicher Wirtschaftslenkung eingebürgert und bezeichnet alle staatlichen Versuche, mittels Informationen (lat.: informare = darstellen, unterrichten) das Verhalten der Wirtschaftssubjekte zu beeinflussen[505]. Die zahlreichen Möglichkeiten, moral suasion zu üben, lassen sich für die Zwecke der vorliegenden Untersuchung in drei wesentliche Fallgruppen unterteilen[506], die sich verbinden können. Zur besseren Kennzeichnung dient hierbei ein Rückgriff auf die wirtschaftsplanungsrechtliche Terminologie[507].

Ohne (rechtlichen) Zwang und vollzugssichernde Sanktionen arbeitet die „Seelenmassage" oder „open-mouth-policy", die Verhaltenslenkung durch Bekanntmachung von Daten und Prognosen (= indikative Planung) und Überzeugungsarbeit zu erzielen sucht.

Der psychologische Druck influenzierender Planung wird in den beiden weiteren Fallgruppen eingesetzt. Ankündigungseffekte d. h. die Androhung nachteiliger imperativer staatlicher Maßnahmen (z. B. belastender Gesetze oder Verwaltungsakte) sollen die Wirtschaftssubjekte zur Verhaltensanpassung bewegen. Denselben Zweck kann die moral suasion verfolgen, indem sie mit dem Entzug von staatlichen Förderungsmitteln oder sonstigen Vorteilen droht bzw. umgekehrt ihre Gewährung in Aussicht stellt. Wie sich gleich zeigen wird, veranlaßt die staatliche moral suasion nicht selten ein Selbstbeschränkungsabkommen der angesprochenen Wirtschaftssubjekte.

---

[504] So auch Rüfner, DVBl. 1976, 693.

[505] E. Tuchtfeldt, Moral suasion in der Wirtschaftspolitik, in: E. Hoppmann (Hrsg.), Konzertierte Aktion, S. 21 f., 23 - 26; Oldiges, WiR 1973, S. 7 f.

[506] Vgl. v. Zezschwitz, JA 1978, S. 502 f.

[507] Zu ihr Rinck, Wirtschaftsrecht, Rn. 204 - 207.

Diese verpflichten sich aufgrund der moral suasion, bei ihrer Geschäftstätigkeit im gesamtwirtschaftlichen Interesse bestimmte (Wettbewerbs-) Beschränkungen einzuhalten[508]. Kaiser[509] verwendet die prägnante Kurzformel der „industriellen Absprachen im öffentlichen Interesse".

Der Begriff des Selbstbeschränkungsabkommens setzt sich demnach aus zwei Elementen zusammen[510]. Das erste, die moral suasion, ist Ursache[511] für das zweite rechtsgeschäftliche oder rechtsgeschäftsähnliche Element, das verschiedenartig ausgestaltet sein kann. So haben die Unternehmen die Möglichkeit, jeweils gegenüber staatlichen Behörden einseitig Verpflichtungserklärungen mit übereinstimmendem Inhalt abzugeben (vertikale Selbstbeschränkung). Sie können auch untereinander eine Vereinbarung treffen (horizontale Selbstbeschränkung) oder an einer Vereinbarung untereinander den Staat beteiligen (horizontal-vertikale Selbstbeschränkung). Das Selbstbeschränkungsabkommen kann rechtsgeschäftlicher Art sein oder in einem rein tatsächlichen gentlemen's agreement bestehen, das aus moralischen, politischen oder ökonomischen Gründen bindet[512].

Unklar ist die Einordnung der Selbstbeschränkungsabkommen in das öffentliche oder private Recht[513]. Als Annäherung mag hier genügen, daß die horizontale Selbstbeschränkung zwischen Privatrechtssubjekten in der Regel dem privaten Recht zuzuordnen sein dürfte, während die vertikale Selbstbeschränkung mit dem Staat als Erklärungsempfänger oder gar Vertragsbeteiligtem normalerweise öffentlich-rechtlichen Charakter (öffentlich-rechtlicher Vertrag) tragen wird[514]. Auf Einzelheiten ist – soweit notwendig – bei der Bestimmung der (verfassungs-)rechtlichen Grenzen der zweiseitigen Kooperation zurückzukommen.

Ihren Ausgangspunkt nahm die zweiseitige Kooperation zwischen Staat und Wirtschaft zur Sicherung der Energieversorgung Ende der fünfziger Jahre mit dem Bemühen, den Absatz der deutschen Steinkohle gegenüber dem schnell vordringenden Mineralöl zu schützen.

---

508 Vgl. die zahlreichen allgemeinen Umschreibungen der Selbstbeschränkungsabkommen z. B. in: Schlarmann (Fn. 503), S. 123; Kaiser, NJW 1971, 587; Ipsen in Planung II (Hrsg. J. H. Kaiser), S. 82, 92, 100 f., 103; Gygi in Planung II, S. 134; Markert in Planung IV (Hrsg. J. H. Kaiser), S. 191; Rinck, Wirtschaftsrecht, Rn. 214; Stober, Wirtschaftsverwaltungsrecht, Rn. 341.

509 NJW 1971, 587.

510 Vgl. Oldiges, WiR 1973, S. 7 - 13; v. Zezschwitz, JA 1978, 501 f.; ausführlich zur Dogmatik: U. Bahntje, Gentlemen's agreements und abgestimmtes Verhalten 1982.

511 So auch Immenga, Politische Instrumentalisierung des Kartellrechts? 1976, S. 12; a. A. W. Horstmann, Selbstbeschränkungsabkommen und Kartellverbot, 1977, S. 145, der die staatliche Veranlassung nicht als Voraussetzung eines Selbstbeschränkungsabkommens ansieht.

512 Oldiges, WiR 1973, S. 12.

513 Ausführlich hierzu: Hans Baumann, Rechtsprobleme freiwilliger Selbstbeschränkung, jur. Diss., 1978, S. 43 - 50.

514 Oldiges, WiR 1973, S. 10 f.; v. Zezschwitz, NJW 1978, S. 501 f.; NJW 1983, 1873 ff. (1876 f.).

Auf Drängen der Bundesregierung, die eine Erhöhung der Heizölsteuer androhte, kam es zum Abschluß des sog. **(1)** *„Kohle-Öl-Kartells“* v. 20. 12. 1958 zwischen fünf Mineralöl- und drei Bergbauunternehmen[515], das der Bundeswirtschaftsminister am 17. 2. 1959 gem. § 8 I GWB genehmigte. Um die Zuwachsraten des schweren Heizöls zu begrenzen, sah das Selbstbeschränkungsabkommen vor allem feste Heizöl-Mindestpreise und einen Verzicht auf die Anwerbung neuer Heizöl-Abnehmer vor. Wenige Monate später scheiterte es an nicht einbezogenen Außenseitern.

Massive moral suasion der Bundesregierung brachte in Jahren *1964 und 1965* die **(2)** *„Selbstbeschränkung auf dem Heizölmarkt“* zustande, die in zwei wesentlichen Abkommen vom 17. 11. 1964 und 20. 5. 1965 ausgehandelt wurde und bis 1968 (leichtes Heizöl) bzw. 1971 (schweres Heizöl) Bestand hatte[516].

a) Am 13. 11. *1964* erklärte der damalige Bundeswirtschaftsminister Schmücker im Bundestag, die Bundesregierung sei fest entschlossen, in die Entwicklung des Mineralölmarktes einzugreifen und von Einfuhrbeschränkungsmöglichkeiten gem. § 10 AWG Gebrauch zu machen, falls die Mineralölindustrie nicht auf die Absatzsituation des Steinkohlenbergbaues Rücksicht nähme. Dieser Druck veranlaßte neun führende Mineralölkonzerne mit einem Marktanteil von zusammen 85 %, am 17. 11. *1964* gleichlautende Verpflichtungserklärungen gegenüber dem Bundeswirtschaftsminister abzugeben, die in einem Dokument festgehalten wurden. Sie versprachen, bei schwerem und leichtem Heizöl Kartellistenpreise einzuhalten, ihnen zugeteilte Absatzquoten nicht zu überschreiten sowie nur mit Genehmigung des Bundeswirtschaftsministers den Stromerzeugern schweres Heizöl und Raffineriegas anzubieten. Die Unternehmen machten nach den Erfahrungen mit dem Kohle-Öl-Kartell 1958 zur Bedingung, daß die Bundesregierung wirksame Maßnahmen gegen Außenseiter ergriff. Dies geschah, indem die Bundesregierung schon im Dezember 1964 gemäß § 10 AWG eine Verordnung über die Lizenzpflicht von Rohöl- und Heizölimporteuren erließ. Zudem verabschiedete der Bundestag auf Initiative der Regierung das Mineralölbevorratungsgesetz vom 9. 9. 1965 und das Gesetz über die Einführung einer Meldepflicht für Raffinerie- und Rohrleitungsneubauten.

Eine kartellrechtliche Genehmigung der Vereinbarung unterblieb.

Die Durchführung der Selbstbeschränkung beim schweren Heizöl gelang problemlos mit Hilfe der „Arbeitsgemeinschaft Erdölgewinnung und -ver-

---

[515] Biedenkopf, Zur Selbstbeschränkung auf dem Heizölmarkt, BB 1966, 1113; WuW/ E 1959, BWM, 117 f.; v. Zezschwitz, JA 1978, 498; Baumann (Fn. 513), S. 12 f.; Monopolkommission (Fn. 1), Tz. 826.

[516] Zum folgenden: Biedenkopf, BB 1966, 1113 - 1116; v. Zezschwitz, JA 1978, 498 f.; Baumann (Fn. 513), S. 13 - 18; R. Schellack, Die Selbstbeschränkung der Mineralölwirtschaft, Diss., 1968, S. 31 - 78; Schlarmann (Fn. 503), S. 118 - 120.

arbeitung" (AEV), die nach Absprache mit dem Bundeswirtschaftsminister den Verteilerschlüssel für die Absatzquoten der beteiligten 20 Raffineriegesellschaften ausarbeitete und die Individualquoten zuwies.

b) Die heterogene Struktur der etwa 120 Anbieter auf dem Markt für leichtes Heizöl verhinderte zunächst eine wirksame Selbstbeschränkung auf diesem Markt. In einer Vereinbarung – sog. *„Grundsätzen" – vom 20. 5. 1965* verständigten sich die Mineralölunternehmen im Rahmen vom Bundeswirtschaftsminister vorgegebener Richtlinien auf bestimmte Angebots- und Absatzquoten bei leichtem Heizöl und Mitteldestillaten. Die Abstimmung des Absatzes und der Quoten führte ein am 19. 10. 1965 gegründeter „Koordinationsbeirat" aus Vertretern der Mineralölgesellschaften durch. Als dennoch Mißbräuche auftraten und die Gesamtquote überschritten wurde, erteilte der Bundesminister für Wirtschaft dem Bundesamt für gewerbliche Wirtschaft am 7. 12. 1966 die Weisung, Einfuhrlizenzen für Mineralöl denjenigen Importeuren nicht mehr zu erteilen, die beim Bundeswirtschaftsminister keine schriftliche Selbstbeschränkungserklärung hinterlegt hatten. Stattdessen sollte das Bundesamt die Lizenzanträge „zur statistischen Überprüfung" nach Bonn weiterleiten. Die dadurch entstehenden Verzögerungen der Einfuhrgenehmigungen empfanden die Außenseiter als existensbedrohend. Im Jahre 1967 wurde die Gesamtquote erstmals eingehalten.

Liefert die Selbstbeschränkung auf dem Heizölmarkt das Musterbeispiel eines Selbstbeschränkungsabkommens aufgrund mit imperativen Ankündigungseffekten arbeitender moral suasion[517], so bietet die **(3)** *Gründung der Ruhrkohle AG 1968* ein Vorbild für die Fallgruppe der moral suasion, in welcher der Staat psychologischen Druck mit Hilfe staatlicher Förderungsmittel erzeugt. Das SteinkohlenanpassungsG[518] 1968 zielte gem. § 18 auf die Bildung einer Gesellschaft ab, in welcher der Gesetzgeber gegenüber den dahin existierenden selbständigen Bergbaugesellschaften die „optimale Unternehmensgröße" sah. Von den Feststellungen des Bundesbeauftragten, ob ein Bergbauunternehmen die „optimale Unternehmensgröße" erreichte, hing die Gewährung in § 21 des Gesetzes genannter Subventionen ab. Hierin und in der Zusage zusätzlicher staatlicher Förderungen und Bürgschaften in Milliardenhöhe lag der Hebel zur Gründung der Ruhrkohle AG als Gesamtgesellschaft im Sinne des § 18 II SteinkohlenanpassungsG, da die Mehrzahl der Zechen existenziell auf Subventionen angewiesen war. Bundesregierung, Landesregierung NRW, Bergbaugesellschaften und -gewerkschaft einigten sich am 14. 6. 1969 im „Bonner Papier" über die Gründung der Ruhrkohle AG durch 22 Bergbauunternehmen. In einer zweiten Stufe

---

[517] s. o. I. am Anfang.

[518] s. o. 1. Kap. 1. Abschn. II. 1. a); näher zum folgenden: Jarass, Formen (Fn. 10), S. 510 f. m.w.N.; v. Zezschwitz, JA 1978, 499, 503, 504 m.w.N.; Monopolkommission (Fn. 1), Tz. 830.

schlossen die Bundesrepublik, die Bergbauunternehmen und die Ruhrkohle AG selbst den Gründungsvertrag der Ruhrkohle AG[519]. Er enthält u. a. die Verpflichtung des Bundes zu Anpassungshilfen, Bürgschaften, Zinszuschüssen und Stillegungsprämien, die Einbringung der zu übernehmenden Gesellschaften und die Satzung der AG. Damit war es der Bundesregierung erfolgreich gelungen, die einzelnen Bergbauunternehmen in einem Selbstbeschränkungsabkommen zur Aufgabe ihrer unternehmerischen Selbständigkeit zu bewegen und zu bloßen Aktionären der Ruhrkohle AG zu werden.

In den folgenden Jahren fand das mittels staatlicher moral suasion veranlaßte zweiseitige Zusammenwirken zwischen Staat und Wirtschaft in allen Energiebereichen seinen festen Platz. Aufgrund eines festumrissenen Konzepts, das die Bundesregierung in ihrem Energieprogramm und seinen drei Fortschreibungen festlegte[520], versuchte die Bundesregierung ständig, die Unternehmen zu einem kooperativen Verhalten zu veranlassen. Im Vordergrund stand hierbei die Politik des „Weg vom Öl" und das gleichzeitige Bemühen, die Ölversorgung der Bundesrepublik zu sichern.

Hohe Subventionszusagen des Bundes führten im Jahre 1969 über das Basisprogramm für die deutsche Erdölversorgung und die Neugründung der DEMINEX zum **(4)** *Vertrag v. 17. 7. 1969 zwischen dem Bund und der DEMINEX*[521]. Dieser Vertrag enthält ein Selbstbeschränkungsabkommen wonach die DEMINEX bestimmte Erdölversorgungsaufgaben[522] wahrzunehmen hat, die der Bund mit erheblichen Subventionen – bis 1986 ca. 2,7 Milliarden DM – fördert. Da die DEMINEX mit ihren Gesellschaftern die Eigenschaft eines öffentlichen Energieunternehmens teilt, läßt sich ein Zusammenspiel der drei Einwirkungsformen der Subvention, des öffentlichen Energieunternehmens und der zweiseitigen Kooperation zwischen Staat und Wirtschaft verzeichnen.

Ebenfalls der langfristig sicheren Versorgung mit Mineralöl sollte der **(5)** *Zusammenschluß der VEBA AG mit der Gelsenberg AG im Jahre 1974* dienen, den die Bundesregierung als Kernstück einer noch zu bildenden Deutschen Erdöl AG herbeigeführt hatte[523]. Das Ziel war ein großes deutsches Mineralölunternehmen mit sicherem Zugang zu den Rohölquellen. Den Zusammenschluß und damit eine Kooperation zwischen Staat und Wirtschaft im Sinne der von der Bundesregierung verfolgten Politik zur Siche-

---

519 v. Zezschwitz, JA 1978, 499; Jarass, Formen (Fn. 10), S. 511 m.w.N.

520 (Fn. 2).

521 Ausführlich hierzu; s. o. 1. Kap. 2. Abschn. I. 2. c).

522 s. o. 1. Kap. 2. Abschn. I. 2. d).

523 Dazu schon s. o. 1. Kap. 2. Abschn. I. 2. b); Monopolkommission VEBA/Gelsenberg (Fn. 267), S. 18 - 21; Monopolkommission (Fn. 1), Tz. 832, 840; Energieprogramm der BReg 1973 (Fn. 2), Tz. 22, 23; Emmerich, JUS 1974, 666 - 668; Michaelis, Energiewirtschaft und Wettbewerb in Recht – Technik – Wirtschaft (Hrsg. R. Lukes), Band 4, S. 161.

rung der Energieversorgung erreichte die Bundesregierung letztlich nicht durch moral suasion, sondern den Einsatz öffentlicher Energieunternehmen. Nachdem im Jahre 1967 auf Veranlassung der Bundesregierung aufgenommene Verhandlungen zwischen VEBA und Gelsenberg gescheitert waren, veranlaßte die Bundesregierung im Frühjahr 1969 das RWE, 43 % des Gelsenberg-Aktienkapitals für rund 500 Millionen DM zu erwerben. Im Dezember 1973 übernahm der Bund vom RWE das mittlerweile auf 48,3 % aufgestockte Aktienpaket für 641 Millionen DM. Der Bund erhöhte dann seine Beteiligung an der Gelsenberg auf 51,3 % und übertrug im Mai 1974 treuhänderisch die Ausübung seines Stimmrechts auf die VEBA.

Der Umtausch der Gelsenberg-Aktien gegen VEBA-Aktien Ende 1974 vollendete den Zusammenschluß beider Unternehmen. Obwohl die Gelsenberg AG durch den Zusammenschluß mit der VEBA AG ihre Selbständigkeit verlor, fehlte es insoweit im Gegensatz zum Gründungsvertrag der Ruhrkohle AG und dem Vertrag zwischen DEMINEX und Bund an einem Selbstbeschränkungsabkommen. Denn der Bund erwirkte den Zusammenschluß nicht durch moral suasion, sondern durch die interne Steuerung der VEBA und Gelsenberg aufgrund seiner Aktionärsrechte. Es fehlte somit an dem für ein Selbstbeschränkungsabkommen wesentlichen Kausalzusammenhang zwischen moral suasion und selbstbeschränkender Vereinbarung, der erst die Unternehmenskooperation zu einem Selbstbeschränkungsabkommen als Mittel staatlicher Wirtschaftslenkung qualifiziert[524]. Erst dieser Kausalzusammenhang läßt nämlich die moral suasion und damit das Selbstbeschränkungsabkommen zur effektiven staatlichen Steuerung werden.

Ein zweiseitiges Zusammenwirken zwischen Staat und Energiewirtschaft zur Sicherung der Ölversorgung geschieht auf allgemeiner Ebene in **(6)** *Beratungen zwischen dem Bundeswirtschaftsminister und der Mineralölwirtschaft* über die Entwicklung der Versorgungsbedingungen, den Ausbau der Raffineriekapazitäten und die Entwicklung der Produkteneinfuhren[525]. Im Rahmen des **(7)** *Mineralölinformationssystems des IEP*[526] arbeiten Teilnehmerstaaten und Mineralölunternehmen eng zusammen, um die für ein Krisenmanagement benötigten Daten zusammenzutragen[527]. Einen Beitrag zur **(8)** *Verminderung des Verbrauchs an schwerem Heizöl in Kraftwerken hat die Elektrizitätswirtschaft der Bundesregierung im Wege der Selbstbindung 1980 angeboten*[528]. Das Angebot erfolgte, nachdem die Bundesregierung in der Regierungserklärung vom 24. 11. 1980 die Vorlage eines Gesetzentwurfs zur Beendigung des Öleinsatzes in Kraftwerken angekündigt hatte

---

524 s. o. I. einleitend.

525 Energieprogramm der Bundesregierung 1973 (Fn. 2) Tz. 32.

526 Hierzu s. o. 1. Kap. 1. Abschn. I. 1.

527 Dolinski / Ziesing (Fn. 36), S. 96.

528 3. Fortschreibung (Fn. 2), Tz. 73.

und bildet somit ein weiteres Selbstbeschränkungsabkommen, das aufgrund mit imperativen Ankündigungseffekten arbeitender moral suasion zustandegekommen ist[529].

In der ebenfalls von hoher Importabhängigkeit gekennzeichneten Erdgasversorgung hat sich nach den eigenen Worten der Bundesregierung ein **(9)** *„System wirksamer Kooperation" zwischen Staat und Erdgaswirtschaft bei den Erdgasimporten* entwickelt[530].

Die Hilfe der Bundesregierung und der Landesregierungen variiert je nach Bedarf von allgemeiner politischer Unterstützung über zwischenstaatliche Vereinbarungen bis zu Bürgschaften. Im Mittelpunkt der Kooperation stehen die vier Erdgasverträge zwischen der UdSSR und der Ruhrgas AG, die unter Mitwirkung der Bundesregierung zustandegekommen sind. In die Verträge einbezogen sind die Lieferung von Röhren und Anlagen an die UdSSR durch verschiedene westeuropäische Industrieunternehmen. Der vierte Erdgasvertrag aus dem Jahre 1981 als „Jahrhundertgeschäft" mit einer zwanzigjährigen Laufzeit hat ein Volumen von ca. 300 - 500 Milliarden DM. Beteiligt sind allerdings nicht nur die Bundesrepublik mit der Ruhrgas als Importeur, sondern weitere 5 westeuropäische Länder. Die Ruhrgas AG hat sich zu einer bestimmten jährlichen Abnahmemenge verpflichtet und trägt das volle unternehmerische Risiko, das bezogene Gas absetzen zu können. Es handelt sich um jährlich 12 Milliarden Kubikmeter zum Bezugspreis von 4,5 Mrd. DM. Die Gasverträge sind somit „normale" schuldrechtliche Austauschverträge, die keine unternehmerische Beschränkung im Sinne eines Selbstbeschränkungsabkommens enthalten. Die Bundesregierung hat die *Probleme der Lieferabhängigkeit* „mit der Wirtschaft und ihren wesentlichen Partnern *sorgfältig beraten*"[531].

Die bezogenen Erdgasmengen können nur abgesetzt werden, wenn das Erdgas gegenüber anderen Energieträgern preislich wettbewerbsfähig ist. Da jedoch eine Preisbindung an dem Öl- bzw. sonstigen Wärmepreis („anlegbarer Preis") verbreitet ist[532], *setzt* sich die Bundesregierung *dafür ein* (moral suasion), daß Gasexporteure und -importeure nicht durch die Bindung der Gaspreise an die Rohölpreise das Erdgas wettbewerbsunfähig machen.

In gleicher Weise wie beim Erdgasimport unterstützt die Bundesregierung deutsche Urangesellschaften beim **(10)** *Uranimport* – abgesehen von Sub-

---

529 s. o. I. einleitend.

530 Energieprogramm 1973 (Fn. 2), Tz. 35 - 37; 3. Fortschreibung (Fn. 2), Tz. 104, 105; Dolinski / Ziesing (Fn. 36), S. 328 i.V.m. 122 - 124; „Die Zeit" v. 20. 11. 1981, „Energie-Vasall Bundesrepublik?", S. 33.

531 3. Fortschreibung (Fn. 2), Tz. 105.

532 Monopolkommission (Fn. 1), Tz. 634 - 640; auch in der Ruhrgas halten Ölgesellschaften die Mehrheit der Kapitalanteile, s. o. S.

ventionen – durch politische Maßnahmen. So können deutsche Urangesellschaften aufgrund eines mit Brasilien abgeschlossenen Außenhandelsvertrages brasilianisches Uran importieren[533].

Mit dem Ziel, die *Fernwärme* zu stärken, hat die Bundesregierung die Fernwärmewirtschaft, die Vereinigung Industrielle Kraftwirtschaft (VIK), den Bundesverband der Deutschen Industrie (BDI) und den Verband Kommunaler Unternehmen (VKU) zu einer *Vereinbarung* veranlaßt, in der sich die Verbände verpflichten, **(11)** *industrielle Abwärme* verstärkt zu nutzen d. h. anzubieten und abzunehmen[534].

Auf dem Sektor der *Energieeinsparung* hat die Bundesregierung gleichfalls das Mittel der moral suasion erfolgreich eingesetzt und Selbstbeschränkungen der Wirtschaftssubjekte erwirkt. Im April 1979 hat die westdeutsche **(12)** *Automobilindustrie* der Bundesregierung zugesagt, die Kraftstoffverbrauchswerte bis 1985 um 12 % zu verringern und nach Bedarf Kraftfahrzeuge für den Betrieb mit alternativen Kraftstoffen (z. B. Flüssiggas) anzubieten[535]. Weiterhin hat die Automobilindustrie der Bundesregierung versprochen, daß ab 1981/1982 alle neuen Fahrzeuge für eine Beimischung von Methanol (Alkoholkraftstoff) bis zu 15 % ausgelegt sein sollen[536]. Anfang 1980 haben die Hersteller von **(13)** *Elektro- und Gashaushaltsgeräten* der Bundesregierung die Zusage gegeben, den Energieverbrauch ihrer Geräte erheblich zu senken[537].

Weitere Energiesparmöglichkeiten bietet die Einspeisung **(14)** *des in industriellen Eigenanlagen erzeugten Stroms in das Netz der öffentlichen Elektrizitätsunternehmen.* Dem stand in der Vergangenheit das Interesse der öffentlichen Elektrizitätsunternehmen an möglichst geschlossenen Versorgungsgebieten entgegen, was zu Behinderungen der Einspeisung des Industriestroms führte[538].

So wurden nur geringe Vergütungen für die Einspeisung geboten, dagegen ein hoher Preis für die Zusatz- und Reservestromversorgung der Industrie verlangt. Für „Durchleitungen" stellten die öffentlichen Elektrizitätsunternehmen ihr Netz nicht zur Verfügung. Da die industrielle Eigenversorgung in besonderem Maße die Kraft-Wärme-Kopplung und mit ihr einen doppelt so hohen Ausnutzungsgrad der eingesetzten Primärenergie wie in herkömmlichen Kondensationskraftwerken ermöglicht, *drängte* die Bundesregierung die öffentlichen Energieunternehmen zu einer Änderung ihres Verhaltens

---

[533] Dolinski / Ziesing (Fn. 36), S. 329 i.V.m. S. 132 ff. (137).

[534] 3. Fortschreibung (Fn. 2), Tz. 91.

[535] 3. Fortschreibung (Fn. 2), Tz. 57.

[536] 3. Fortschreibung (Fn. 2), Tz. 62.

[537] 3. Fortschreibung (Fn. 2), Tz. 46.

[538] Evers (Fn. 284), S. 138, 140; Monopolkommission (Fn. 1), Tz. 745; Emmerich (Fn. 430), S. 47.

und erreichte eine *Vereinbarung zur stromwirtschaftlichen Zusammenarbeit vom 1. 8. 1979* zwischen den Verbänden VDEW (Vereinigung Deutscher Elektrizitätswerke), BDI (Bundesverband der Deutschen Industrie) und VIK (Vereinigung der Industriellen Kraftwirtschaft)[539]. In ihr werden die Bedingungen der Einspeisung des Industriestroms in das Netz der öffentlichen Elektrizitätsunternehmen im Hinblick auf Einsparungsmöglichkeiten (kein Kontrahierungszwang) Vergütung, Zusatz- und Reservestromversorgung, nicht aber Durchleitung (bis auf die Versorgung eigener abgelegener Betriebsstätten) verbessert, soweit es durch die Einspeisung zu einer Reduzierung des Primärenergieverbrauches bei der Stromerzeugung kommt. Die Bundesregierung erreichte somit auf Seiten der öffentlichen Energieunternehmen eine Selbstbeschränkung im Interesse der Sicherung der Energieversorgung.

Um den Absatz der westdeutschen Steinkohle zu sichern, haben die öffentlichen Elektrizitätsunternehmen ein großes Opfer in Form des sog.
(15) *„Jahrhundertvertrages" vom 23. 4. 1980* erbracht. Dieser Vertrag zwischen der Vereinigung Deutscher Elektrizitätswerke (VDEW) und dem Gesamtverband des deutschen Steinkohlebergbaus (GVST), dem fast alle öffentlichen Stromerzeuger (44) und alle 6 Steinkohlenbergbauunternehmen beigetreten sind, sieht zusammen mit einem Parallelvertrag zwischen GVST und VIK (Vereinigung industrielle Kraftwirtschaft) für 1981 bis 1995 die Verstromung von 640 Mio. Tonnen deutscher Steinkohle im Werte von 130 Milliarden DM (Wert 1980) vor[540]. Die Bundesregierung hat nach den Worten des Ministerialdirektors im Bundeswirtschaftsministerium, U. Engelmann, nachdrücklich auf einen schnellen Abschluß dieses Vertrages hingewirkt[541].

Conditio sine qua non dieses Vertrages war außerdem der Einsatz des Subventionsinstruments und die Abmilderung imperativer Importrestriktionen. Das novellierte 3. Verstromungsgesetz[542] verlängert insbesondere die Ausgleichsabgabe („Kohlepfennig")[543] für 22 Mio. Tonnen deutscher Steinkohle – genauer: Gemeinschaftskohle – im Kraftwerkseinsatz (= „Grundmenge") bis 1995, um den Kohlepreis auf das Niveau des Ölpreises herabzuschleusen. „Zusatzmengen" im Kraftwerkseinsatz werden abhängig von der tatsächlichen Preisentwicklung der erheblich billigeren Importkohle sub-

[539] 3. Fortschreibung (Fn. 2), Tz. 78; ET (Energiewirtschaftliche Tagesfragen) 1979, 706 - 708; Evers (Fn. 284), S. 140 f.

[540] Engelmann, ET 1980, 494; Bergbau-Information v. 24. 4. 1980; VDEW-Mitglieder-Rundschreiben Heft 4/April 1980.

[541] ET 1980, 494; „Die Zeit" v. 24. 2. 1984 – „Schaden für die Kohle" – spricht von „mehr oder weniger sanftem Druck der Bundesregierung".

[542] i.d.F. v. 17. 11. 1980, BGBl. I. 2138; Engelmann, ET 1980, 494 f.

[543] s. o. 1. Kap. 1. Abschn. I. 1., II. 1. a).

ventioniert. Die Änderung des Kohlezollkontingentgesetzes[544] führt für nicht subventionierte „Neumengen"[545] Anrechtsscheine auf Importkohle ein und gibt höhere Importkohlekontingente.

Die durch die gebündelte moral suasion der Bundesregierung herbeigeführte Selbstbeschränkung der öffentlichen Stromerzeuger liegt darin, daß sie sich über den im Wirtschaftsleben sehr langen Zeitraum von 15 Jahren zu einem festen Bezug einer enormen Menge deutscher Steinkohle (bis 1995 etwa die Hälfte der erstrebten Jahresproduktion von 100 Millionen Tonnen[546]) verpflichtet haben, obwohl die heimische Kohle gemessen an Importkohle, Kernenergie und anderen Einsatzstoffen teuer ist[547]. Die VDEW hat sich, so ihr Verhandlungsführer Günther Niehage, im gesamtwirtschaftlichen Interesse der langfristigen Sicherung der Energieversorgung zum Vertrag entschlossen, zumal ihr gleichzeitig Kohleimportmöglichkeiten eröffnet werden.

Niehage betont, der Beitritt der einzelnen öffentlichen Elektrizitätsunternehmen sei trotz der betriebswirtschaftlichen Bedenken freiwillig erfolgt[548]. Welch große Bedeutung der „Jahrhundertvertrag" für die Energiewirtschaftsplanung hat, läßt sich der Bewertung seitens der Vorstandsvorsitzenden des GVST und VDEW, Bund und Boeck, entnehmen, denen zufolge der Vertrag eindeutig die Arbeitsteilung zwischen Steinkohle und Kernenergie klarstellt sowie die Planungs- und Entscheidungsgrundlagen für die langfristige Energieversorgung liefert[549]. Dieser Steuerungseffekt entsteht, wie sich gezeigt hat, durch Kumulierung der Einwirkungsformen des Eingriffs, der Subvention, des öffentlichen Energieunternehmens und der Kooperation.

Neben dem „Jahrhundertvertrag" bildet der **(16)** ***„Hüttenvertrag"*** die zweite Absatzsäule der Ruhrkohle AG[550]. Er regelt als Anlage zum Gründungsvertrag der Ruhrkohle AG 1968[551] als Ersatz für den bis dahin bestehenden Kohle-Stahl-Verbund die Lieferbeziehungen zwischen der Ruhrkohle AG und den meisten westdeutschen Stahlhütten[552]. Die Ruhrkohle AG verpflichtet sich darin, den vollen Bedarf der Vertragshütten an festen Brennstoffen (Kokskohle) zu decken.

---

544 Bundesratsdrucksache 182/80 v. 28. 3. 1980; Engelmann, ET 1980, 495.

545 Definition in § 5 VI Nr. 4 des 3. VerstromG (Fn. 542).

546 Engelmann, ET 1980, 494; „Die Zeit" v. 24. 2. 1984, S. 27.

547 Bergbau-Information v. 24. 4. 1980, S. 2 f.

548 Bergbau-Information v. 24. 4. 1980, S. 2 f.

549 Bergbau-Information v. 24. 4. 1980, S. 2 f.

550 3. Fortschreibung (Fn. 2), Tz. 13; Frankfurter Allgemeine Zeitung v. 17. 4. 1985 – „Teurer Koks"; Hannoversche Allgemeine Zeitung v. 10. 1. 1985, S. 5; „Die Zeit" v. 24. 2. 1984, S. 27; Monopolkommission (Fn. 1), Tz. 651 - 654.

551 s. o. I. zu (3).

552 Aufzählung in Monopolkommission (Fn. 1), Tz. 651 Fn. 65.

Im Gegenzug verpflichten sich die Hütten, ausschließlich von der Ruhrkohle AG die benötigten festen Brennstoffe zu beziehen. Sie brauchen der Ruhrkohle AG nur den „Wettbewerbspreis" zahlen, der am Weltmarkt ermittelt wird. Die Differenz zwischen diesem und dem in der Regel deutlich höheren Ruhrkohle-Preis gleicht die vom Bund und Land Nordrhein-Westfalen an die Ruhrkohle AG gezahlte Kokskohlenbeihilfe zum größeren Teil aus[553]. Den restlichen „Selbstbehalt" teilen sich die Ruhrkohle AG und die Stahlhütten je nach Ertragslage. Da der Hüttenvertrag 1988 ausläuft, finden Neuverhandlungen zwischen den Vertragspartnern unter Beteiligung des Bundeswirtschaftsministers und der Landesregierung NRW statt. Die Stahlhütten sind nicht länger zur bisherigen Selbstbeschränkung in Form des Selbstbehalts bereit. Hohe Kokskohlenpreise fördern neue Verhüttungsverfahren, bei denen Koks teilweise oder ganz durch Heizöl, Erdgas oder entsprechend aufbereitete Braunkohle ersetzt wird[554]. Der Substitutionswettbewerb des Heizöls und Erdgases bei der Stahlerzeugung bleibt durch den Hüttenvertrag unberührt, da dieser sich nur auf feste Brennstoffe bezieht.

Ein neues Kapitel im zweiseitigen Zusammenwirken zwischen Staat und Energiewirtschaft (öffentlichen Energieunternehmen) ist in jüngster Zeit unter der Überschrift **(17)** *örtliche und regionale Energieversorgungskonzepte* aufgeschlagen worden. Es beinhaltet Versuche, in kooperativer Weise in stärkerem Maße als bisher das Verhältnis der leitungsgebundenen Energieträger Fernwärme, Erdgas und Strom und mittelbar der nicht leitungsgebundenen Brennstoffe Kohle und Erdöl auf dem Niedertemperaturwärmemarkt zu planen. Dieser vielschichtigen Problematik wird im nächsten Abschnitt gesondert nachgegangen.

II. Folgen der Mitwirkung an staatlicher Energiewirtschaftsplanung für (Wirtschafts-)Freiheit und Unterscheidung von Staat und Gesellschaft

Mit der geschilderten Kooperation zwischen Staat und (Energie-)Wirtschaft scheint spätestens der Punkt erreicht, an dem nicht mehr in den Kategorien der (Wirtschafts-)Freiheit und ihrer Vorbedingung, der Unterscheidung von Staat und Gesellschaft, gedacht werden kann[555]. In der Tat begreift Herbert Krüger[556] die Zusammenarbeit zwischen Staat und Wirtschaft als einen dritten Modus des Verhältnisses von Staat und Wirtschaft,

[553] s. o. 1. Kap. 1. Abschn. II 1. b).

[554] Monopolkommission (Fn. 1), Tz. 653.

[555] Dazu s. o. Einl. I.

[556] H. Krüger, Zusammenarbeit, S. 13 - 17, 23; ders., Wirtschaftspolitisches Mitwirkungsverhältnis (WPMV), S. 27 ff. (32 f.).

der die Alternative zwischen Freiheit des Beliebens („Zufall") und Unterworfenheit unter staatliche Lenkung überwinde; Planung sei nicht notwendig identisch mit Lenkung d. h. Freiheitsverkürzung. Bleibe es bei der Alternative von Freiheit und Lenkung, so müsse der Staat, da er und die Wirtschaft existenziell aufeinander angewiesen seien, unerträglich lenkend in die Freiheit eingreifen. Nach Krügers Ansicht bieten „Argument" und „Datum", also die oben angesprochenen Formen der moral suasion, den Ausweg. Diese Form der staatlichen „befehl- und zwanglosen Wirtschaftsbeeinflussung" belasse dem Wirtschaftssubjekt seine Freiheit, weil es auch die dem Staat unerwünschte Entscheidung treffen könne.

Krüger fällt diese Art von „Systemüberwindung" leicht, da er selbstbestimmter Freiheit mißtraut. Er hält es für einen „optimistischen Wahn", die Freiheit werde von selbst für das Erforderliche sorgen. Folglich verläßt er den Boden des allgemeinen Verständnisses von Freiheit. Sie bedeutet für ihn nicht mehr nur Selbstbestimmung, sondern nimmt in sich das Element der Pflicht auf. Sie müsse die Bereitschaft umfassen, Argumente zu hören und Daten zu beachten – im Klartext: staatlicher moral suasion Folge zu leisten.

Den Gedankengang Krügers entwickelte Saladin mit Blick auf die großen (Energie-)Unternehmen weiter[557], die seiner Auffassung nach wegen ihrer vor allem wirtschaftlichen Bedeutung in einen öffentlichen Status hineingewachsen sind, vergleichbar mit dem der Parteien, großen Verbände oder Kirchen. Er hält es darum für absurd, auf der Grundlage des Modells einer Unterscheidung von Staat und Gesellschaft, die durch große (Energie-) Unternehmen geprägte Wirtschaft und den Staat einander zuzuordnen[558]. Konsequenterweise billigt er den Unternehmen nicht mehr Freiheit, sondern nur noch „Autonomie" zu als Abschichtung einer gewissen Sphäre eigener Verantwortlichkeit des großen Unternehmens im Gefäß der – öffentlichen – Verantwortung[559] und fordert demzufolge eine Mitwirkung des Staates an den unternehmerischen Investitionsentscheidungen[560].

Soweit Krüger und Saladin das zweiseitige Zusammenwirken von Staat und Wirtschaft – großen (Energie-)Unternehmen – auf der Ebene der Tatsachen als weiteres Stück Überwindung der Unterscheidung von Staat und Gesellschaft ansehen, muß ihnen beigepflichtet werden[561]. Verfehlt ist es jedoch, diesem Faktum normative Kraft derart beizumessen, daß der Freiheitsbegriff dem neuen tatsächlichen Verhältnis von Staat und Wirtschaft angepaßt wird. Auch im Verhältnis der zweiseitigen Kooperation sind die

---

557 VVDStRL 35 (1977), 28 - 49.

558 VVDStRL 35 (1977), 34 - 36.

559 VVDStRL 35 (1977), 40 - 42.

560 VVDStRL 35 (1977), 47 f.

561 So auch Oldiges, WiR 1973, 19; Scholz (Fn. 220), S. 114 f.; U. Immenga, Politische Instrumentalisierung des Kartellrechts? 1976, S. 3 ff.

Wirtschaftssubjekte der staatlichen Macht ausgeliefert, die zu „aufgenötigten Freiheitsbeschränkungen“[562] führen kann, die von grundrechtlicher Individualfreiheit nicht mehr viel übrig lassen[563]. Die aufgezeigten Formen der Planung durch Kooperation zwischen Staat und (Energie-)Wirtschaft lassen an die Stelle der spontanen Koordination über den Markt die ex-ante Koordination durch organisierten Interessenausgleich treten. Das steht im Widerspruch zum Wettbewerb als „Suchprozeß“[564]. Dabei kann die Wettbewerbsbeschränkung durchaus im Interesse des einzelnen (Energie-)Unternehmens liegen, aber zulasten Dritter – etwa von Konkurrenten, wie beispielsweise des inländischen Handels bei der Mineralölselbstbeschränkung (1965), der keine eigenen Quotenansprüche hatte und deshalb von den großen Mineralölunternehmen zugunsten ihres eigenen Betriebsnetzes diskriminiert wurde[565] – oder der Allgemeinheit gehen, da technischer Fortschritt und damit eine Verbesserung der Versorgung unterbleibt[566]. Es ist also bedenklich, der zweiseitigen Kooperation von Staat und Wirtschaft unbesehen Legitimität zuzusprechen[567], weil beide Bereiche existenziell aufeinander angewiesen seien[568].

III. Maß der (verfassungs-)rechtlich festgelegten (Wirtschafts-)Freiheit und Unterscheidung von Staat und Gesellschaft bezogen auf die Mitwirkung an staatlicher Energiewirtschaftsplanung (moral suasion/Selbstbeschränkungsabkommen)

Die Vielschichtigkeit der Problematik des zweiseitigen Zusammenwirkens zwischen Staat und (Energie-)Wirtschaft zeigt sich nicht nur in freiheitsrechtlicher Hinsicht, sondern bei einer Reihe weiterer vornehmlich verfassungsrechtlicher Prinzipien und Vorschriften, die zum Teil indirekt Freiheitsräume der Wirtschaftssubjekte und damit einhergehend die verfassungsrechtlich vorausgesetzte Unterscheidung von Staat und Gesellschaft absichern helfen. Auf sie soll deshalb vorweg kurz zur Abrundung eingegangen werden.

---

562 B. Börner, Staatsmacht und Wirtschaftsfreiheit in: Studien, Band II, S. 454, der jedoch der Auffassung ist, daß das Verhältnis zwischen Staatsmacht und Wirtschaftsfreiheit nicht mehr zu erfassen ist durch die Antithese zwischen staatlichem Zwang und Freiheit.

563 H. H. Rupp, Konzertierte Aktion und freiheitlich-rechtsstaatliche Demokratie in: Konzertierte Aktion (Hrsg. E. Hoppmann), S. 16 f.

564 Papier, VVDStRL 35 (1977), 69 f.; Tuchtfeldt (Fn. 505), S. 58; Klaus Toeche-Mittler, Das Verbandskartell als Instrument der Wirtschaftsplanung, S. 11, 89 f.

565 Baumann (Fn. 513), S. 16.

566 Vgl. Monopolkommission (Fn. 1), Tz. 735, 736; vgl. auch Oldiges, WiR 1973, 19 („Vergesellschaftung des Staates“).

567 Vgl. Arno Soelter, Investitionswettbewerb, S. 121 ff. (130 f., 136 f., 150).

568 Vgl. Oldiges, WiR 1973, 22.

Der Grundsatz der Gewaltenteilung gem. Art. 20 II 2 Halbsatz 2 GG eröffnet der Exekutive zwar im Rahmen ihrer Organisationsgewalt Gestaltungsspielraum, um eine Kooperation zwischen Staat und (Energie-)Wirtschaft auch in den Formen des selbstbeschränkenden Vertrages zu erreichen. Dabei darf jedoch nicht das Parlament überspielt werden[569]. Neben dieser horizontalen Gewaltentrennung ist die bundesstaatliche „vertikale Gewaltentrennung" zu beachten. Da mit den Formen des zweiseitigen Zusammenwirkens zwischen Staat und (Energie-)Wirtschaft Wirtschaftsverwaltung erfolgt, ergeben sich Schwierigkeiten, die grundsätzliche Zuständigkeit der Länder gem. Art. 30, 83 GG für den vorliegenden Bereich auszuschließen. Baumanns[570] Vorschlag, die Kompetenz der Bundesregierung, die in der Regel tätig wird, mit Art. 87 III 1 GG analog zu begründen, zeigt einen gangbaren Ausweg.

Das Staatsformenmerkmal der Demokratie gem. Art. 20 I, II 1 GG verlangt, daß das Parlament alle wesentlichen Entscheidungen trifft[571]. Die Formen des zweiseitigen Zusammenwirkens zur Sicherung der Energieversorgung bergen die Gefahr, daß sich die Exekutive mit den Unternehmen als Ansprechpartner arrangiert und diese dabei auf die Staatswillensbildung einen im Grundgesetz nicht vorgesehenen und nicht kontrollierbaren Einfluß erhalten. Es kommt zu einer „legislativen Arbeitsteilung" zwischen Exekutive und Wirtschaft, bei der Entscheidungskompetenzen des Parlaments und der Exekutive in Verantwortung von dem Parlament, etwa durch Verzicht des Hoheitsrechts auf Gesetzgebungsinitiative, auf der Strecke bleiben[572].

Bedenken gegen die punktuelle Kooperation zwischen Staat und (Energie-)Wirtschaft werden unter dem Gesichtspunkt der Umgehung des Art. 19 I 1 GG angemeldet, der eine grundrechtserhebliche Inanspruchnahme der Wirtschaftssubjekte durch allgemeines Gesetz verlangt[573]. Auch der gem. Art. 19 IV 1 GG gewährleistete Rechtsschutz droht aus verschiedenen Gründen unterlaufen zu werden, beispielsweise weil er nicht schnell genug ist[574]. Dem Subsidiaritätsprinzip als politischem Prinzip[575] entspricht die aktive Beteiligung der Unternehmen am staatlichen Handeln. Zugleich wird die

---

569 Ipsen in Planung II (Hrsg. J. H. Kaiser), S. 104; Rüfner, DVBl. 1976, 694; Oldiges, WiR 1973, S. 21 f.; Rinck, Wirtschaftsrecht, Rn. 215; Baumann (Fn. 513), S. 159 - 161.

570 (Fn. 513), S. 165 f.; vgl. auch Oldiges, WiR 1973, S. 20 f.

571 Zur Wesentlichkeitstheorie schon s. o. S. .

572 Rupp (Fn. 563), S. 13; Oldiges, WiR 1973, S. 19; Rinck, Wirtschaftsrecht, Rn. 215; Baumann (Fn. 513), S. 161 - 163, der meint, daß das Legitimationsproblem durch gesetzliche Anerkennung des öffentlich-rechtlichen Vertrages an Gewicht verloren habe.

573 v. Zezschwitz, JA 1978, S. 504.

574 v. Zezschwitz, JA 1979, S. 252; Tuchtfeldt (Fn. 505), S. 62.

575 s. o. 1. Kap. 1. Abschn. II. 3. b).

Eigenverantwortlichkeit der Unternehmen jedoch durch die dirigierende staatliche moral suasion eingeschränkt.

1. Sozialstaatsprinzip, Freiheitsgrundrechte (Art. 2 I, 12 I, 14 GG), Verhältnismäßigkeitsgrundsatz, Gesetzesvorbehalt

Die Formen des zweiseitigen Zusammenwirkens zwischen Staat und (Energie-)Wirtschaft vervollständigen das Lenkungsinstrumentarium, das Bund, Länder und Kommunen einsetzen, um der im Sozialstaatsprinzip wurzelnden Staatsaufgabe der Sicherung der Energieversorgung gerecht zu werden[576]. Ansprechpartner des Staates sind fast ausschließlich öffentliche Energieunternehmen und Energiegroßunternehmen. Insoweit ist es für die grundrechtliche Absicherung der (Wirtschafts-)Freiheit sowie Unterscheidung von Staat und Gesellschaft wesentlich, daß trotz sich mehrender Gegenstimmen an der Grundrechtssubjektivität dieser Unternehmen festgehalten wird[577], so daß die hier einschlägigen Grundrechte aus Art. 2 I, 12 I und 14 GG anwendbar sind.

a) Faktischer Grundrechtseingriff

Das staatliche Element im zweiseitigen Zusammenwirken zwischen Staat und (Energie-)Wirtschaft, an das für die Frage des Grundrechtseingriffs allein angeknüpft werden kann – Staatsgerichtetheit der Grundrechte –, liegt in der staatlichen moral suasion. Wer sie wie Krüger als Teil eines kooperativen Verhältnisses zwischen Staat und Wirtschaft versteht, das die Alternative von Freiheit und Lenkung überwindet[578], muß die Grundrechtserheblichkeit verneinen. Das gilt auch für die Anhänger der Auffassung, daß derjenige, der dem Staat wirtschaftliche Verantwortung auflade, den Auswirkungen der staatlichen Marktlenkung ebenso „indolent" gegenüberstehen müsse wie dem Marktmechanismus selbst[579]. Damit ist aber nicht der „intentional lenkenden Einflußnahme" Rechnung getragen, die mittels moral suasion geschieht. Friauf[580] betrachtet sie als entscheidend dafür, den faktischen Grundrechtseingriff zu bejahen, der hier an die Stelle des regelnden rechtsförmlichen[581] imperativen Eingriffs tritt.

---

576 Zur Bedeutung des Sozialstaatsprinzips schon oben 1. Kap. 1. Abschn. I. 3. a).

577 Eingehend hierzu s. o. 1. Kap. 1. Abschn. I. 3. b).

578 Krüger, Zusammenarbeit, S. 14 - 17, 23; ders., Wirtschaftspolitisches Mitwirkungsverhältnis, S. 32 f.; vgl. schon oben II.

579 Wagner, VVDStRL 27 (1969), 68 f., 80.

580 Friauf, DVBl. 1971, 680 - 682; ihm folgend Oldiges, WiR 1973, 23, 28 f.; ähnlich v. Zezschwitz, JA 78, 503.

581 Kirchhof (Fn. 54), S. 189.

In der beabsichtigten Beeinflussung der Wirtschaftssubjekte liegt nach Friauf gleichzeitig das Abgrenzungsmerkmal zu „objektiv-zufälligen Beeinträchtigungen" grundrechtlicher Freiheit, in denen er keinen faktischen Grundrechtseingriff sieht. Andernfalls entstehe eine „reine Kausalhaftung" des Staates, welche die Grundrechte ihres staatsgerichteten Charakters entkleide und die sozialgestalterische Aktivität des Staates in verhängnisvoller Weise beschränke. Danach bleibt ein faktischer Eingriff in die Grundrechte derjenigen, die an der konkreten Kooperation nicht beteiligt sind, in der Regel ausgeschlossen, weil allein faktische Zwangswirkung auch ihnen gegenüber dafür nicht ausreicht.

In diesem Punkt kann Friauf nicht gefolgt werden. Für den faktischen Grundrechtseingriff allein entscheidend ist der objektive freiheitsverkürzende Effekt[582] der moral suasion, nicht hingegen die oft schwerlich nachzuweisende subjektive Intention und Finalität. Friaufs Bedenken sind unberechtigt. Der Grundrechtsschutz richtet sich gegen staatliches Handeln, die moral suasion. Soweit ein faktischer Grundrechteingriff bejaht wird, besagt dies noch nichts über die Rechtswidrigkeit der Maßnahme. Insbesondere trägt der flexible Verhältnismäßigkeitsgrundsatz der notwendigen staatlichen Bewegungsfreiheit Rechnung.

Der Grundrechtsschutz darf nicht an den im Zeitpunkt der Maßnahme oft schwer erkennbaren, aber häufig sehr nachteiligen Auswirkungen für Drittbetroffene haltmachen. Sobald ein konkreter Fall des Zusammenwirkens zwischen Staat und Wirtschaftssubjekten den grundrechtlich geschützten Handlungsspielraum nicht beteiligter Dritter beschneidet, liegt ein faktischer Grundrechtseingriff vor.

Ob die staatliche moral suasion einen objektiv freiheitsverkürzenden Effekt besitzt, ist nicht nur bei Drittbetroffenen, sondern auch den unmittelbaren Adressaten der moral suasion zu prüfen. Ein faktischer Grundrechteingriff ihnen gegenüber scheidet nicht schon deshalb aus, weil sie über das von ihnen verlangte Verhalten mitentscheiden können. In der Möglichkeit, sich für oder gegen das mit der staatlichen moral suasion angestrebte Verhalten entscheiden zu können, liegt allerdings der Unterschied zu den einseitigen Einwirkungsformen zur Sicherung der Energieversorgung (imperativer Eingriff, Subvention, öffentliches Unternehmen), die die Grundrechtsbetroffenen nicht in den Entscheidungsprozeß einbinden.

Baumann[583] nimmt diese Entscheidungskompetenz der Adressaten der moral suasion zum Anlaß, einen faktischen Eingriff in ihre Grundrechte zu verneinen. Ihr Freiheitsbereich werde nämlich insgesamt erweitert, da sie beispielsweise über die Verwirklichung der angekündigten nachteiligen

---

[582] Das wurde schon s. o. 1. Kap. 1. Abschn. III. 1. a) herausgearbeitet.

[583] (Fn. 513), S. 173 f.

imperativen Maßnahme selbst entscheiden könnten. Diese Lösung verkennt jedoch den der moral suasion eigentümlichen psychologischen Druck, den die Rechtsprechung in anderem Zusammenhang als grundrechtserheblich angesehen hat[584]. Der in der moral suasion liegende Druck kann so weit gehen, daß die Ebene der bloßen Motivationsbestimmung der Adressaten verlassen und ihre mit den Freiheitsgrundrechten geschützte Selbstbestimmung beeinträchtigt wird[585]. Fraglich ist es, in welchen der drei genannten Fallgruppen der staatlichen moral suasion[586] dies geschieht. Da es auf die tatsächliche Verkürzung grundrechtlich geschützten Handlungsspielraumes durch staatliche moral suasion ankommt, ist es unerheblich, ob die konkrete Verhaltensanpassung (z. B. die Selbstbeschränkungsabrede) in öffentlich-rechtlicher oder (verwaltungs-)privatrechtlicher Form erfolgt[587].

Erfolgt die moral suasion ohne (rechtlichen) Zwang und vollzugssichernde Sanktionen in Form der „Seelenmassage", wird der grundrechtlich geschützte tatsächliche Handlungsspielraum der Adressaten zweifellos noch nicht verkürzt. Gänzlich anders zu beurteilen ist dagegen die Verhaltensanpassung unter dem Druck der Ankündigung imperativer Eingriffe. Hier wird gleichsam der imperative Eingriff in die mit imperativen Ankündigungseffekten arbeitende moral suasion vorverlagert. Die Beteiligung am Entscheidungsprozeß über die angekündigte Maßnahme besteht auf Seiten der Wirtschaftssubjekte nur noch formal. Ein faktischer Eingriff in die grundrechtliche Handlungsfreiheit der Adressaten ist also zu bejahen[588].

Einen Grenzfall bildet die staatliche moral suasion, die mit dem Entzug von Subventionen droht oder deren Gewährung in Aussicht stellt. Sie erzeugt zumindest für solche Unternehmen einen unwiderstehlichen Anpassungsdruck, die aufgrund ihrer schlechten wirtschaftlichen Lage – wie die Gründungsmitglieder der Ruhrkohle AG – auf die Subventionen angewiesen sind. V. Zezschwitz bejaht deshalb in diesen Fällen den faktischen Grundrechtseingriff[589]. Dieser Lösungsweg berücksichtigt jedoch zu wenig, daß die staatlichen Förderungsmittel den wirtschaftlichen Handlungsbereich des jeweiligen Unternehmens letztlich doch erweitern[590]. In existenzbedrohter Situation können sie den letzten Ausweg bieten, um den Konkurs zu vermeiden, in dem das Unternehmen seine Selbständigkeit völlig verlieren würde. Das Unternehmen bestimmt selbst darüber, ob es die staatliche För-

584 BGHZ 31, 187 ff. (191) – Aufopferungsanspruch wegen Impfschaden.

585 v. Zezschwitz, JA 1978, 502 f.

586 s. o. I. einleitend.

587 So auch v. Zezschwitz, JA 1978, 502 mit anderer Begründung.

588 So auch v. Zezschwitz, JA 1978, 503; vgl. auch Kaiser, NJW 1971, 585 f.; a. A. Baumann (Fn. 513), S. 173; Krüger, Wirtschaftspolitisches Mitwirkungsverhältnis, S. 32 f.

589 v. Zezschwitz, JA 1978, 503.

590 Insoweit ist Baumann (Fn. 513), S. 173 f. (s. o. bei Fn. 583) Recht zu geben.

derung beansprucht. Die mit dem Subventionsmittel arbeitende moral suasion führt also in keinem Fall zu einem faktischen Grundrechtseingriff.

Die eine Verhaltensanpassung der Adressaten oder eine Verkürzung des Handlungsspielraumes Dritter bewirkende moral suasion kann somit faktisch in grundrechtliche Freiheit eingreifen. Thematisch einschlägig sind die Wirtschafts- und Wettbewerbsfreiheit gem. Art. 2 I GG, die Berufsfreiheit gem. Art. 12 I GG und die Eigentumsfreiheit gem. Art. 14 GG[591].

Das in Art. 14 GG geschützte Recht am eingerichteten und ausgeübten Gewerbebetrieb umfaßt inhaltlich den sachlich-rechtlichen Bestand und den gesamten gewerblichen Tätigkeitskreis (Kundenstamm, Lieferbeziehungen) des Betriebes, wobei es sich um das Ergebnis gewerblicher Tätigkeit (das Erworbene) und nicht die gewerbliche Tätigkeit selbst handeln muß. Die staatliche moral suasion betrifft dieses Recht also faktisch, wenn sie eine Schmälerung des Betriebsvermögens oder eine geringere Auslastung vorhandener Kapazitäten verursacht, nicht hingegen, wenn bloße Chancen und Verdienstmöglichkeiten berührt werden[592].

In welchen Fällen der geschilderten Kooperation von Staat und Energiewirtschaft ist nun ein faktischer Eingriff in die Grundrechte der Adressaten oder Dritter aus Art. 2 I, 12 I und 14 GG zu bejahen?

Das Kohle-Öl-Kartell 1958, die Mineralölselbstbeschränkung 1964 und 1965 und die Selbstbindung beim Heizöleinsatz in Kraftwerken 1980/81 beruhen auf der Drohung der Bundesregierung, imperativ einzugreifen[593]. Die moral suasion führt hier also zu einem faktischen Eingriff[594] in die Wettbewerbs- und Berufsausübungsfreiheit der beteiligten Energieunternehmen. Die Beeinträchtigung vorhandener Lieferbeziehungen ist ein faktischer Eingriff in ihren eingerichteten und ausgeübten Gewerbebetrieb.

Bei der Selbstbindung Heizöleinsatz in Kraftwerken 1980 rückt ebenso wie beim „Jahrhundertvertrag“[595] und „Hüttenvertrag“[596] der faktische Eingriff in die Grundrechte Dritter ins Blickfeld, die am mittels moral sua-

---

591 Dazu schon s. o. 1. Kap. 1. Abschn. I. 3. b) (Fn. 65), II. 3. a) bb), 2. Abschn. III. 1. a); v. Zezschwitz, JA 1978, 502; Baumann (Fn. 513), S. 167 - 169; vernachlässigt werden kann die negative Vereinigungsfreiheit gem. Art. 9 I GG, die nach h. M. sowieso nur auf privatrechtliche Zusammenschlüsse Anwendung findet, vgl. Baumann (Fn. 513), S. 168 und Oldiges, WiR 1973, S. 17 f.

592 BGHZ 23, 157 (162 f.); BGHZ 29, 65 (70); BVerwG, Urt. v. 27. 5. 1981 DÖV 1981, 917; BVerfG 13, 225 (229); 30, 292 (334 f.) – Schutz des Erworbenen, nicht des Erwerbs; Baumann (Fn. 513), 167 f.; v. Zezschwitz, JA 1978, 502; Gubelt (Fn. 166), S. 53 f. zum Verhältnis des Rspr. des BVerfG und BGH, die sachlich nicht differieren dürfte; der faktische Eingriff braucht nach dem Gesagten nicht unmittelbar erfolgen, da sonst der Grundrechtsschutz Drittbetroffener ausgehöhlt würde.

593 s. o. I. zu (1) und (2) und (8).

594 s. o. in diesem Gliederungspunkt.

595 s. o. I. zu (15).

596 s. o. I. zu (16).

sion zustandegebrachten Selbstbeschränkungsabkommen nicht beteiligt sind. Die Selbstbindung und der „Jahrhundertvertrag" verdrängen das schwere Heizöl aus dem Kraftwerkseinsatz und führen zu erheblichen Wettbewerbsnachteilen der Mineralölunternehmen. Die staatliche moral suasion, die sich in „Jahrhundertvertrag" und „Selbstbindung" konkretisiert hat, betrifft die Mineralölunternehmen somit in ihrer Wettbewerbs- und Berufsausübungsfreiheit[597]. Die auch auf diese beiden Selbstbeschränkungen zurückzuführende Schließung von Raffineriekapazitäten offenbart den faktischen Eingriff in den eingerichteten und ausgeübten Gewerbebetrieb[598].

In gleicher Weise betrifft der „Jahrhundertvertrag" andere mit der Steinkohle konkurrierende Anbieter von Energie und Energieanlagen in den genannten grundrechtlichen Freiheiten, so beispielsweise die Anbieter von Kernenergie (-anlagen). Der „Hüttenvertrag" verwehrt ausländischen Bergbauunternehmen den Absatz der Steinkohle an deutsche Stahlerzeuger. Er bzw. die für ihn ursächliche moral suasion der Bundesregierung greift damit faktisch in die Wettbewerbsfreiheit dieser Unternehmen gem. Art. 2 I GG ein, nicht aber in Art. 12 I GG, da die Berufsfreiheit nur deutschen Unternehmen garantiert ist.

Dagegen greifen „Jahrhundertvertrag" und „Hüttenvertrag" nicht in die Grundrechte der vertragsbeteiligten Unternehmen ein. Denn in beiden Fällen haben Bundes- und Landesregierung NRW moral suasion mit Hilfe des Subventionsinstruments geübt[599] (Zuschüsse zur Steinkohleverstromung aus dem Ausgleichsfond, Kokskohlenbeihilfe). Gegen einen faktischen Grundrechtseingriff spricht beim „Jahrhundertvertrag" auch, daß der Verhandlungsführer der VDEW (Vereinigung Deutscher Elektrizitätswerke) den Vertrag ausdrücklich als „freiwillig" bezeichnet. Am Vertrag sind öffentliche Energieunternehmen beteiligt, die sich selbst – jedenfalls offiziell – als verantwortlicher Partner staatlicher Energiepolitik empfinden und demgemäß eher als Privatunternehmen geeignet sind, staatlicher moral suasion Folge zu leisten. Das Zusammenspiel der beiden Einwirkungsformen des öffentlichen Energieunternehmens und der Kooperation liefert hier somit ein weiteres Argument gegen den faktischen Eingriff. Der „Hüttenvertrag" hat den beteiligten Stahlunternehmen zudem den Vorteil einer sicheren Rohstoffbasis eingebracht. Der dürfte es ihnen erleichtert haben, den für sie nachteiligen „Selbstbehalt" in Kauf zu nehmen, zumal die Kokskohlenbeihilfe den „Selbstbehalt" in Grenzen hält.

---

[597] Vgl. hierzu s. o. 1. Kap. 1. Abschn. II. 3. a) bb), 2. Abschn. III. 1. a) a. E.

[598] Jedes einzelne Instrument staatlicher Einwirkung muß gesondert geprüft werden – so scheiden moral suasion und Selbstbeschränkungsabkommen nicht deshalb als faktischer Grundrechtseingriff aus, weil ein imperativer Eingriff parallel eingesetzt wird (z. B. Genehmigungspflicht für den Öleinsatz in Kraftwerken und die Errichtung von Heizölwerken, s. o. 1. Kap. 1. Abschn. I. 1.).

[599] Siehe hierzu oben in diesem Gliederungspunkt.

Ebensowenig ist diejenige mit dem Mittel der Begünstigung steuernde staatliche moral suasion ein faktischer Grundrechtseingriff, die zur Gründung der Ruhrkohle AG geführt hat[600]. Daran ändert auch der Umstand nichts, daß den meisten Bergbauunternehmen des Ruhrgebiets aufgrund ihrer schlechten wirtschaftlichen Lage keine andere Wahl blieb, als sich in der Ruhrkohle AG zusammenzuschließen, um in den Genuß der für die Preisgabe der unternehmerischen Selbständigkeit (= Selbstbeschränkung) angebotenen Subventionen zu gelangen. Diese Subventionen sicherten letzten Endes die Existenz der Bergbaugesellschaften in anderer Rechtsform und erweiterten damit ihren wirtschaftlichen Handlungsspielraum.

Die Neugründung der DEMINEX 1969 durch verschiedene Energieunternehmen[601] und in ihrem Zuge die staatlich gewünschte Verhaltensanpassung der Unternehmen im Basisprogramm, Gesellschaftsvertrag sowie Vertrag zwischen DEMINEX und Bund beruht ebenfalls auf hohen staatlichen Subventionszusagen (moral suasion). Im Unterschied zur Ruhrkohle AG erzeugte sie jedoch keinen unausweichlichen Druck auf die wirtschaftlich starken Gründungsmitglieder der DEMINEX und die DEMINEX selbst. Ein faktischer Grundrechtseingriff scheidet hier erst recht aus.

Der bislang letzte Fall, in dem der Bund die Unternehmensstruktur zur Sicherung der Energieversorgung beeinflußt hat, die VEBA/Gelsenberg-Fusion 1974[602], ging ebenfalls ohne einen faktischen Eingriff in die Grundrechte dieser Unternehmen vonstatten. Unter dem maßgeblichen Einfluß des Bundes als Haupt- bzw. Mehrheitsaktionär beider Unternehmen geschah die Fusion nicht mittels moral suasion, sondern durch staatliche unternehmensinterne Steuerung[603].

Die eingriffsneutrale staatliche „Seelenmassage“ (moral suasion)[604] kennzeichnet die Mehrzahl der geschilderten Kooperationen zwischen Staat und Energiewirtschaft.

Auf der Grenze liegt dabei die Vereinbarung zur stromwirtschaftlichen Zusammenarbeit 1979 zwischen VDEW, BDI und VIK[605]. Zu ihr fand sich die VDEW auf Drängen der Bundesregierung zwar erst vor dem Hintergrund der Diskussion um die Abschaffung der Versorgungsmonopole in der leitungsgebundenen Energiewirtschaft und Beanstandungen seitens der Kartellbehörden bereit. Maßgebend war aber auch die Einsicht, daß damit ein Beitrag zur Lösung der Probleme der Energieverknappung geleistet

600 s. o. 1. Kap. 1. Abschn. II. 1. b), 2. Kap. 1. Abschn. I. zu (3).

601 s. o. I. zu (4).

602 s. o. I. zu (5).

603 Die Frage, ob der Bund unternehmerisch tätig werden darf, ist im 1. Kap. 2. Abschn. behandelt.

604 Zu dieser Fallgruppe der moral suasion s. o. I. einleitend.

605 s. o. I. zu (14).

würde[606]. Insgesamt hat damit die „Seelenmassage" der Bundesregierung gegenüber der VDEW nicht die Schwelle der faktischen Grundrechtseingriffe überschritten.

Ebenso beruhen nach den veröffentlichten Informationen die Vereinbarung zur Nutzung der industriellen Abwärme[607] und die Zusagen der Automobil- sowie Elektro- und Gashaushaltsgeräteindustrie[608] auf eingriffsneutraler „Seelenmassage". Im übrigen wirkt sich die Senkung des Energieverbrauchs absatzfördernd aus und liegt somit im eigenen Interesse der beteiligten Industriezweige.

Eingriffsneutral ist schließlich auch die indikative Planung in Form der verschiedenen Beratungen und Informationen im Mineralöl- und Erdgasbereich[609] sowie die von der Bundesregierung beim Erdgas- und Uranimport gewährte Importunterstützung[610].

b) Verhältnismäßigkeitsgrundsatz

In den meisten Fällen der geschilderten Kooperation zwischen Staat und Energiewirtschaft erstarkt die staatliche moral suasion nicht zu einem faktischen Grundrechtseingriff. Die Geltung des Verhältnismäßigkeitsprinzips[614] ist indessen nicht auf den Bereich faktischer Grundrechtseingriffe beschränkt, in dem es eine erhöhte praktische Relevanz hat, weil die betroffenen Grundrechtsträger auf dem Rechtsweg seine Einhaltung erzwingen können[615]. Als Inhalt des objektiven Rechtsstaatsprinzips[616] zieht der Verhältnismäßigkeitsgrundsatz auch der staatlichen moral suasion Grenzen, die nicht zu einem faktischen Grundrechtseingriff führt. Die fehlende Kontrollmöglichkeit über den subjektiv-rechtlichen Rechtsschutz (vgl. Art. 93 I Nr. 4, 19 IV 1 GG) legt hier der handelnden Exekutive eine besondere Verantwortung auf.

Wie sich schon bei den bisher behandelten Einwirkungsformen gezeigt hat, billigt das BVerfG den staatlichen Organen einen umfassenden wirtschaftspolitischen Gestaltungsraum zu. Es verweist auf den Pluralismus der Meinungen über eine sachgemäße Wirtschaftspolitik „im modernen freiheit-

---

[606] Evers (Fn. 284), S. 140.
[607] s. o. I. zu (11).
[608] s. o. I. zu (12).
[609] s. o. I. zu (6), zu (7) und zu (9).
[610] s. o. I. zu (9).
[611-613] entfallen.
[614] Zu seinen Strukturelementen s. o. 1. Kap. 1. Abschn. II. 3. a) dd).
[615] s. o. 1. Kap. 1. Abschn. I. 3. b) bb) a. E.
[616] Wolff / Bachof § 30 II b 1, S. 179; v. Zezschwitz, JA 1978, 504; JA 1979, 252; Kloepfer, NJW 1971, 1586.

lichen Staate“[617]. Befindet sich ein Wirtschaftsbereich in „Unordnung“, die in der Energieversorgung in drohender Energieknappheit, Störanfälligkeit der Mineralölversorgung und Strukturkrise des Steinkohlenbergbaus gesehen werden kann, geht es nach Ansicht des BVerfG nicht an, sich auf die Selbstregelung durch die wirtschaftlichen Kräfte zu verlassen[618]. Die Sicherheit der Energieversorgung rechtfertige als Gemeinschaftsinteresse höchsten Ranges an sich schon weitergehende staatliche Interventionen als in anderen Wirtschaftsbereichen[619]. In einem Bereich, in dem Unternehmen mit monopolartiger Stellung eine öffentliche Aufgabe wie die Energieversorgung[620] wahrnehmen – dies ist bei den von staatlicher moral suasion zur Sicherung der Energieversorgung beeinflußten Unternehmen häufig der Fall –, erkennt das BVerfG eine besonders weitgehende staatliche Handlungsfreiheit an[621]. Zwar befaßt sich das BVerfG in den vorgenannten Entscheidungen mit dem wirtschaftspolitischen Spielraum des Gesetzgebers. Es bestehen jedoch keine Zweifel, daß es der Regierung – die moral suasion übt – im Rahmen ihrer aus dem Gewaltenteilungsprinzip abzuleitenden Staatsleitungsfunktion (Art. 20 II 2, 65 GG) die gleiche wirtschaftspolitische Ermessensfreiheit einräumt[622].

Aufgrund der Ausführungen des BVerfG wäre schon im Ansatz der Verhältnismäßigkeitsgrundsatz als Handlungs- und Kontrollmaßstab staatlicher Einwirkung zur Sicherung der Energieversorgung relativiert. Vorgeschaltete Dezision darf aber nicht den Verhältnismäßigkeitsgrundsatz zur Leerformel geraten lassen. Wirtschaftspolitischer Spielraum der Regierung muß sich vielmehr im Rahmen des Verhältnismäßigkeitsgrundsatzes rechtfertigen lassen. An ihm ist die staatliche moral suasion zur Sicherung der Energieversorgung nunmehr zu messen.

Wie sich zeigen wird, kommt dem Erfordernis der Geeignetheit zentrale Bedeutung zu. Über die Zielkonformität staatlicher moral suasion allgemein ist man sich nicht einig. Die Meinungen reichen von der Annahme eines idealen Feinsteuerungsinstrumentes[623] bis zur Skepsis gegenüber der Geeignetheit zur Zielerreichung[624]. Dies erklärt sich aus einem Phänomen, das auch im Bereich der Energieversorgung anzutreffen ist: der verwirrenden Komplexität und Unberechenbarkeit der wirtschaftlichen Sachverhalte und

---

617 BVerfGE 12, 354 (363) – Volkswagenprivatisierung.

618 BVerfGE 16, 147 (172) – Werkfernverkehr.

619 BVerfGE 30, 292 (324) – Erdölbevorratung.

620 Zur Problematik des Begriffs „öffentliche Aufgabe“ s.o. 1. Kap. 2. Abschn. III. 1. a).

621 BVerfG Beschluß v. 15. 11. 1973 (Bundestarifordnung Elektrizität), abgedruckt in: Eiser / Riederer / Obernolte / Danner, EnWG, S. III 144 b.

622 In E 12, 354 (363) spricht es allgemein vom Ermessen der „politischen Organe“.

623 Oldiges, Wirtschaftsrecht 1973, 5 f.; Kaiser, NJW 1971, 586.

624 Tuchtfeldt (Fn. 505), S. 53 - 57; Immenga (Fn. 561), S. 21; Baumann (Fn. 513), S. 187 - 189.

Kausalabläufe[625]. Hierin liegt der Schlüssel zur richtigen Handhabung des Merkmals der Geeignetheit. Das BVerfG[626] nimmt diesen Umstand zum Anlaß, nur zu prüfen, ob das politische Organ ex ante von der Geeignetheit der Maßnahme aufgrund sachgerechter Prognose „ausgehen durfte"; nur die schlechthin und objektiv ungeeignete Maßnahme verstößt danach gegen das Prinzip der Geeignetheit.

Im Werkfernverkehrsurteil[627] hat es die Geeignetheit der erhöhten Besteuerung des Werkfernverkehrs noch bejaht, obwohl deren Zwecktauglichkeit ex ante völlig ungewiß und nach fünf Jahren immer noch nicht eingetreten war.

Es verwundert nicht, daß die Rechtsprechung des BVerfG auf Ablehnung gestoßen ist. Kloepfer[628] wendet sich dagegen, an die Stelle der Geeignetheit die Einschätzung der Lenkungsmaßnahme als geeignet treten zu lassen („ausgehen durfte"). Das Gebot der Geeignetheit werde zum Verbot völliger Ungeeignetheit verkehrt. Den Maßstab der objektiven Untauglichkeit anzulegen, schließe es aus, auf die subjektive Tauglichkeitsvorstellung des politischen Organs abzustellen.

Hiergegen ist zunächst einzuwenden, daß der dem politischen Organ eingeräumte Prognosespielraum mittels des Kriteriums der Vertretbarkeit und Sachgerechtigkeit objektiviert ist. Nur das ist mit der Formel „schlechthin" bzw. „objektiv ungeeignet" gemeint. Darüber hinaus lehnt Kloepfer allerdings eine Einschätzungsprärogative[629] des handelnden Staatsorgans völlig ab, indem er verlangt, daß die objektive Eignung der Lenkungsmaßnahme feststehen muß. Hierfür unterstellt er, es sei aufgrund feststehender „Sachgesetzlichkeiten" des „mehr technischen" Rechts der Wirtschaftslenkung immer möglich, die objektive Geeignetheit einer Maßnahme zu überprüfen. Mit der Annahme feststehender und deshalb mühelos (ex ante) zu erkennender Sachgesetzlichkeiten werden jedoch zumindest für den in Rede stehenden Bereich der Sicherung der Energieversorgung die tatsächlichen Gegebenheiten verfehlt, wie sich bei allen Einwirkungsformen gezeigt hat. Die Kausalzusammenhänge sind hier verwickelt und nur schwer abzuschätzen. Verlangte man, daß die Geeignetheit der staatlichen moral suasion jeweils eindeutig feststehen muß, wäre die Bundes- bzw. Landesregierung in vielen Fällen zum Untätigbleiben verurteilt[630]. Deutlich zeigt sich das am Kohle-Öl-Kartell 1958, das schon nach wenigen Monaten an Außenseitern schei-

[625] In der wirtschaftswissenschaftlichen Theorie bringt man das auf die Kurzformel des „alles hängt von allem ab".

[626] BVerfGE 30, 250 (262 f.) Absicherungsgesetz; s. o. 1. Kap. 1. Abschn. II. 3. a) dd).

[627] BVerfGE 16, 147 (177 f., 181 - 183).

[628] NJW 1971, S. 1585 f.; Kloepfers Ausführungen betreffen zwar eine gesetzgeberische Maßnahme, gelten sachlich aber auch für die Exekutive.

[629] Sie ist nicht mit dem Gestaltungsspielraum zu verwechseln, den auch er bejaht.

[630] Vgl. W. Möschel, Das Wirtschaftsrecht der Banken, 1972, S. 176 ff. (183).

terte. Auch die Mineralölselbstbeschränkung 1964/1965 funktionierte beim leichten Heizöl zunächst nicht. Mit der Staatsleitungsfunktion der Regierung gem. Art. 20 II 2, 65 GG in Verbindung mit ihrem sozialstaatlichen Auftrag zur Sicherung der Energieversorgung[631] ist jedoch eine wirtschaftspolitische Einschätzungsprärogative verbunden.

Sie erfordert neben dem faktischen Argument der komplizierten wirtschaftlichen Sachverhalte ein Verständnis des Geeignetheitsprinzips auch im Hinblick auf die moral suasion der Regierung, wie es der Rechtsprechung des BVerfG zugrundeliegt[632]. Damit genügt beispielsweise die beim Kohle-Öl-Kartell 1958 und Mineralölselbstbeschränkungsabkommen 1967/65 aufgewendete moral suasion dem Grundsatz der Geeignetheit.

Nun mögen einige Fälle der geschilderten moral suasion der Bundesregierung offensichtlich überflüssig sein, das angestrebte Ziel der Sicherung der Energieversorgung zu erreichen. Läßt eine Maßnahme den gewünschten Erfolg offenbar nicht näherrücken, ist sie schlechthin ungeeignet[633]. Insoweit könnte die moral suasion, die den „Jahrhundertvertrag" und den „Hüttenvertrag" veranlaßt hat, nicht dem Erfordernis der Geeignetheit entsprechen. Die Aufrechterhaltung der einheimischen teuren Steinkohleförderung mit Hilfe dieser beiden Verträge mag nämlich der Sicherung der Energieversorgung nicht dienen, weil sichere Importquellen und andere Energieträger wie z. B. die Kernenergie in ausreichendem Umfang bereitstehen. Die Absatzsicherung der bundesdeutschen Steinkohle verfolgt jedoch noch den weiteren sozial- sowie regionalstrukturpolitischen[634] und damit verfassungslegitimen Zweck[635], die Strukturkrise des Steinkohlenbergbaus sozialverträglich zu steuern[636]. Da im Rahmen der Geeignetheitsprüfung alle verfassungslegitimen Zwecke berücksichtigt werden müssen[637] und die beiden Verträge den Absatz der Steinkohle wirksam sichern, entspricht auch die zur Herbeiführung des „Jahrhundertvertrages" und „Hüttenvertrages" eingesetzte moral suasion der Bundesregierung dem Erfordernis der Geeignetheit. Diese Erwägungen müssen auch für den zur Gründung der Ruhrkohle AG aufgewendeten staatlichen Druck gelten.

Eindeutig im Rahmen ihrer Einschätzungsprärogative hat sich die Bundesregierung bei dem Bemühen um eine sichere Mineralölversorgung durch Herbeiführung der Neugründung der DEMINEX und der VEBA/Gelsenberg-Fusion bewegt. Gleiches trifft auf die Unterstützung des Abschlusses

---

631 s. o. 1. Kap. 1. Abschn. I. 3. a).
632 s. o. bei Fn. 626.
633 Vgl. Gentz, NJW 1968, 1603.
634 Arens, ET 1974, 496.
635 Vgl. Gentz, NJW 1968, 1602 zur Verfassungslegitimität des jeweiligen Zwecks.
636 Vgl. BVerfGE 30, 292 (324).
637 BVerfGE 30, 292 (318), s. o. 1. Kap. 1. Abschn. II. 3. a) dd).

der Erdgasverträge zwischen der Ruhrgas AG und der UdSSR zu. Schließlich ist auch im Rahmen der sonstigen geschilderten Kooperation zwischen Staat und Energiewirtschaft von der Geeignetheit der staatlichen moral suasion zur Sicherung der Energieversorgung auszugehen.

Sie muß auch dem zweiten Element des Verhältnismäßigkeitsgrundsatzes genügen[638], nämlich von mehreren geeigneten Alternativen das mildeste Mittel sein d. h. zu den geringsten Nachteilen führen. Auch hier hat die Regierung eine Einschätzungsprärogative. Nicht jeder Vorzug einer anderen Lösung führt zur Verfassungswidrigkeit der moral suasion; die sachliche Gleichwertigkeit der alternativen Maßnahmen muß in jeder Hinsicht eindeutig feststehen[639].

Hinsichtlich der nachteiligen Folgen der moral suasion ist zu unterscheiden, ob sie zu einem faktischen Grundrechtseingriff führt oder nicht. Im letzteren Fall bleibt als nachteilig zu bewerten, daß sie einen zentralisierenden Effekt hat[640]. Sonstige Nachteile sind nicht ersichtlich, da nur der Ankündigungsdruck selbst zu bewerten ist – soweit beispielsweise die versprochene Subvention gezahlt wird und damit den öffentlichen Haushalt belastet, geht es nicht mehr um moral suasion (= psychologischen Druck mittels instrumenteller Verwendung von Informationen), sondern um die Einwirkungsform der Subvention. Ist kein faktischer Eingriff zu verzeichnen, kann sich somit allein das völlige Untätigbleiben als weniger nachteilig darstellen[641]. Diesbezüglich hat sich die Regierung in den Fällen „eingriffsloser" moral suasion bei ihrer Entscheidung zwischen moral suasion und Untätigbleiben im Rahmen ihrer Einschätzungsprärogative gehalten. Das gilt auch für die Beurteilung, ob gegenüber der eingesetzten moral suasion ein völliger Verzicht auf Intervention zur Sicherung der Energieversorgung gleich oder besser geeignet gewesen wäre. Wo kein faktischer Grundrechtseingriff erfolgt, dürfte ein Verstoß gegen den Grundsatz des mildesten Mittels sehr selten in Betracht kommen; als wesentlicher Prüfungsmaßstab erweist sich der Grundsatz der Geeignetheit.

Seine Bedeutung behält der Maßstab der Erforderlichkeit dagegen, wo die staatliche moral suasion grundrechtlich geschützte wirtschaftliche Freiheit faktisch beeinträchtigt. Das ist bei der Absatzsicherung der Steinkohle der Fall. Im Kohle-Öl-Kartell 1958, der Mineralölselbstbeschränkung 1964/1965 und der Selbstbindung beim Heizöleinsatz in Kraftwerken 1980 hat sich die staatliche moral suasion zu einem faktischen Grundrechtseingriff

[638] Dazu schon s. o. 1. Kap. 1. Abschn. II. 3. a) dd).

[639] Vgl. BVerfGE 30, 292 (319); s. o. S. f.; vgl. auch Gentz, NJW 1968, 1604: das mildere Mittel muß mindestens gleich geeignet sein.

[640] Eingehend hierzu s. u. sub. 3.

[641] Insoweit spricht Oldiges, WiR 1973, 6 zutreffend von der „untersten am wenigsten beeinträchtigenden Stufe der Intervention".

(Art. 2 I, 12 I, 14 I GG) gegenüber den Adressaten und im „Jahrhundertvertrag“ und „Hüttenvertrag“ sowie in der Selbstbindung Heizöleinsatz 1980 gegenüber Dritten verdichtet. Im Hinblick auf das Ziel der Sicherung der Energieversorgung läßt sich hier ein Untätigbleiben als gleich geeignetes, aber weniger nachteiliges weil eingriffsneutrales Mittel ansehen. Es muß jedoch wiederum das sozial- und regionalstrukturpolitische Ziel einbezogen werden, das die den Absatz der Steinkohle sichernde moral suasion verfolgt[642].

Insoweit hat sich die jeweils handelnde Regierung sachgerecht im Sinne der Rechtsprechung des BVerfG für den Einsatz von moral suasion entschieden und ein Untätigbleiben als nicht gleichwertig angesehen. Zu Recht macht allerdings v. Zezschwitz darauf aufmerksam[643], daß den „Modalitäten“ der jeweiligen Selbstbeschränkung besondere Aufmerksamkeit zu widmen ist. Beispielsweise hätte die Mineralölselbstbeschränkung 1965 auch ohne eine Existenzgefährdung des Handels, dem eigene Quotenansprüche fehlten[644], durchgeführt werden können. Insoweit verletze die moral suasion den Grundsatz des mildesten Mittels.

Der Grundsatz der Angemessenheit eröffnet der Regierung die Einschätzungsprärogative über das Merkmal der erkennbaren Disproportionalität von Zweck und Mittel[645]. Es liegt in der Kompliziertheit der zu beurteilenden wirtschaftlichen Sachverhalte und der Gewaltenteilung (Art. 20 II 2, 65 GG) begründet. Das Gewaltenteilungsprinzip setzt eine handlungsfähige Regierung voraus, die nicht durch die Komplexität der Entscheidungsgrundlagen zum Untätigbleiben gezwungen werden darf[646]. Soweit die staatliche moral suasion nicht zu einem faktischen Grundrechtseingriff führt, ist ein Verstoß gegen den Grundsatz der Angemessenheit nicht erkennbar. Hier zeigt sich erneut, daß der Grundsatz der Geeignetheit den eigentlich praktischen Prüfungsmaßstab bildet. Speziell für die moral suasion, die psychologischen Druck erzeugt, indem sie mit Subventionsentzug droht oder Subventionen in Aussicht stellt – wie im Fall der Ruhrkohle AG –, ist zu berücksichtigen, daß über den Verhältnismäßigkeitsgrundsatz i.e.S. kein verfassungsrechtlicher Anspruch auf Subventionen begründet werden darf, der gerade den schlechten Rechnern zugute kommen würde[647]. Dieser Gesichtspunkt senkt die Anforderungen an die Angemessenheit der moral suasion, die das Subventionsinstrument zur Steuerung einsetzt.

---

642 Baumann (Fn. 513), S. 17 geht näher auf die strukturpolitische Zielsetzung der Gestaltung der Angebotsstruktur von Kohle und Heizöl ein – sie betrifft das Ziel der Sicherung der Energieversorgung.

643 JA 1978, 504.

644 Baumann (Fn. 513), S. 16, 188; s. o. II.

645 s. o. 1. Kap. 1. Abschn. II. 3. a) dd); Gentz, NJW 1968, 1604.

646 s. o. in diesem Gliederungspunkt.

647 Diesen Gedanken führt Seidler (Fn. 105), S. 137 i.V.m. S. 133 ff. (136 f.) näher aus.

Die moral suasion, die der Absatzsicherung der Steinkohle dient[648], verfolgt den angesprochenen sozial- und regionalstrukturpolitischen Zweck, der den Nachteil des jeweiligen faktischen Grundrechtseingriffs legitimiert.

c) Gesetzesvorbehalt (Art. 20 III GG)

Wo moral suasion als staatliches Element der Kooperation zwischen Staat und Energiewirtschaft grundrechtliche Freiheit unberührt läßt, kann auf das Erfordernis einer gesetzlichen Grundlage verzichtet werden. Rechtsstaat und Demokratie nötigen hier nicht dazu, den aus dem Gewaltenteilungsprinzip fließenden Entscheidungsspielraum der Regierung (Art. 20 II, 65 GG) gesetzlich vorzuprägen.

Es wird vorgeschlagen, im Bereich indirekter Wirtschaftslenkung auch dann von einer gesetzgeberischen (Vor-)Entscheidung abzusehen, wenn die Maßnahme – moral suasion – zu einem faktischen Grundrechtseingriff führt. Denn die Maßnahme könne auch „ohnedem" abgewehrt werden[650]. Nach dieser Ansicht decken sich Grundrechtsschutz und Gesetzesvorbehalt also nicht[651]. Dahinter steht die Sorge um die notwendige staatliche Flexibilität[652].

In der Tat muß selbst für die moral suasion, die zu einem faktischen Grundrechtseingriff führt, von dem Erfordernis einer gesetzlichen Grundlage abgesehen werden. Der Grund liegt aber in einem Gedanken, den das BVerwG unter dem Gesichtspunkt des öffentlich-rechtlichen Vertrages entwickelt hat. Für den verwaltungsrechtlichen Vertrag geht das BVerwG zutreffend davon aus, daß es angesichts der einverständlichen Mitwirkung der am Vertrag Beteiligten zumindest nicht in dem Sinne zu Eingriffen kommt, in dem dies bei dem Erfordernis der gesetzlichen Grundlage gem. Art. 20 III GG gemeinhin vorausgesetzt wird[653]. Dieser Gedanke trifft auch auf die moral suasion zu, die sich zum faktischen Grundrechtseingriff verdichtet, weil sie erst mit der Androhung imperativer Eingriffe Mitwirkung herbeiführt. Der staatliche Druck erreicht hier – in der strafrechtlichen Terminologie gesprochen – allenfalls die Stufe der „vis compulsiva", niemals aber diejenige der „vis absoluta". Die Verhaltensanpassung des Adressaten setzt deshalb immer ein Mindestmaß an einverständlichem Mitwirken voraus. Eine gesetzliche Grundlage erübrigt sich also auch für die moral suasion, die sich als faktischer Grundrechtseingriff darstellt.

---

[648] s. o. in diesem Gliederungspunkt.

[649] entfällt.

[650] U. Scheuner (Hrsg.) in: Die staatliche Einwirkung auf die Wirtschaft, Einführung, S. 73 f.

[651] M. Oldiges, WiR 1973, S. 25; A. Bleckmann, VerwArch Bd. 63 (1972), S. 434 f.

[652] Vgl. v. Zezschwitz, NJW 1983, 1879.

[653] BVerwG, Urt. v. 6. 7. 1973 in DÖV 1973, 710; vgl. auch Kopp, VwVfG, v. § 54 Rn. 8.

2. Art. 3 I GG (allgemeiner Gleichheitssatz)

Die staatliche moral suasion ist an den allgemeinen Gleichheitsgrundsatz als Willkürverbot gebunden[660], soweit sie den Wettbewerb beeinflußt[661]. Das Willkürverbot ist nicht nur für den Gesetzgeber, sondern auch die gesetzesfreie Verwaltung in Form der moral suasion anwendbar[662]. Die Beeinflussung weder der kooperationswilligen Beteiligten noch der kooperationsunwilligen Adressaten (Außenseiter) darf eine willkürliche Ungleichbehandlung im Vergleich zu nicht in Anspruch genommenen Wirtschaftssubjekten darstellen. Soweit es um die Einwirkung auf die kooperationsbereiten Beteiligten geht, läßt sich ein sachlicher Grund in der Regel finden[663]. Genannt seien das Eigeninteresse der Beteiligten beispielsweise an der Gründung der Ruhrkohle AG oder die Abwehr einer volkswirtschaftlichen Gefahrenlage, die der Mineralölselbstbeschränkung 1964/1965 im Hinblick auf den existenzbedrohten Steinkohlenbergbau zugrundelag.

Schwierigkeiten bereitet es hingegen, die Diskriminierung von Außenseitern zu rechtfertigen, die der staatlichen moral suasion keine Folge leisten[664]. Die Weigerung, sich der moral suasion zu fügen und die (angedrohte) Sanktion müssen in einem sachbezogenen Verhältnis zueinander stehen, das am Kooperationsziel selbst zu messen ist[665]. Unter diesem Gesichtspunkt verletzte beispielsweise die Weisung des Bundeswirtschaftsministers, die Einfuhrgenehmigungsanträge der einer Selbstbeschränkung widerstrebenden Mineralölimporteure nicht zu entscheiden und nach Bonn „zur statistischen Überprüfung" weiterzuleiten (Mineralölselbstbeschränkung)[666], noch nicht das Willkürverbot als Ausprägung der materiellen Rechtsgleichheit[666a]. Da die Entscheidung des Bundesaufsichtsamts über die Importgenehmigungen jedoch gem. der zu § 10 AWG ergangenen Verordnung gesetzesgebunden war[667], verstieß die Weisung des Bundeswirtschaftsministers gegen das formelle Gebot der Rechtsanwendungsgleichheit gem. Art. 3 I GG[668]. Denn sie betraf nur die selbstbeschränkungsunwilligen, nicht aber die kooperationswilligen Importeure.

---

654 - 659 entfallen.

660 s. o. 1. Kap. 1. Abschn. II. 3. a) aa).

661 Vgl. H. P. Ipsen in Planung II (Hrsg. J. H. Kaiser), S. 92.

662 H. Baumann (Fn. 513), S. 178 f. m.w.N.

663 H. Baumann (Fn. 513), S. 178 - 181 m.w.N.; H. Krüger, WPMV (Fn. 556), S. 17 - 25; vgl. auch BVerfGE 21, 292 (298 - 305) zum Willkürverbot bei wirtschaftspolitischen Maßnahmen.

664 M. Oldiges, WiR 1973, S. 26, 28; E. Tuchtfeldt (Fn. 505), S. 63; H. Baumann (Fn. 513), S. 181 f.

665 M. Oldiges, WiR 1973, 28.

666 s. o. I. zu (2) b).

666a Zur Unterscheidung von materieller Rechtsgleichheit (Willkürverbot) und formeller Rechtsgleichheit vgl. Hesse, Grundzüge, § 12 II, S. 166 f. (14. Aufl.).

667 s. o. I. zu (2) a).

3. Dezentrale Wirtschaftsordnung des GG

Ohne Zweifel bildet die geschilderte moral suasion neben den Einwirkungsformen des imperativen Eingriffs, der Subvention und des öffentlichen Energieunternehmens die vierte Säule staatlicherseits zentral gelenkter Energiewirtschaftsplanung[669]. Nach den Bekundungen der Vereinigung Deutscher Elektrizitätswerke (VDEW) des Gesamtverbandes des deutschen Steinkohlenbergbaus (GVST) legt der „Jahrhundertvertrag" über den Steinkohleneinsatz zur Stromerzeugung die Rolle der Kernenergie langfristig fest und bildet eine wesentliche Planungs- und Entscheidungsgrundlage für die langfristige Energievorsorge[670]. Zusammen mit dem „Hüttenvertrag" sichert er der bundesdeutschen Steinkohle einen festen Platz unter den verwendeten Primärenergieträgern[671], der im wesentlichen der 1968 auf Betreiben der BReg gegründeten Ruhrkohle AG zugute kommt. Aus diesem Grunde erübrigen sich heute Einwirkungen auf die Mineralölunternehmen zum Schutz der Steinkohle, wie sie 1958 und 1964/65 anläßlich des Kohle-Öl-Kartells und der Mineralölselbstbeschränkungsabkommen erfolgt sind. Die Selbstbindung Heizöleinsatz in Kraftwerken 1980/81 dient ebenso wie die DEMINEX-Gründung 1969 und VEBA/Gelsenberg-Fusion 1974 dem Zweck, langfristig die Mineralölversorgung zu sichern. Die Maßnahmen zur Importunterstützung von Erdgas und Uran sowie zur sparsamen Energieverwendung (Vereinbarung industrielle Abwärme; Vereinbarung stromwirtschaftliche Zusammenarbeit; Automobil- und Haushaltsgeräteindustrie) runden das Bild ab. Es verdeutlicht, daß die moral suasion ein wesentliches Instrument zur staatlichen Gestaltung des Verhältnisses der Energieträger zueinander ist und in diesem Maße die unabhängige Planung voneinander unabhängiger Unternehmenseinheiten (= dezentrale Wirtschaftsordnung) aufhebt[672].

Im Unterschied zu den Einwirkungsformen des imperativen Eingriffs, der Subvention und des öffentlichen Energieunternehmens führt die beschriebene moral suasion in vergleichsweise seltenen Fällen zu einem faktischen Grundrechtseingriff, nämlich praktisch nur im Bereich der Absatzsicherung der bundesdeutschen Steinkohle[673]. Es erscheint deshalb fraglich, ob der Maßstab der dezentralen Wirtschaftsordnung des Grundgesetzes gegenüber dieser Einwirkungsform zur Sicherung der Energieversorgung nennenswerte Wirkung entfalten kann, da er seine Wurzel in den wirtschaftlichen

---

[668] H. Baumann (Fn. 513), S. 181 f.; v. Zezschwitz, JA 1978, 504; vgl. auch H. P. Ipsen (Fn. 661), S. 100.

[669] i.S.v. Entwurf und Ausführung, s. o. Einl. II.

[670] s. o. I. zu (15); „Die Zeit" v. 24. 4. 1984 – „Schaden für die Kohle".

[671] 1984 deckte die Steinkohle ca. 21 % des Primärenergieverbrauchs, Informationszentrale der Elektrizitätswirtschaft, Energiewirtschaft, 1985, S. 6.

[672] s. o. 1. Kap. 1. Abschn. II. 3. c), 2. Abschn. III. 4.

[673] Im einzelnen s. o. III. 1. b) a. E.

Freiheitsgrundrechten hat[674]. Das BVerfG[675] warnt davor, die Grundrechte von ihrem individualrechtlichen Kern zu lösen und durch Objektivierungen, die den individualrechtlichen Gehalt der Grundrechte überhöhen, einen institutionellen Zusammenhang der Wirtschaftsverfassung zu begründen. Damit liegt es nahe, daß der objektiv-institutionelle Maßstab der dezentralen Wirtschaftsordnung des Grundgesetzes dort nicht wirksam wird, wo die staatliche moral suasion grundrechtliche wirtschaftliche Freiheit unberührt läßt.

Indessen macht Rupp[676] zu Recht auf einen Umstand aufmerksam, der das Verhältnis von Staat und Gesellschaft im allgemeinen und den Energiesektor im besonderen kennzeichnet: den permanenten Schwund individuell d. h. grundrechtlich beherrschten Lebensraumes. Sollen die Grundrechte nicht ihre freiheitssichernde normative Kraft verlieren, genügt es nicht, sie als „mosaikartig über die Rechtslandschaft verstreute Individualreservate" anzusehen. Ihr Verständnis als objektiv-institutionelle Leitmaximen ermöglicht es, Freiheitssicherung als Ordnungsziel der Grundrechte zu begreifen. Die Grundrechte erschöpfen sich somit nicht in einem defensiven Besitzstand, sondern können sich auf diese Weise „in gelebte Freiheit" umsetzen. Das heißt, daß sie unabhängig vom konkreten (faktischen) Grundrechtseingriff als „Handlungsnormen" den konkreten „Aktionsrahmen"[677] für zu treffende (energie-)politische Entscheidungen abgeben und damit als objektive Leitlinie staatlicher Einwirkung (moral suasion) zur Sicherung der Energieversorgung wirksam werden. Diese über den subjektiv-rechtlichen Gehalt hinausgehende Bedeutung der für das Wirtschaftsleben wesentlichen Grundrechte[678] gewährleistet die notwendige Flexibilität der freiheitlichen Verfassung gegenüber den schnellen Wandlungen der gesellschaftlichen Wirklichkeit. „Das institutionelle Programm tastet die Wirklichkeit ab"[679].

Hierin liegt nur scheinbar ein Widerspruch zur eingangs angeführten Rechtsprechung des BVerfG. Sie wendet sich nur insoweit gegen institutionelle Objektivierungen der Grundrechte, als hiermit der Bewegungsspielraum des Gesetzgebers eingeengt und die normierende Kraft der Verfassung verwässert wird[680]. Da der aus den wirtschaftlich wesentlichen Freiheitsgrundrechten abzuleitende objektiv-institutionelle Maßstab der dezentralen

---

674 s. o. 1. Kap. 1. Abschn. II. 3. c).

675 BVerfGE 50, 290 (337 f.) Mitbestimmungsurteil; näher s. o. 1. Kap. 1. Abschn. II. 3. c).

676 H. H. Rupp, Vom Wandel der Grundrechte, AöR 1976, 172 - 176.

677 Ihm entspricht der verfassungsrechtliche Prüfungsmaßstab, Rupp (Fn. 676), S. 175.

678 s. o. 1. Kap. 1. Abschn. II. 3. c) (Fn. 248).

679 Rupp (Fn. 676), S. 174.

680 BVerfGE 50, 290 (338).

Wirtschaftsordnung des Grundgesetzes die freiheitssichernde dezentralisierende Funktion der Grundrechte den Bedingungen des moderenen Interventionsstaates anpaßt, ohne gesetzgeberische bzw. exekutive Gestaltungsmöglichkeiten auszuschließen[681], trägt er umgekehrt dem Anliegen des BVerfG Rechnung, Freiheit wirksam zu sichern. Folglich sind beispielsweise der „Jahrhundertvertrag" und der „Hüttenvertrag", obwohl sie nicht in die wirtschaftlichen Grundrechte der Vertragsbeteiligten faktisch eingreifen[682], und die VEBA/Gelsenberg-Fusion als Aufhebung dezentraler Planung voneinander unabhängiger Wirtschaftssubjekte am Maßstab der dezentralen Wirtschaftsordnung des Grundgesetzes zu messen.

Diese und andere Fälle staatlicher moral suasion lassen also die Grenze der grundgesetzlich festgeschriebenen dezentralen Wirtschaftsordnung in dem Maße näherrücken, in dem sie die Energiewirtschaftsplanung beim Staat zentralisieren. Dies geschieht unabhängig davon, ob im Einzelfall ein faktischer Grundrechtseingriff vorliegt.

4. Gesetz gegen Wettbewerbsbeschränkungen

Das Zusammenwirken zwischen Staat und Energiewirtschaft zur Sicherung der Energieversorgung hat häufig Auswirkungen auf den Wettbewerb der (Energie-)Unternehmen. In Betracht kommen ein Verstoß gegen das Kartellverbot gemäß §§ 1, 25 I GWB[683] und die Fusionskontrolle gem. § 24 GWB.

a) Selbstbeschränkungsabkommen (§§ 1 - 8, 25 I GWB)

Unter dem Gesichtspunkt wettbewerbsbeschränkender Vereinbarungen und Verhaltensweisen im Sinne der §§ 1, 25 I GWB sind das Kohle-Öl-Kartell 1958, die Mineralölselbstbeschränkung 1964/1965, die Selbstbindung beim Einsatz von schwerem Heizöl in Kraftwerken 1980, der Jahrhundertvertrag und der Hüttenvertrag zu untersuchen[684]. Hierbei handelt es sich um Selbstbeschränkungsabkommen[685]. Ob das Kartellverbot gemäß §§ 1, 25 I GWB auf Selbstbeschränkungsabkommen, die auf staatlicher Initiative

---

[681] s. o. 1. Kap. 1. Abschn. II. 3. c).

[682] s. o. III. 1. a) a. E.; beide Verträge verkürzen allerdings den grundrechtlich geschützten Handlungsspielraum Dritter, s. o. III. 1. a) a. E.

[683] Zum Verhältnis beider Vorschriften: V. Emmerich, Kartellrecht, 3. Aufl., 1979, § 6, 3 a; U. Immenga / E. J. Mestmäcker, GWB, § 25 Rn. 6.

[684] Die Vereinbarung zur stromwirtschaftlichen Zusammenarbeit als Selbstbeschränkungsabkommen bleibt hier außer Betracht, da sie u. a. deswegen zustandegekommen ist, um Beanstandungen der Kartellbehörden (Diskriminierung der industriellen Stromerzeuger) abzuhelfen, Evers, Recht der Energieversorgung, S. 140; H. Gröner, Ordo, Band 33 (1983), S. 248.

[685] s. o. I. einleitend und zu (1), (2), (8), (15), (16).

beruhen, anwendbar ist, ist stark umstritten. Die Begründung dafür, in solchen Fällen das Kartellverbot nicht anzuwenden[686], sind vielfältig. Nach verbreiteter Ansicht kann eine Güterabwägung zwischen dem in den §§ 1, 25 I GWB geschützten Rechtsgut des Wettbewerbs und kollidierenden Rechtsgütern bzw. Interessen, die mit der wettbewerbsbeschränkenden Abrede verfolgt werden – hier: Sicherung der Energieversorgung; Sicherung von Arbeitsplätzen im bundesdeutschen Steinkohlenbergbau –, das Ergebnis haben, daß die wettbewerbsbeschränkende Abrede nicht den Schutzbereich der §§ 1, 25 I GWB tangiert[687].

Zum Teil werden nur außerökonomische Interessen im Rahmen der Güterabwägung als Grund dafür anerkannt, das Kartellverbot nicht anzuwenden, da die Berücksichtigung ökonomischer Ziele abschließend im Anmelde- und Erlaubnisverfahren gem. §§ 2 - 8 GWB geregelt sei[688].

Kaiser nimmt die in Rede stehende Kooperation von Staat und (Energie-) Wirtschaft von vornherein vom Kartellverbot aus: es sei auf solche Wettbewerbsbeschränkungen nicht anwendbar, durch die Unternehmen an öffentlichen Planungen kooperativ mitwirken und den öffentlichen Willen vollziehen[689]. Hiermit verwandt ist die Auffassung Sandrocks[690], derzufolge eine dem Tatbestand des Kartellverbots gem. §§ 1, 25 I GWB unterfallende Wettbewerbsbeschränkung durch die Sozialstaatsklausel gem. Art. 20, I, 28 I GG gerechtfertigt sein kann, die als Zuständigkeitsnorm der Exekutive Vollmacht zur sozialen Intervention gebe. Auch Horstmann[691] hält das Kartellverbot für vollkommen unanwendbar, weil die staatliche Initiierung der Selbstbeschränkung zugunsten der Selbstbeschränkungswilligen einen Vertrauensschutz begründe, der nicht durch die Anwendung des Kartellverbots zerstört werden dürfe.

Der Weg einer außergesetzlichen Freistellung vom Kartellverbot gem. §§ 1, 25 I GWB ist jedoch verschlossen. Das GWB selbst regelt in den §§ 2 - 8 abschließend Kollisionen zwischen dem Schutzgut Wettbewerb und sonstigen Rechtsgütern bzw. Interessen[692]. Die Auffangnorm des § 8 GWB gestat-

---

686 Umfassend setzt sich H. Baumann (Fn. 513), S. 137 - 157 mit ihnen auseinander.

687 J. H. Kaiser, NJW 1971, 588; R. Schellack, Die Selbstbeschränkung der Mineralölwirtschaft, S. 90 Fn. 2, Bundeswirtschaftsministerium bezüglich Mineralölselbstbeschränkung 1964/1965, vgl. Biedenkopf, BB 1966, 1114, 1116, 1117 und Müller-Henneberg, Gemeinschaftskommentar zum GWB und europäischen Kartellrecht, § 1 Rn. 111.

688 Rinck, Wirtschaftsrecht, Rn. 805 - 807; K. Hübner, Außerkartellrechtliche Einschränkungen des Kartellverbots, 1971, S. 68 f. i.V.m. S. 43 ff.

689 Kaiser, NJW 1971, 588.

690 O. Sandrock, Grundbegriffe des GWB, S. 322 ff. (325 - 327).

691 W. Horstmann, Selbstbeschränkungsabkommen und Kartellverbot, 1977, S. 131 - 141, 145 sub 3.

692 Biedenkopf, BB 1966, 1118 f.; v. Zezschwitz, JA 1978, 505; Müller-Henneberg, Gemeinschaftskommentar, 4. Aufl., 1980, § 1 Rn. 111 a. E.; Immenga / Mestmäcker, GWB § 1 Rn. 389 i.V.m. § 8 Rn. 12, 13, 42; Oldiges, Wirtschaftsrecht 1973, 16; H. Mül-

tet eine Erlaubnis des Bundeswirtschaftsministers solcher Wettbewerbsbeschränkungen, die „aus überwiegenden Gründen der Gesamtwirtschaft und des Gemeinwohls notwendig ist". Das Erlaubnisverfahren gem. § 8 GWB ist rechtsstaatlich geboten und verhindert, daß das Kartellverbot gem. §§ 1, 25 I GWB beliebigen öffentlichen Interessen unkontrollierbar weichen muß[693]. Der Antrag auf Erteilung der Erlaubnis gem. § 8 GWB muß im Bundesanzeiger gem. § 10 I GWB publiziert werden[694]. Die Mißbrauchsaufsicht gem. § 11 GWB dient einer zeitlichen und sachlichen Beschränkung der genehmigten Wettbewerbsbeschränkungen. Von der genehmigten Wettbewerbsbeschränkung nachteilig betroffene Wirtschaftssubjekte haben die Möglichkeit der Beschwerde und Anfechtungsklage gem. §§ 62, 51 II Nr. 4 GWB, 42, 69 ff. VWGO, in deren Rahmen die Ermessensbildung der die Wettbewerbsbeschränkung genehmigenden Kartellbehörde (Bundeswirtschaftsminister) an das GWB gem. § 70 V 1 GWB überprüft wird. Die Rechtsanwendungsgleichheit gem. Art. 3 I GG (formelle Rechtsgleichheit) und der Gesetzesvorrang gem. Art. 20 III GG erfordern zwingend die Einhaltung der Anmelde- und Erlaubnisverfahren gem. §§ 2 - 8 GWB für Wettbewerbsbeschränkungen[695].

Unerheblich ist es dabei, ob die einzelne Wettbewerbsbeschränkung dem privaten oder öffentlichen Recht zugeordnet wird, weil hiervon ihr materiell wettbewerbswidriger Gehalt nicht berührt wird[696].

Somit ist zu prüfen, ob die eingangs genannten Selbstbeschränkungsabkommen dem Kartellverbot der §§ 1, 25 I GWB unterfallen. Es hat zur Voraussetzung, daß ein Vertrag, Beschluß oder eine abgestimmte Verhaltensweise von Unternehmen oder Unternehmensvereinigungen zu einem gemeinsamen Zweck gegeben ist, die durch eine Wettbewerbsbeschränkung die Erzeugung oder die Marktverhältnisse beeinflussen kann.

aa) Vertrag zwischen Unternehmen bzw. Unternehmensvereinigungen

Der Vertragsbegriff des § 1 GWB ist weiter als der zivilrechtliche schuldrechtliche Vertragsbegriff, den er einschließt[697]. Als schuldrechtliche Ver-

---

ler / P. Gießler / U. Scholz, Wirtschaftskommentar zum GWB, 1981, § 1 Rn. 152 - 152 c; K. Westrick / U. Loewenheim, GWB, 4. Aufl., 1977, § 1 Rn. 91.

[693] v. Zezschwitz, JA 1978, 505; Biedenkopf, BB 1966, 1119; Schüssler, NJW 1962, 2276; Immenga / Mestmäcker, GWB, § 1 Rn. 389; Immenga (Fn. 511), S. 18 - 21.

[694] Das Gesetz zur Bereinigung wirtschaftlicher Vorschriften vom 27. 2. 1985 (BGBl. I S. 457) hat das Kartellregister abgeschafft, in das bis dahin gem. § 9 I GWB die genehmigten Wettbewerbsbeschränkungen eingetragen werden mußten.

[695] v. Zezschwitz, JA 1978, 505.

[696] Rinck, WiR 1972, S. 16; ausführlich Baumann (Fn. 513), S. 50 ff. (58 f.); vgl. BGH, Beschluß v. 16. 12. 1976 – Architektenkammer, WuW / E 1977 (Band 27) BGH 1474 ff. (1477 f.). Zur Einordnung der Wettbewerbsbeschränkung als Selbstbeschränkungsabkommen in das private oder öffentliche Recht siehe schon oben bei Fn. 513 und 514.

[697] Eingehend Immenga / Mestmäcker, GWB, § 1 Rn. 116 - 134.

träge zwischen Unternehmen bzw. Unternehmensvereinigungen erfüllen das Kohle-Öl-Kartell 1958, der Hüttenvertrag und der Jahrhundertvertrag die erste Voraussetzung des § 1 GWB. Problematisch sind die Mineralölselbstbeschränkung 1964/1965 und die Selbstbindung Heizöleinsatz in Kraftwerken 1980. Hier ist von einer durch staatliche moral suasion erzwungenen bloß tatsächlichen Bindung der beteiligten Unternehmen untereinander auszugehen, die im wesentlichen auch nur einseitig gegenüber der Bundesregierung erklärt worden ist (gentlemen's agreement). Bis zur Einfügung des Verbots aufeinander abgestimmter Verhaltensweisen in § 25 I GWB im Jahre 1973[698] war es zweifelhalft, ob tatsächliche Bindungen in der Form einseitiger Erklärungen der Unternehmen gegenüber dem Staat noch Verträge im Sinne des § 1 GWB darstellen[699], da sie keine rechtsgeschäftliche Einigung der Unternehmen untereinander enthalten. Der Gesetzgeber hat nunmehr in § 25 I GWB klargestellt, daß auch einseitiges, aber abgestimmtes Verhalten ohne Rechtsfolgewillen dem Kartellverbot unterfällt, mithin auch eine gegenüber dem Staat erklärte bloß tatsächliche Bindung der beteiligten Unternehmen untereinander[700]. Fraglich bleibt nur die Abgrenzung zwischen § 1 und § 25 I GWB, die aber praktisch ohne Bedeutung ist. Die nur tatsächliche nicht von einem Rechtsfolgewillen getragene Bindung des gentlemen's agreement ist Vertrag im Sinne von § 1 GWB auch unter dem Gesichtspunkt, daß sie nur auf einseitigen Verpflichtungserklärungen gegenüber dem Staat beruht, da sie durch den tatsächlichen Bindungswillen dem Vertrag dogmatisch nähersteht[701]. Damit sind die Mineralölselbstbeschränkung 1964/1965 und die Selbstbindung Heizöleinsatz in Kraftwerken 1980 Verträge zwischen Unternehmen im Sinne des § 1 GWB.

bb) Gemeinsamer Zweck

Das Merkmal „gemeinsamer Zweck" dient der Abgrenzung zwischen Kartellverträgen i.S.d. § 1 GWB und Austausch- und Individualverträgen gem. § 15 ff. GWB. Zwischen den Beteiligten braucht kein Gesellschaftsvertrag gem. § 705 BGB geschlossen werden. Es genügt, wenn die beteiligten Unternehmen gleichgerichtete Interessen haben bzw. gemeinsame Ziele verfolgen[702]. War noch das Kohle-Öl-Kartell 1958 in einem Gesellschaftsvertrag

---

698 Vgl. näher Emmerich, Kartellrecht, 3. Aufl., 1979, § 6, 3., S. 49, 50.

699 Verneinend z. B.: Oldiges, WiR 1973, 15 und J. Schlarmann, Die Wirtschaft als Partner des Staates, 1972, S. 125 unter Hinweis auf BGH, NJW 1971, 521 ff. (Teerfarben).

700 Bei der aufeinander abgestimmten Verhaltensweise gem. § 25 I GWB müssen die Unternehmen ihr Verhalten bewußt und gewollt voneinander abhängig machen; bewußtes Parallelverhalten reicht nicht aus, Emmerich (Fn. 698), § 6, 3. b), c).

701 v. Zezschwitz, JA 1978, 505; Immenga / Mestmäcker, § 1 Rn. 131, 133, 134; § 25 Rn. 9; Emmerich (Fn. 698), § 6, 3. c); Rinck, Wirtschaftsrecht, Rn. 784 - 786.

702 Rinck, Wirtschaftsrecht, Rn. 787; R. Bechthold, Das neue Kartellrecht, § 1, 4; eingehend Immenga / Mestmäcker, GWB, § 1 Rn. 149 - 155 unter Bezugnahme auf BGHZ 68, 6 – Fertigbeton.

gem. § 705 BGB organisiert[703], so gilt das für die übrigen genannten Selbstbeschränkungsabkommen[704] nicht mehr. Der gemeinsame Zweck des Kohle-Öl-Kartells 1958 und der Mineralölselbstbeschränkung 1964/1965 liegt neben der Wettbewerbsbeschränkung der Unternehmen untereinander in der Absatzsicherung der westdeutschen Steinkohle[705].

Fraglich ist der gemeinsame Zweck bei der Selbstbindung Heizöleinsatz in Kraftwerken 1980, bei Hüttenvertrag und Jahrhundertvertrag. Da alle drei Vereinbarungen nicht den Wettbewerb der vertragsbeteiligten Unternehmen untereinander regeln, liegt der gemeinsame Zweck nicht in einer Wettbewerbsbeschränkung. Aus diesem Grunde wäre nach einer Ansicht eine „gemeinsamer Zweck“ abzulehnen, da das Wesen eines Kartells in der Vereinbarung zum Zwecke einer Wettbewerbsbeschränkung bestehe[706]. Bei Jahrhundertvertrag und Hüttenvertrag kommt hinzu, daß es sich um Austauschverträge handelt. Zunächst jedoch verdient die Auffassung Vorzug, derzufolge der Inhalt des gemeinsamen Zwecks beliebig sein kann[707]. Das Gesetz spricht ausdrücklich nur von „einem“ gemeinsamen Zweck. Der umfassende Schutz des Wettbewerbs erfordert eine entsprechend weite Auslegung.

Weiterhin können auch Austauschverträge einem „gemeinsamen Zweck“ der Vertragsbeteiligten im Sinne des § 1 GWB dienen, nämlich dann, wenn eine kooperative Verhaltensweise feststellbar ist, die zum Interessengegensatz des Austauschvertrages hinzutritt[708]. Es liegt dann nach dem Sinn des Merkmals „gemeinsamer Zweck“, zwischen Vereinbarungen gem. § 1 und § 15 ff. abzugrenzen, eine kollektive Vereinbarung i.S.d. § 1 GWB vor. Dies trägt ebenfalls der ratio legis einer umfassenden Bekämpfung wettbewerbsbeschränkender Vereinbarungen Rechnung[709].

Demgemäß läßt sich bei allen drei Vereinbarungen ein „gemeinsamer Zweck“ feststellen. Die Selbstbindung Heizöleinsatz in Kraftwerken 1980 enthält aufgrund der moral suasion der Bundesregierung den gemeinsamen Zweck der beteiligten Unternehmen der Elektrizitätswirtschaft, im Interesse der Sicherung der Energieversorgung das Heizöl möglichst aus den Kraftwerken zu verdrängen[710]. Mit dem Jahrhundertvertrag verfolgen die

---

703 WuW / E 1959 BWM 117.

704 s. o. 4. a).

705 So der BWM für das Kohle-Öl-Kartell 1958 ausdrücklich in WuW / E 1959 BWM 118.

706 Müller-Henneberg, Gemeinschaftskommentar, § 1 Rn. 34.

707 Immenga / Mestmäcker, GWB, § 1 Rn. 160 - 162; V. Emmerich, Kartellrecht, 4. Aufl., 1982, § 5, 5 c); O. F. v. Gamm, Kartellrecht, Kommentar, § 1 Rn. 22.

708 Vgl. Immenga / Mestmäcker, GWB, § 1 Rn. 154; V. Emmerich (Fn. 698), § 5, 5. a).

709 Vgl. Immenga / Mestmäcker, GWB, § 1 Rn. 163; V. Emmerich, Kartellrecht, 3. Aufl., 1979, § 6, 4. c).

710 3. Fortschreibung (Fn. 2), Tz. 73.

beteiligten Elektrizitäts- und Bergbauunternehmen die gemeinsamen Zwecke[711] einer Arbeitsteilung von Steinkohle und Kernenergie im Kraftwerkseinsatz, der Schaffung einer Planungs- und Entscheidungsgrundlage für die langfristige Energievorsorge sowie der Absicherung des Steinkohlenabsatzes. Der letztgenannte Zweck ist auch den Vertragsbeteiligten des Hüttenvertrages neben dem weiteren Zweck gemeinsam, die Energie- und Rohstoffversorgung langfristig zu sichern. Im Unterschied zu diesen Verträgen sind beispielsweise die vier Erdgasverträge bloße Austauschverträge zwischen den Vertragsbeteiligten. Die Ruhrgas AG und die UdSSR als Vertragspartner verfolgen keine gemeinsamen energiepolitischen Zwecke.

cc) Beschränkung des Wettbewerbs

Die entscheidende Frage lautet, ob die untersuchten fünf Selbstbeschränkungsabkommen eine Wettbewerbsbeschränkung im Sinne des § 1 GWB herbeiführen. Bis heute ist es nicht gelungen, den Begriff des Wettbewerbs und demzufolge der Wettbewerbsbeschränkung allgemeingültig zu definieren. Es können jedoch die folgenden Merkmale zugrundegelegt werden[712]. Mehrere Unternehmen müssen in ihrem Geschäftserfolg fühlbar voneinander abhängig sein und den Abnehmern bzw. Lieferanten Wahlmöglichkeiten eröffnen, wobei sie anstreben, auf Kosten anderer Marktteilnehmer ihre Marktposition zu verbessern. Ein Wettbewerb kann auch zwischen verschiedenartigen Gütern stattfinden, die substituierbar sind; auch die Substitutionskonkurrenz zwischen verschiedenen Energie(anlagen)anbietern ist folglich Wettbewerb. Kurz gesagt bedeutet Wettbewerb betätigte Handlungsfreiheit von Unternehmen am Markt. Eine Wettbewerbsbeschränkung ist also anzunehmen, wenn diese Handlungsfreiheit rechtlich oder tatsächlich beschränkt wird[713].

Das Kohle-Öl-Kartell 1958 und die Mineralölselbstbeschränkung 1964/1965 führen unproblematisch über die Preis- und Absatzquotenbestimmung eine Wettbewerbsbeschränkung der beteiligten Mineralöl- und Bergbauunternehmen[714] untereinander herbei, indem sie dadurch die Handlungsfreiheit der Unternehmen am Markt beschränken. Das gleiche gilt beim Jahrhundertvertrag für die in ihrer Energienachfrage langfristig auf den Bezug

---

[711] s. o. I. zu (15).

[712] Rinck, Wirtschaftsrecht, Rn. 793 - 795; Emmerich, Kartellrecht, 4. Aufl., 1982, § 5, 6. a); Müller-Henneberg, Gemeinschaftskommentar, § 1 Rn. 58 verwendet den zu engen Begriff des auf rechtsgeschäftliches Handeln beschränkten Wettbewerbs (vgl. auch Fn. 713).

[713] Immenga / Mestmäcker, GWB, § 1 Rn. 319; *a. A.* Müller-Henneberg, Gemeinschaftskommentar, § 1 Rn. 59.

[714] Hier der Bergbauunternehmen, die am Kohle-Öl-Kartell 1958 als schweres Heizöl herstellende, importierende und vertreibende Unternehmen beteiligt waren, WuW / E 1959 BWM 117.

westdeutscher Steinkohle festgelegten 44 beteiligten Stromerzeuger sowie beim Hüttenvertrag für die beteiligten Stahlhütten, die ausschließlich von der Ruhrkohle AG feste Brennstoffe erwerben dürfen. Der Nachfragewettbewerb der Stromerzeuger untereinander wird durch eine langfristige Bezugsbindung[715] und der Stahlhütten untereinander durch eine Ausschließlichkeitsbindung ausgeschaltet[716].

Noch wichtiger ist hier die Wettbewerbsbeschränkung der konkurrierenden Energie(anlagen)anbieter, die nicht vertragsbeteiligt sind. Im Umfang der beiden Verträge sind sie von der Teilnahme am Wettbewerb faktisch ausgeschlossen. Die Selbstbindung Heizöleinsatz in Kraftwerken 1980 der Elektrizitätswirtschaft verdrängt die Mineralölunternehmen vom Markt der Kraftwerkseinsatzstoffe. Als Wettbewerbsbeschränkung genügt nach dem Gesagten eine faktische Beeinträchtigung der unternehmerischen Handlungsfreiheit am Markt. Umstritten ist jedoch, ob eine Wettbewerbsbeschränkung gemäß § 1 GWB auch vorliegt, wenn die Vereinbarung sich auf Dritte wettbewerbsbeschränkend auswirkt, die an ihr nicht beteiligt sind. Genau genommen sind dabei die zwei Fragen zu unterscheiden, ob als Wettbewerbsbeschränkung i.S.d. § 1 GWB nur eine solche zwischen den Vertragsbeteiligten anzuerkennen ist und ob die Wettbewerbsbeschränkung Gegenstand der Vereinbarung gem. § 1 GWB sein muß oder auch bloß deren Folge sein braucht. Nach der ratio legis des § 1 GWB, einen umfassenden Schutz des Wettbewerbs zu gewährleisten, genügt es, daß an der Vereinbarung unbeteiligte Dritte im Wettbewerb beschränkt werden, indem beispielsweise ihre Alternativen als Lieferanten oder Abnehmer verringert werden[717]. Damit ist die Beantwortung der zweiten Frage vorentschieden. Die Wettbewerbsbeschränkung braucht nicht den Gegenstand der Vereinbarung bilden. Die bis vor kurzem herrschende Gegenstandstheorie[718] ist mittlerweile von der Rechtsprechung des BGH überholt[719]. Sie ist abzulehnen, weil sie den Unternehmen die Möglichkeit beläßt, durch Kartellsurrogate den Gesetzeszweck des § 1 GWB zu umgehen[720].

Die Zwecktheorie[721], nach der die Parteien der Vereinbarung die Wettbewerbsbeschränkung gemeinsam bezwecken müssen, ermöglicht ebenfalls keinen ausreichenden Schutz des Wettbewerbs. Das subjektive Merkmal des

---

715 Vgl. hierzu Immenga / Mestmäcker, GWB, § 1 Rn. 297.

716 Vgl. hierzu Emmerich, Kartellrecht, 4. Aufl., 1982, § 5, 6. c).

717 Emmerich, Kartellrecht, 3. Aufl., 1979, § 6, 5.b) aa); ders., 4. Aufl., 1982, § 5, 6. b) bb) und (c); Immenga / Mestmäcker, GWB, § 1 Rn. 228, 233 - 236.

718 Die Gegenstandestheorie vertritt z. B. Müller-Henneberg, Gemeinschaftskommentar, § 1 Rn. 69.

719 BGHZ 65, 30-ZVN-Urteil; näher hierzu Immenga / Mestmäcker, § 1 Rn. 313, 314.

720 Immenga / Mestmäcker, GWB, § 1 Rn. 310.

721 Fikentscher, Festschrift für H. Westermann, 1974, S. 103.

wettbewerbsbeschränkenden Zwecks läßt sich in der Praxis häufig nur schwer beweisen[722]. Unter praktischen Gesichtspunkten und nach dem Normzweck des § 1 GWB führt allein die Folgetheorie zu richtigen Ergebnissen. Es genügt, wenn die Vereinbarung eine Wettbewerbsbeschränkung objektiv zur Folge hat, und sei es nur bei unbeteiligten Dritten. Aus Gründen der Rechtssicherheit muß die Wettbewerbsbeschränkung für die an der Vereinbarung Beteiligten allerdings unvorhersehbar sein. Ein „typisierendes, generalisierendes Wahrscheinlichkeitsurteil" muß die konkrete Eignung der Vereinbarung ergeben, eine Wettbewerbsbeschränkung zu bewirken (objektiv eingeschränkte Folgetheorie)[723]. Hiernach enthalten Jahrhundertvertrag, Hüttenvertrag und Selbstbindung Heizöleinsatz in Kraftwerken 1980 im Hinblick auf die faktisch vom Wettbewerb ausgeschlossenen Energie(anlagen)anbieter eine Wettbewerbsbeschränkung i.S.d. § 1 GWB. Es liegt auf der Hand, daß im Umfang der Steinkohleabnahmeverpflichtung des Jahrhundertvertrages keine anderen Kraftwerkseinsatzenergien verwendet werden – beispielsweise Kernkraft, Erdgas, Heizöl – und demnach auch keine dafür benötigten Energieanlagen – beispielsweise Kernkraftwerke – in Auftrag gegeben werden. Die Ausschließlichkeitsbindung des Hüttenvertrages schließt andere Energie- bzw. Rohstoffanbieter als die Ruhrkohle AG bei den festen Brennstoffen aus. Die Selbstbindung Heizöleinsatz in Kraftwerken 1980 verdrängt die Heizölanbieter aus dem Markt.

Bedenken daran, Hüttenvertrag und Jahrhundertvertrag als Wettbewerbsbeschränkung gem. § 1 GWB zu begreifen, ergeben sich aus dem Charakter beider Verträge als Austauschverträge. Es ließe sich argumentieren, daß jeder Austauschvertrag eine faktische Wettbewerbsbeschränkung der nicht zum Zuge gekommenen Lieferanten bzw. Abnehmer enthält, da sie im Umfang der Verpflichtungen des Austauschvertrages keine Handlungsfreiheit am Markt mehr besitzen. Dies hieße, das Wettbewerbsverbot des § 1 GWB ad absurdum zu führen. Austauschverträge, die einen einmaligen wirtschaftlichen Vorgang regeln[724] d. h. punktuell wirken, führen folglich keine Wettbewerbsbeschränkung i.S.d. § 1 GWB herbei. Zu diesen „normalen" Austauschverträgen zählen Jahrhundertvertrag und Hüttenvertrag aber nicht. Sie enthalten sehr langfristige Bezugs- und Ausschließlichkeitsbindungen, die seitens der Beteiligten in Übereinstimmung mit der für den Vertragsschluß ursächlichen staatlichen moral suasion final gegen den Wettbewerb anderer Energieanbieter zum Schutz der westdeutschen Steinkohle gerichtet sind[725]. Damit führen sie Wettbewerbsbeschränkungen i.S.d. § 1 GWB herbei.

---

722 Immenga / Mestmäcker, GWB, § 1 Rn. 316.

723 Emmerich, Kartellrecht, 4. Aufl., 1982, § 5, 7. a) (3); Immenga / Mestmäcker, GWB, § 1 Rn. 318 - 323, 325.

724 Rinck, Wirtschaftsrecht, Rn. 787.

Die Wettbewerbsbeschränkung durch Jahrhundertvertrag und Hüttenvertrag scheidet auch nicht deshalb aus, weil der Wettbewerb schon durch andere staatliche Einwirkungen gestört ist (beispielsweise die Verstromungsgesetze)[726]. Es genügt, daß Wettbewerb überhaupt möglich ist[727].

Schließlich entspricht das Ergebnis, diese beiden Verträge und die Selbstbindung Heizöleinsatz als Wettbewerbsbeschränkung auch dritter Energie(anlagen)anbieter anzusehen, der verfassungsrechtlichen Prüfung. Dort wurde ein faktischer Eingriff in die Wettbewerbsfreiheit Dritter bejaht[728].

dd) Beeinflussung der Marktverhältnisse

Der Wortlaut des Gesetzes verlangt klarstellend[729], daß die Vereinbarung geeignet ist, durch die Wettbewerbsbeschränkung die Marktverhältnisse für den Verkehr mit Waren zu beeinflussen. Nach dem funktionalen Begriff des GWB[730] ist ein Energieträger eine Ware. Um die Auswirkungen der Wettbewerbsbeschränkung auf die Marktverhältnisse als Summe aller Eigenschaften, die einem bestimmten Markt das besondere Gepräge geben (z. B. Angebot, Absatz)[731], festzustellen, muß der sog. „relevante Markt" in sachlicher und räumlicher Hinsicht abgegrenzt werden. Sachlich werden zu einem Markt sämtliche Waren gerechnet, die nach einem objektivierten Maßstab austauschbar sind[732]. Somit gibt es nicht nur einen besonderen Markt für den jeweiligen Energieträger, sondern alle im Substitutionswettbewerb befindlichen Energieträger[733] bilden einen gemeinsamen Markt[734]. Die von den fünf untersuchten Selbstbeschränkungsabkommen ausgehenden Wettbewerbsbeschränkungen sind danach geeignet, die Marktverhältnisse auf dem Energiemarkt zu beeinflussen, da nach allgemeiner wirtschaftlicher Erfahrung ernsthaft die Möglichkeit in Betracht kommt[735], daß die von der Wettbewerbsbeschränkung betroffenen Energieanbieter Absatzeinbußen und -einschränkungen hinnehmen müssen bzw. mußten.

---

725 Vgl. Emmerich, Kartellrecht, 4. Aufl., 1982, § 5, 7. d) und 8. d.) der ebenfalls die Wettbewerbsbeschränkung anhand der verfolgten Ziele prüft, soweit diese Zwecke – wie hier – eindeutig feststellbar sind.

726 Zu ihnen s. o. 1. Kap. 1. Abschn. I. 1., II. 1. a).

727 Müller-Henneberg, Gemeinschaftskommentar, § 1 Rn. 60, 61.

728 s. o. III. 1. a).

729 Rinck, Wirtschaftsrecht, Rn. 801.

730 Immenga / Mestmäcker, GWB, § 1 Rn. 330.

731 Immenga / Mestmäcker, GWB, § 1 Rn. 346; Emmerich, Kartellrecht, 4. Aufl., 1982, § 5, 8. c) bb).

732 Emmerich, Kartellrecht, 4. Aufl., 1982, § 5, 8. c) m.w.N.

733 Dazu s. o. 1. Kap. 1. Abschn. II. 1. e).

734 Erheblich zurückhaltender die 2. Fachtagung „wettbewerbsrechtliche Probleme der Energieversorgungswirtschaft" des Forums Institut für Management v. 18./19. 5. 1981, ET 1981, 452.

735 Vgl. zu dieser Definition der „Eignung" zur Marktbeeinflussung, Immenga / Mestmäcker, GWB, § 1 Rn. 350.

Im Ergebnis unterfallen also das Kohle-Öl-Kartell 1958, die Mineralölselbstbeschränkung 1964/1965, der Hüttenvertrag und Jahrhundertvertrag sowie die Selbstbindung Heizöleinsatz in Kraftwerken dem Kartellverbot gem. § 1 GWB, das die Rechtsfolge der Unwirksamkeit anordnet.

ee) Wirksamkeit gem. §§ 2 - 8 GWB

Unwirksame wettbewerbsbeschränkende Vereinbarungen können indessen in den Verfahren gem. §§ 2 - 8 GWB doch noch Wirksamkeit erlangen[736]. So hat der Bundeswirtschaftsminister das Kohle-Öl-Kartell 1958 gem. § 8 I GWB erlaubt[737]. In den anderen Fällen ist kein Verfahren gem. §§ 2 - 8 GWB durchgeführt worden. Um die Grenzbestimmung staatlicher Einwirkung zur Sicherung der Energieversorgung mittels wettbewerbsbeschränkender Selbstbeschränkungsabkommen abzurunden, ist noch kurz auf diese Ausnahmevorschriften einzugehen.

Alle fünf diskutierten Selbstbeschränkungsabkommen sind – auch – durch den Absatzrückgang der westdeutschen Steinkohle veranlaßt worden. Da dieser Absatzrückgang auf einer nachhaltigen und nicht nur vorübergehenden Änderung der Nachfrage beruht d. h. strukturelle und nicht nur konjunkturelle Ursachen hat, kommt eine Erlaubnis als Strukturkrisenkartell gem. § 4 GWB in Betracht. Nach allgemeiner Auffassung kann ein Strukturkrisenkartell jedoch nur zwischen solchen Unternehmen geschlossen werden, die selbst infolge des Absatzrückganges Überkapazitäten haben[738]. Da an allen in Rede stehenden Selbstbeschränkungsabkommen die vom Absatzrückgang betroffenen Steinkohleunternehmen entweder gar nicht oder nicht ausschließlich beteiligt sind, scheidet die Möglichkeit des Strukturkrisenkartells aus. Aus demselben Grunde ist auch eine Erlaubnis der Selbstbeschränkungsabkommen als Rationalisierungskartelle gem. § 5 II GWB ausgeschlossen, da die jeweilige Vereinbarung jedenfalls nicht bei allen beteiligten Unternehmen eine wesentliche Hebung der Leistungsfähigkeit oder Wirtschaftlichkeit ermöglicht[739].

Weil auch ansonsten die Voraussetzungen gem. §§ 2 - 7 nicht vorliegen, kommt nur eine sog. Ministererlaubnis gem. § 8 I oder § 8 II GWB in Betracht. Nach zutreffender Ansicht ist § 8 II GWB lex specialis gegenüber § 8 I GWB[740]. Die Vorschrift des § 8 II GWB, die erschwerend gegenüber § 8 I GWB das Kartell nur subsidiär gegenüber anderen wirtschaftspolitischen Maßnahmen zuläßt, greift ein, wenn ein sog. „Branchennotstand“ gegeben

---

736 Vgl. die Übersicht bei Rinck, Wirtschaftsrecht, Rn. 831 - 834.

737 s. o. I. zu (1).

738 v. Gamm, Kartellrecht, § 4 Rn. 9; Immenga / Mestmäcker, GWB, § 4 Rn. 41.

739 v. Gamm, Kartellrecht, § 5 Rn. 20; Immenga / Mestmäcker, GWB, § 5 Rn. 81, 84.

740 Ausführlich hierzu Immenga / Mestmäcker, GWB, § 8 Rn. 8, 15 - 20.

ist. Es muß eine unmittelbare Gefahr für den Bestand des überwiegenden Teils der Unternehmen eines Wirtschaftszweigs bestehen. Im Falle des Kohle-Öl-Kartells 1958 verneinte der Bundesminister für Wirtschaft noch eine solche Gefahr für den westdeutschen Steinkohlenbergbau. Die seither eingetretene Entwicklung legt die gegenteilige Beurteilung nahe. Bejahte man einen Branchennotstand des Steinkohlenbergbaus, dann dürften auch die übrigen Voraussetzungen des § 8 II GWB als erfüllt anzusehen sein. Unter Berücksichtigung des wirtschaftspolitischen Spielraums des Bundeswirtschaftsministers dürften andere wirtschaftspolitische Maßnahmen als die Selbstbeschränkungsabkommen zum Schutz der Steinkohle keinen Vorrang haben. Die Wettbewerbsbeschränkungen wenden die Gefahr, wie sich gezeigt hat, wirksam ab. Schließlich kann die Krise des Steinkohlenbergbaus auch als schwerwiegender Einzelfall eingeschätzt werden.

Wird ein Branchennotstand der Steinkohlenbergbauunternehmen – heute praktisch der Ruhrkohle AG – verneint, kommt § 8 I GWB zum Zuge. Danach müssen die Selbstbeschränkungsabkommen als Wettbewerbsbeschränkungen ausnahmsweise aus überwiegenden Gründen der Gesamtwirtschaft und des Gemeinwohls notwendig sein. Damit ist dem Bundeswirtschaftsminister ein weiter wirtschaftspolitischer Beurteilungsspielraum eröffnet[741], der mit einer Erlaubnis der Selbstbeschränkungsabkommen nicht überschritten wird.

Die Selbstbeschränkungsabkommen können auch noch gegen die Kartellverbote gem. Art. 85 EWGV bzw. Art. 65 EGKSV verstoßen, die den Wettbewerb innerhalb des gemeinsamen Marktes schützen. Insoweit soll nur die zum Kohle-Öl-Kartell 1958 geäußerte Ansicht des Bundeswirtschaftsministers wiedergegeben werden[742], wonach Wettbewerbsbeschränkungen, die sich auf den Inlandsmarkt beziehen, nicht dem europäischen Kartellverbot unterliegen, das den zwischenstaatlichen Handel und gemeinsamen Markt betrifft.

b) Unternehmenszusammenschlüsse (§§ 22 - 24 b GWB)

Die staatliche Einwirkung zur Sicherung der Energieversorgung hat zur Gründung der Ruhrkohle AG 1968, der DEMINEX-Neugründung 1969 und der VEBA/Gelsenberg-Fusion 1974 geführt. Die 1973 eingeführte Fusionskontrolle gem. § 24 GWB[743] zieht auch staatlichen Einwirkungen auf die Unternehmensstruktur im Interesse des Wettbewerbs Grenzen. Gem. § 24 I und II GWB untersagt das Bundeskartellamt grundsätzlich einen Unterneh-

---

[741] Rinck, Wirtschaftsrecht, Rn. 856 verneint sogar zu weitgehend einen unbestimmten Rechtsbegriff; Immenga / Mestmäcker, GWB, § 8 Rn. 37, 42, 44, 48.

[742] WuW / E 1959 BWM 118.

[743] Vgl. näher Emmerich, Kartellrecht, 4. Aufl., 1982, § 21 – Einführung und 1.

menszusammenschluß, durch den eine marktbeherrschende Stellung entsteht. Der Bundeswirtschaftsminister erteilt gem. § 24 III GWB die Erlaubnis zu dem Zusammenschluß, wenn das öffentliche Interesse an der Fusion die damit verbundenen Wettbewerbsbeschränkungen aufwiegt[744]. Dieser Weg wurde bei der VEBA/Gelsenberg-Fusion 1974 beschritten[745]. Die Gründung der Ruhrkohle AG 1968 aus 22 Bergbauunternehmen[746], die die Voraussetzungen eines marktbeherrschenden Unternehmenszusammenschlusses i.S.d. §§ 24 I, 23 II, 22 GWB erfüllt, lag zeitlich vor der Einführung der Fusionskontrolle und müßte aus heutiger Sicht ebenfalls gem. § 24 III GWB genehmigt werden. Die Neugründung der DEMINEX 1969 stellt keinen Unternehmenszusammenschluß i.S.d. §§ 24 I, 23 II und III GWB dar, da die beteiligten Unternehmen nicht in dem in diesen Vorschriften geforderten Maße ihre Selbständigkeit verloren haben[747].

[744] Emmerich (Fn. 743), § 25, 1. a).
[745] s. o. 1. Kap. 2. Abschn. I. 2. b), 2. Kap. 1. Abschn. I. zu (5).
[746] s. o. 1. Kap. 2. Abschn. I. 2. a), 2. Kap. 1. Abschn. I. zu (3).
[747] Vgl. hierzu 1. Kap. 2. Abschn. I. 2. c).

2. Abschnitt

Örtliche und regionale Energieversorgungskonzepte

I. Begriff und Verbreitung

Die im Zusammenhang mit den Ölkrisen der siebziger Jahre neu konzipierte staatliche Energiepolitik findet ihren Kristallisationspunkt in dem Bemühen um „örtliche und regionale Energieversorgungskonzepte". Hinter dieser Kurzformel verbirgt sich die brisante Auseinandersetzung um die Frage, ob der Staat noch intensiver als bisher die Energiewirtschaft und das Verbraucherverhalten lenken soll. Es steht eine Verschiebung der Entscheidungszuständigkeiten von den Energieunternehmen und Verbrauchern auf staatliche Gebietskörperschaften in Rede. Dabei bezeichnet die Kurzformel „örtliche und regionale Energieversorgungskonzepte" eine tatsächlich und rechtlich komplexe staatliche Einwirkungsform zur Sicherung der Energieversorgung, über die unter staatlichen Entscheidungsträgern und betroffener Energiewirtschaft sowie in der rechts- und wirtschaftswissenschaftlichen Literatur unterschiedliche Auffassungen bestehen.

Das *Hauptziel* der staatlichen Energiepolitik, die Sicherung der Energieversorgung zu möglichst günstigen volkswirtschaftlichen Gesamtkosten, soll vor allem über die *Zwischenziele* der Ölsubstitution und des Energiesparens durch sparsame und rationelle Energieverwendung erreicht werden[748].

Zur Verwirklichung der Ziele kommt den örtlichen und regionalen Energieversorgungskonzepten erhebliches *Gewicht* zu. Sie sollen den Markt für Niedertemperaturwärme (vorwiegend Raumheizung) gestalten, auf den fast die Hälfte des gesamten Energieverbrauchs der Bundesrepublik Deutschland entfällt, nämlich 43 %.

---

[748] Energieprogramm der BReg mit seinen drei Fortschreibungen (Fn. 2) z. B. 3. Fortschreibung Tz. 1; ausführlich dazu Börner, ET 1983, 336 f.; F. Spreer, Grundsatzfragen örtlicher und regionaler Energieversorgungskonzepte, in: Schriftenreihe „Seminare, Symposien, Arbeitspapiere" der Bundesforschungsanstalt für Landeskunde und Raumordnung (BfLR), Heft 1, 1981, S. 5; Gemeinsames Arbeitsprogramm des Bundesministers für Forschung und Technologie (BMFT) und des Bundesministers für Raumordnung, Bauwesen und Städtebau (BMBau), dokumentiert in: Informationen zur Raumentwicklung (IzR) der BfLR, Heft 4/5, 1982, S. 387; Bundeswirtschaftsminister Lambsdorff, IzR der BfLR, Heft 4/5, 1982, S. 276. Empfehlung des Beirats für Raumordnung beim BMBau v. 11. 3. 1982, dokumentiert in IzR der BfLR, Heft 4/5, 1982, S. 414; Jahresgutachten 1979/80 des Sachverständigenrats zur Begutachtung der gesamtwirtschaftlichen Entwicklung, BT-Drucks. 8/3420, Tz. 397 ff. (404 ff.).

Der ebenfalls verbrauchsstarke Verkehrssektor nimmt zum Vergleich nur 20% der Endenergie in Anspruch[749]. Den Endenergiebedarf der Raumheizung decken das Öl zur Hälfte, das Gas zu 18 %, die Kohle immerhin noch zu 15 %, Strom und die hochsubventionierte Fernwärme jeweils nur zu 7%[750].

Die Zahlen verdeutlichen die Bedeutung des Niedertemperaturwärmemarktes für die Verwirklichung der energiepolitischen Ziele. Der hohe Ölanteil kann durch die anderen Energieträger substituiert werden und der hohe Anteil am Endenergieverbrauch verheißt schnelle Erfolge bei der Energieeinsparung[751]. Dementsprechend werden örtliche und regionale Energieversorgungskonzepte als *Mittel* zur Verwirklichung der Ziele der Ölsubstitution und Energieeinsparung und damit der Sicherung der Energieversorgung angesehen und ihr tatsächlicher Inhalt weitgehend übereinstimmend festgelegt.

Als hier interessierender steuernder Inhalt werden zunächst Vorgaben für den Ausbau der leitungsgebundenen Energieversorgung mit Angaben zur angestrebten Arbeitsteilung zwischen den leitungsgebundenen Energieträgern Fernwärme, Erdgas und Strom genannt. Die Arbeitsteilung beeinflußt gleichzeitig den Einsatz von Kohle und Öl. Beispielsweise verdrängt der Ausbau der Fernwärme, die auf Steinkohlenbasis in Kraft-Wärme-Kopplung erzeugt wird, das Öl und führt zu besserer Ausnutzung der eingesetzten Primärenergie. Zweitens wählen Energieversorgungskonzepte geeignete Standorte für die Produktion von Wärme und Strom aus. Drittens beinhalten sie Maßnahmen rationeller Energieverwendung, insbesondere der verstärkten Nutzung der Kraft-Wärme-Kopplung und industrieller Abwärme als Grundlage der Fernwärme[752].

Die Arbeitsteilung der Energieträger soll angepaßt an die örtlichen Gegebenheiten erfolgen, so zum Beispiel Siedlungsstruktur, vorhandene Energieinfrastruktur (z. B. vorhandene Gasleitungen), Standorte von Abwärmequellen, freie Nachtleistung in Kraftwerken[753]. Den – umstrittenen –

[749] F. Spreer (Fn. 748), S. 6.

[750] Gemeinsames Arbeitsprogramm des BMFT und BMBau (Fn. 748), S. 388.

[751] Hoffmann, EW 1982, 286; Schulz-Trieglaff, gwf 1982, 313.

[752] Beirat für Raumordnung beim BMinBau (Fn. 748), S. 419; Bundeswirtschaftsminister Lambsdorff (Fn. 748), S. 276; Deutscher Städtetag, Überlegungen zur Aufstellung und Weiterentwicklung eines örtlichen Versorgungskonzepts v. 2. 2. 1983, Umdruck-Nr. U. 4593, S. 2, 3, 7, 8; Tegethoff (als Vertreter der Elektrizitätswirtschaft), EW 1981, 607; Erklärung der Verbände Arbeitsgemeinschaft Fernwärme (AGFW), Bundesverband der deutschen Gas- und Wasserwirtschaft (BGW), Vereinigung Deutscher Elektrizitätswerke (VDEW) in EW 1980, 320; Schulz-Trieglaff, gwf 1982, 315; vgl. auch Hermann, DVBl. 1982, 1167 zum gesellschaftspolitischen „Ballast"; die Bundesregierung definiert in der 3. Fortschreibung (Fn. 2) vorsichtig funktional, dazu A. R. Börner, ET 1983, 474.

[753] Bundeswirtschaftsminister Lambsdorff (Fn. 748), S. 278; F. Spreer (Fn. 748), S. 7 f., 33; Schulz-Trieglaff, gwf 1982, 313; BReg in 3. Fortschreibung (Fn. 2), Tz. 92; Schneider, ZfE 1982, 139 f. kritisch aus volkswirtschaftlicher Sicht: ein Versorgungsunternehmen habe nicht in den Kategorien von Primärenergieeinsatz und Wärme-

Schwerpunkt von Energieversorgungskonzepten bildet der Ausbau der Kraft-Wärme-Kopplung in mittleren und kleinen Kraftwerken. Von einer gekoppelten Erzeugung von Strom und Wärme verspricht man sich eine Verbesserung des Ausnutzungsgrades der eingesetzten Primärenergie um 35 %. Die in Kraft-Wärme-Kopplung erzeugte Fernwärme soll zugleich der Verdrängung des Heizöles dienen, das dann allerdings nicht als Brennstoff in den Heizkraftwerken verwendet werden darf[754].

Von einer geregelten Arbeitsteilung der Energieträger und der Kraft-Wärme-Kopplung erwarten ihre Befürworter, daß in einem Zeitraum von 20 - 30 Jahren bei der Raumheizung eine Energieeinsparung von 50 % gegenüber dem heutigen Verbrauch erreicht werden kann. Das entspricht einem Viertel des heutigen Primärenergieverbrauchs. Mit anderen Worten erhofft man sich bei siedlungsangepaßter Wärmeversorgung eine Steigerung des durchschnittlichen Nutzungsgrades der Primärenergie von heute 45 % auf 70 - 80 %[755].

Entscheidend für die Energieversorgungskonzepte als staatlicher Einwirkung zur Sicherung der Energieversorgung ist ihre *rechtliche Umsetzung*. Damit ist die *Verbindlichkeit* der Energieversorgungskonzepte angesprochen, die davon abhängt, wer für letztere *zuständig* ist. Nur verbindliche Energieversorgungskonzepte sind problematisch und im Hinblick auf die Grenzen zu untersuchen, die das einfache Gesetzesrecht, die wirtschaftlich bedeutsamen Grundrechte und die grundgesetzliche dezentrale Wirtschaftsordnung ziehen. Von einer Verbindlichkeit gehen auch wichtige Beteiligte auf staatlicher und unternehmenswirtschaftlicher Seite aus.

Die Bundesregierung lehnt eine „verbindliche Handlungsanleitung“ nicht ab[756] und formuliert in der dritten Fortschreibung ihres Energieprogramms funktional vorsichtiger, daß örtliche und regionale Versorgungskonzepte wichtig sind, um das Verhältnis der leitungsgebundenen Energieträger (und damit auch von Kohle und Öl) sinnvoll zu gestalten[757], ohne aber damit die

---

bedarf, sondern in denen von Kosten und Erträgen zu denken. Nicht nur Energie, sondern auch Kapital und Arbeit seien knapp. Also dürfe Energieeinsparung nicht mit Kapitalverschwendung verbunden sein.

[754] H. Gröner, Ordo XXXIII (1982), S. 242 f.; F. Spreer, IzR der BfLR, Heft 4/5, 1982, (vgl. Fn. 748), S. 367, 369, 371 f., 376, der auf den Kosteneinwand der Elektrizitätswirtschaft hinweist: Stromerzeugung ohne Kraft-Wärme-Kopplung in Großkraftwerken ist billiger; Baur BB 1983, 138; Rat von Sachverständigen für Umweltfragen, BT-Drucks. 9/872, Tz. 660; Enquete-Kommission „Zukünftige Kernenergie-Politik“, BT-Drucks. 8/4341, 2.3. (41); BT-Ausschuß für Forschung und Technologie, BT-Drucks. 9/1147, S. 25; Haeberlin, ET 1982, 396 eindringlich zum Kostenproblem der Fernwärme; als Vertreter der konkurrierenden Gaswirtschaft ist er gegen einen forcierten Ausbau der Fernwärme d. h. Kraft-Wärme-Kopplung.

[755] Spreer (Fn. 754), S. 370; Schmidt, der Landkreis 1982, 211; Schulz-Trieglaff, gwf 1982, 313.

[756] In BT-Drucks. 8/3888 v. 3. 4. 1980, S. 3.

[757] (Fn. 2) Tz. 92.

früher getroffene Aussage zurückzunehmen[758]. Auf dieser Linie liegen auch Äußerungen aus dem BMBau und BMFT sowie des nordrhein-westfälischen Wirtschaftsministers mit Wendungen wie „Vorgaben zur Arbeitsteilung“[759], „Marktanteile der Wärmeversorgungsformen müssen verschoben werden“[760], „zielgerichtete Verordnung des Energieangebots“[761], „örtliche leitungsgebundene Versorgung regeln“[762]. Auch die öffentlichen Energieunternehmen sehen in Energieversorgungskonzepten verbindliche Entscheidungen darüber, durch welche Energieart die Versorgung erfolgt und inwieweit die freie Wahl der Verbraucher begrenzt wird[763].

Je nach Interessenlage werden indessen unterschiedliche Standpunkte zur Frage vertreten, in welcher Weise Energieversorgungskonzepte verbindlich gemacht d. h. rechtlich umgesetzt werden sollen. Die Antwort richtet sich danach, ob staatliche und kommunale Gebietskörperschaften – insbesondere die Gemeinden[764] – oder die öffentlichen Energieunternehmen[765] für zuständig zu Energieversorgungskonzepten gehalten werden.

Sind staatliche und kommunale Gebietskörperschaften zuständig, so kommt zunächst in Betracht, daß Energieversorgungskonzepte zum Inhalt der Entwicklungs- und Raumplanung gemacht werden. Es wird gefordert, örtliche Energieversorgungskonzepte als Fachpläne in die gemeindliche Entwicklungsplanung aufzunehmen[766] und über die Transmissionswirkung des § 1 V BBauG, wonach städtebaulich bedeutsame Ergebnisse der Entwicklungsplanung bei der Aufstellung der Bauleitpläne zu berücksichtigen sind, in die Bauleitpläne[767] eingehen zu lassen.

Raumordnungsplaner möchten diese gemeindliche Entwicklungs- und Bauleitplanung mittels übergeordneter regionaler Energieversorgungskon-

[758] So auch Baur, BB 1983, 139 und Gröner, Ordo XXXIII (1982), S. 247 Fn. 21.

[759] Beirat für Raumordnung beim BMBau (Fn. 748), S. 419.

[760] F. Spreer als Vertreter des BMBau (Fn. 748), S. 10; zwar spricht er auf S. 33 auch von Energieversorgungskonzepten als „Strategie zur Orientierung für die Energielieferanten und Einzelinvestoren“, aber am dirigierenden Ansatz der Energieversorgungskonzepte läßt er keinen Zweifel, vgl. z. B. auch S. 32: Vorschlag, Abwärmenutzung zur Genehmigungsvoraussetzung beim Kraftwerksbau zu machen; das gleiche gilt für Schulz-Trieglaff, gwf 1982, 315 f., der dem BMBau angehört.

[761] So das BMFT, zit. nach Schneider, ZfE 1982, 135.

[762] Kabinettsvorlage des nordrhein-westfälischen Wirtschaftsministers v. 7. 12. 82, zit. nach A. R. Börner, ET 1983, Fn. 8; sie basiert auf der Rechtsansicht von Jüngst, DÖV 1982, 267.

[763] Verbändeerklärung (Fn. 753), EW 1980, 320; Tegethoff, EW 1981, 607.

[764] So z. B. Deutscher Städtetag (Fn. 753), S. 2, 3; Verband kommunaler Unternehmen (VKU), Aufstellung und Weiterentwicklung örtlicher Versorgungskonzepte durch kommunale Querverbundunternehmen, dokumentiert in IzR der BfLR Heft 4/5 1982 (vgl. Fn. 748), Tz. 18.

[765] Beschluß der Wirtschaftsministerkonferenz der Länder v. 7. 7. 82 gegen die Stimmen von Nordrhein-Westfalen (vgl. auch Fn. 762) und Hamburg, ET 1982, 685 f.; Verbändeerklärung (Fn. 753), EW 1980, 319.

[766] So BReg, BT-Drucks. 8/3888, S. 1; Deutscher Städtetag (Fn. 753), S. 2.

[767] Dazu Spreer (Fn. 748), S. 34.

zepte als Inhalt regionaler Raumordnungspläne aufgrund der Planungsgesetze der Länder und des BROG vorprägen[768].

Imperativen Charakter gewinnen Energieversorgungskonzepte, wenn eine kommunale Satzung aufgrund der Gemeindeordnung des jeweiligen Bundeslandes den Anschluß- und Benutzungszwang zugunsten einer Energieart (vor allem Fernwäme) vorschreibt[769] und Verwendungsverbote für Heizöl und Kohle auf der Grundlage von §§ 9 I Nr. 23 BBauG, 49 I Nr. 4 BImSchG und der Landesbauordnungen eingeführt werden[770]. Es wird schließlich in Betracht gezogen, Energieversorgungskonzepte im Wege der Investitionskontrolle gem. § 4 EnWG[771] und in Konzessionsverträgen unter Ausnutzung des gemeindlichen Wegemonopols durchzusetzen[772].

Sind öffentliche Energieunternehmen für Energieversorgungskonzepte zuständig, so ist zu unterscheiden, ob es sich um Querverbundunternehmen handelt, die mehrere leistungsgebundene Energieträger anbieten oder um Spartenunternehmen, die nur mit einer Energieart arbeiten.

Ein (gemeindeeigenes) Querverbundunternehmen kann im Rahmen seiner Investitionsplanung das Verhältnis der von ihm angebotenen Energie gestalten und die Kraft-Wärme-Kopplung einführen[773]. Einigen sich verschiedene Spartenunternehmen darüber, in welchen Bereichen die Versorgung mit Niedertemperaturwärme durch welche Energieart durchgeführt werden soll, wird das Energieversorgungskonzept möglicherweise über eine Wettbewerbsbeschränkung im Sinne der §§ 1, 25 I GWB umgesetzt[774].

Unabhängig davon, ob die Zuständigkeit staatlicher bzw. kommunaler Gebietskörperschaften oder öffentlicher Energieunternehmen angenommen wird, soll das Energieversorgungskonzept immer in *Kooperation* zwischen der jeweiligen Gebietskörperschaft und den ansässigen öffentlichen Energieunternehmen erarbeitet werden.

Nach Ansicht derjenigen, die für eine Zuständigkeit öffentlicher Energieunternehmen plädieren, entwickeln die öffentlichen Energieunternehmen

---

768 Erbguth, DVBl. 1983, 305 ff. (311); entgegen diesem raumordnerischen Verständnis begreifen andere regionale Energieversorgungskonzepte nur als Energieversorgungskonzepte einer Region, in der sich örtliche Konzepte nicht lohnen, so z. B. Tegethoff, EW 1982, 376 f.

769 Baur, BB 1983, 140.

770 Schneider, ZfE 1982, 138; ausführlich Stich, DÖV 1981, 645 ff.

771 Tegethoff, EW 1982, 380.

772 s. o. 1. Kap. 2. Abschn. I. 5.; Tegethoff, EW 1981, 607.

773 Spreer (Fn. 754), S. 384, 371; Schneider, ZfE 1982, 138; da sich Energieversorgungskonzepte in öffentlichen Querverbundunternehmen am einfachsten durchsetzen lassen, sind hier die größten Fortschritte auf dem Wege ihrer Verwirklichung zu verzeichnen, vgl. BMBau, Bearbeiter J. Eberhard u. a., Analyse von Informations- und Methodengrundlagen für örtliche Energieversorgungskonzepte, Schriftenreihe Städtebauliche Forschung des BMBau, S. 43 - 87.

774 Tegethoff, EW 1981, 607.

eigenverantwortlich das Energieversorgungskonzept und stimmen es mit der jeweiligen Gebietskörperschaft im Hinblick auf deren Kompetenz für Siedlungsstruktur, Stadtentwicklung und Umweltschutz ab[775]. Wer hingegen von der Zuständigkeit staatlicher bzw. kommunaler Gebietskörperschaften ausgeht, versteht Kooperation als Inanspruchnahme des Sachverstandes der öffentlichen Energieunternehmen durch die Gebietskörperschaften[776]. Damit stellen sich Energieversorgungskonzepte in jedem Fall als eine Form des zweiseitigen Zusammenwirkens von Staat und Energiewirtschaft zur Sicherung der Energieversorgung dar. Die Kooperation findet allerdings zwischen dem Staat und seinen öffentlichen Energieunternehmen statt[777].

Weil Energieversorgungskonzepte – wie gezeigt – tatsächlich und rechtlich komplexe Gebilde sind, lassen sich Feststellungen über ihre *Verbreitung* schwer treffen. Die Bundesregierung stellt in der 3. Fortschreibung ihres Energieprogramms 1981 fest, daß für „zahlreiche" Städte, Gemeinden und Regionen Versorgungsunternehmen und Verwaltungen gemeinsam an ihrer Ausgestaltung arbeiten. Eine Studie im Auftrag des BMBau aus dem Jahre 1981 führt einige Beispiele örtlicher Energieversorgungskonzepte von Querverbundunternehmen und zum Teil auch kooperierender Spartenunternehmen auf, läßt aber verlauten, daß nur in wenigen meist größeren Gebietskörperschaften örtliche Versorgungskonzepte erstellt worden seien[778]. Im ländlichen Raum sind sie am geringsten verbreitet[779]. In jüngster Zeit scheint es mit der Verwirklichung von Energieversorgungskonzepten „nicht so recht voran" zu gehen[780].

II. Folgen der Energieversorgungskonzepte für (Wirtschafts-)Freiheit und Unterscheidung von Staat und Gesellschaft

Soweit öffentliche Energieunternehmen Energieversorgungskonzepte entwickeln, kann auf die Ausführungen zur Einwirkungsform des öffentlichen Unternehmens verwiesen werden[781]. Dann handelt es sich nämlich um eine besondere Ausprägung unternehmerischer Tätigkeit zur Sicherung der Energieversorgung.

---

[775] So z. B. A. R. Börner, ET 1983, 476; Tegethoff, EW 1981, 606, 607.

[776] So z. B. Jüngst, DÖV 1982, 269, 270.

[777] Hierzu s. o. 1. Abschn. I. einleitend.

[778] (Fn. 773), S. 43 - 87, 7.

[779] Schulz-Trieglaff, gwf 1982, 316.

[780] So der nordrhein-westfälische Wirtschaftsminister Joachimsen in der „Zeit" v. 20. 1. 1984 „Zwang ohne Druck"; vgl. IzR der BfLR Heft 4/5, 1982 (Fn. 748), S. 359.

[781] s. o. 1. Kap. 2. Abschn. II.

Im Unterschied hierzu verstärken Energieversorgungskonzepte staatlicher bzw. kommunaler Gebietskörperschaften den staatlichen Einfluß auf die Energiewirtschaft und höhlen somit die organisatorische und funktionale Unterscheidung von Staat und Energiewirtschaft als gesellschaftlichem Teilbereich weiter aus. Spiegelbildlich[782] schwindet auch die (Wirtschafts-) Freiheit der Energieunternehmen und Verbraucher, soweit die rechtliche Umsetzung der Energieversorgungskonzepte mittels Entwicklungs- und Raumplanung, Anschluß- und Benutzungszwang, Verwendungsverboten und Investitionskontrolle gem. § 4 EnWG erfolgt.

III. Maß der (verfassungs-)rechtlich festgelegten (Wirtschafts-)Freiheit und Unterscheidung von Staat und Gesellschaft bezogen auf Energieversorgungskonzepte

Zunächst stellt sich die Frage, inwieweit Energieversorgungskonzepte staatlicher bzw. kommunaler Gebietskörperschaften und öffentlicher Energieunternehmen auf der Grundlage des geltenden einfachen Gesetzesrecht umgesetzt werden können.

Es erscheint zweifelhaft, ob das einfache Gesetzesrecht die angedeuteten weitgehenden Eingriffe in die (Wirtschafts-)Freiheit der Energieunternehmen und Verbraucher zuläßt. Neben dem einfachen Gesetzesrecht ist das Verfassungsrecht darauf zu untersuchen, inwieweit es Energieversorgungskonzepten unter dem Blickwinkel der (Wirtschafts-)Freiheit und Unterscheidung von Staat und Gesellschaft Grenzen zieht.

1. Entwicklungs- und Raumplanung

Die Raumplanung geschieht derzeit auf den vier Ebenen der Bundesraumordnung, Landes- und Regionalplanung (= Raumordnung in den Ländern) sowie Ortsplanung (Flächennutzungs- und Bebauungsplan). Sie soll die von ihr abstrakt festgelegte Nutzung des Raumes ermöglichen, nicht aber aktiv gestaltend darauf hinwirken, daß die vorgesehene Nutzungsart verwirklicht wird. Darüber haben die privaten und öffentlichen Investoren zu entscheiden. Im Unterschied zur Raumplanung wird die Entwicklungsplanung als umfassende aktiv gestaltende Planung verstanden, die raum-, zeit- und finanzbezogen ist. Sie beruht auf der Vorstellung notwendiger staatlicher Beeinflussung und Steuerung der gesellschaftlichen und wirtschaftlichen Gegebenheiten[783].

---

782 Hierzu Einl. I.

783 E. Pappermann / M. Gubelt, Fälle zum Wahlfach Bau- und Raumordnungsrecht sowie Straßenrecht, S. 96, 98 m.w.N.; Evers (Fn. 284), S. 229 f.

a) Gemeindliche Entwicklungsplanung

Örtliche Energieversorgungskonzepte kommen als Gegenstand der gemeindlichen Entwicklungsplanung in Betracht, deren Rechtsgrundlage das gemeindliche Selbstverwaltungsrecht gem. Art. 28 II 1 GG bildet[784]. Stellvertretend für viele spricht sich die unternehmensfreundliche Wirtschaftsministerkonferenz der Länder[785] aus ordnungspolitischen Überlegungen für eine Entscheidungskompetenz der Energieunternehmen zur Erarbeitung und Verwirklichung von Energieversorgungskonzepten aus. Aber es wird, soweit ersichtlich, übereinstimmend die Ansicht vertreten, daß die Gemeinden rechtlich die Möglichkeit haben, örtliche Energieversorgungskonzepte als fachlichen Teilplan des Entwicklungsplans der Gemeinde zu beschließen[786].

Doch ist hierbei fraglich, ob die Energieversorgungskonzepte mit dem oben definierten detaillierten Inhalt[787] in den gemeindlichen Entwicklungsplan einzufügen sind. Das bejahen diejenigen, die von einer Zuständigkeit der Gebietskörperschaften zu Energieversorgungskonzepten ausgehen. Der Deutsche Städtetag[788] nennt ausdrücklich die Standortplanung von Energieerzeugungsanlagen (insbes. Kraft-Wärme-Kopplungsanlagen), den Einsatz weiterer nutzungswürdiger Energiequellen (z. B. industrieller Abwärme), die Trassierung der Verteilungsnetze (insbes. Fernwärmenetze), die Bildung von Vorrangräumen (= für die einzelnen leitungsgebundenen Energiesysteme werden die am besten geeigneten Gebiete innerhalb der Gemeinde nach folgender Zuordnung ausgesucht: hohe Wärmeanschlußdichte/Fernwärme, mittlere Wärmeanschlußdichte/Erdgas, geringe Wärmeanschlußdichte/Strom), den Ausbau der Fernwärme auf der Grundlage der Kraft-Wärme-Kopplung und Nutzung industrieller Abwärme und schließlich die Planung energiegerechten Bauens.

Rechtlich ist dieses inhaltliche Verständnis von entwicklungsplanerischen gemeindlichen Energieversorgungskonzepten nicht zu beanstanden. Die gemeindliche Entwicklungsplanung wird auch im § 1 V BBauG nicht gesetzlich definiert, sondern vorausgesetzt. Sie hält sich mit dem beschriebenen Inhalt im Rahmen des gemeindlichen Selbstverwaltungsrechts gem. Art. 28 II 1 GG, da sie den notwendigen örtlichen Bezug aufweist. Die Ver-

---

[784] So auch Parameterstudie Versorgungskonzepte Teilziel A 2.4 – Rechtliche Vorschriften der Arbeitsgruppen „Ordnungspolitik" von VDEW und BGW v. 26. 1. 1983, S. 22; Hermann, DVBl. 1982, 1169.

[785] (Fn. 765), ET 1982, 685; vgl. dazu Baur, BB 1983, 139.

[786] Als Vertreter der Zuständigkeit der Gebietskörperschaften z. B. die BReg in BT-Drucks. 8/3888, S. 1; Deutscher Städtetag (Fn. 752), S. 2; als Vertreter der unternehmenswirtschaftlichen Zuständigkeit z. B. A. R. Börner, ET 1983, 477; Hermann, DVBl. 1982, 1169; Parameterstudie (Fn. 784), S. 9.

[787] s. o. S. f.

[788] (Fn. 752), S. 2, 5, 7, 8; vgl. auch Spreer (Fn. 748), S. 34.

treter der unternehmenswirtschaftlichen Zuständigkeit zu Energieversorgungskonzepten sind dementsprechend ebenfalls der Ansicht, daß detaillierte strategisch-politische Entscheidungen über die Struktur der gemeindlichen Energieversorgung in die gemeindliche Entwicklungsplanung übernommen werden können[789].

Darin liegt nur scheinbar ein Widerspruch zur Betonung der Zuständigkeit der Energieunternehmen zu Energieversorgungskonzepten. Denn Energieversorgungskonzepte als Inhalt der gemeindlichen Entwicklungsplanung binden Energieunternehmen mangels Außenwirkung nicht[790]. Eine gewisse rechtliche Verbindlichkeit erhalten sie allerdings gem. § 1 V BBauG, wonach städtebaulich bedeutsame Ergebnisse einer von der Gemeinde beschlossenen Entwicklungsplanung bei der Aufstellung der Bauleitpläne zu berücksichtigen sind. „Berücksichtigen" bedeutet nur „in Rechnung stellen", so daß sich die Bauleitplanung aufgrund eines Abwägungsprozesses im Einzelfall über die Festlegung der Entwicklungsplanung hinwegsetzen darf, was § 1 V 3 BBauG klarstellt[791]. Zu Recht stellt A. R. Börner[792] deshalb fest, daß Energieversorgungskonzepte als örtliche Entwicklungsplanung nichts „bestimmen" d. h. nicht unmittelbar lenken.

Die Pflicht zur Berücksichtigung gilt auch nur für die „städtebaulichen" Ergebnisse der Entwicklungsplanung. An der „städtebaulichen" Relevanz der entwicklungsplanerischen Energieversorgungskonzepte mit den angesprochenen detaillierten Inhalten zweifeln diejenigen, die sie nur als politisches Faktum einordnen und der Ansicht sind, daß eine Entwicklungsplanung, die mit dem Energieversorgungskonzept Energiepolitik betreibt, in den Bauleitplänen unberücksichtigt bleiben muß[793]. Hermann[794] stützt seine Ansicht mit verfassungsrechtlichen Erwägungen. Er leitet aus Art. 12 I und 14 GG in Verbindung mit dem Energiewirtschaftsgesetz die Zuständigkeit der Energieunternehmen zur Energieversorgungsplanung ab. Nicht mehr durch städtebauliche Zwecke gedeckt sei eine hoheitliche Steuerung der Energieversorgung.

Demgegenüber ist nach dem Wortlaut des § 1 VI BBauG der Belang der Energie- und Wärmeversorgung von städtebaulicher Bedeutung[795]. Das spricht dafür, die angegebenen Inhalte gemeindlicher Energiepläne, die sich ausschließlich mit der Gestaltung der örtlichen Energie- und Wärmeversorgung befassen, als städtebaulich bedeutsam im Sinne des § 1 V BBauG

[789] A. R. Börner, ET 1983, 477; Parameterstudie (Fn. 784), S. 10, 22.
[790] Jüngst, DÖV 1982, 266.
[791] Jüngst, DÖV 1982, 268.
[792] ET 1983, 477.
[793] Hermann, DVBl. 1982, 1169, 1170; Parameterstudie (Fn. 784), S. 10, 11.
[794] DVBl. 1982, 1168 - 1170.
[795] Ernst / Zinkhahn / Bielenberg, BBauG, § 1 Rn. 138, 173 - 175, 276, 277.

anzusehen[796]. Den Begriff „städtebaulich" in § 1 V 1 BBauG restriktiv auszulegen, um die grundrechtlich geschätzte Betätigungsfreiheit der Energieunternehmen zu wahren, erscheint nicht notwendig. Denn eine umfassende Abwägung der beteiligten Interessen erfolgt bei der Aufstellung der Bauleitpläne, denen erst Außenwirkung gegenüber den Energieunternehmen zukommt[797]. Wird eine Entwicklungsplanung, die auf die Versorgungsplanung der Energieunternehmen nicht genügend Bedacht nimmt, in die Bauleitplanung übernommen, ist diese wegen Verletzung des Abwägungsgebotes gem. § 1 VII BBauG rechtswidrig und unwirksam[798].

Eine hiervon zu scheidende Frage liegt darin, wie konkret die Darstellungen der Flächennutzungspläne und Festsetzungen der Bebauungspläne die Inhalte der entwicklungsplanerischen Energieversorgungskonzepte übernehmen dürfen. Hierauf ist unten im Punkt Bauleitplanung einzugehen[799].

b) Raumordnung

Nach der Entwicklungsplanung der Gemeinden ist die Raumordnungsplanung in den Ländern darauf zu überprüfen, ob und wie sie als Mittel regionaler Energieversorgungskonzepte genutzt werden kann. Dies soll am Beispiel Niedersachsens geschehen[800].

Begrifflich meint Raumordnung als Ausschnitt der Raumplanung die raumbezogene überörtliche und zusammenfassend-überfachliche Planung. Sie grenzt sich somit von der Ortsplanung (Flächennutzungs- und Bebauungsplanung) und Fachplanung ab[801]. Die Spitze der „Raumordnungspyramide" bildet das Rahmenrecht des Bundesraumordnungsgesetzes (BROG), das in seiner zentralen Vorschrift des § 2 I Nr. 1 und 3 BROG energiewirtschaftliche „Grundsätze" enthält, denen die Länder gem. § 2 III BROG weitere hinzufügen können. Gemäß § 2 I Nr. 1 BROG ist die versorgungsmäßige Aufschließung, die Bedienung mit Versorgungsleistungen und die angestrebte Entwicklung in Einklang zu bringen. In Problemgebieten sind die Versorgungseinrichtungen zu verbessern und im Zonenrandgebiet vordringlich zu schaffen, § 2 I Nr. 3 BROG.

---

[796] Evers (Fn. 284) nennt ausdrücklich die Errichtung von Versorungsanlagen, die Verlegung von Versorgungsleitungen und die anzustrebende bauliche Verdichtung und Durchmischung.

[797] Im einzelnen s. u. 6. a).

[798] So auch A. R. Börner, ET 1983, 477 f.; die Energieunternehmen sind als Träger öffentlicher Belange gem. § 2 V BBauG bei der Aufstellung der Bauleitpläne möglichst frühzeitig zu beteiligen.

[799] s. u. c).

[800] Zu Einzelheiten in anderen Bundesländern vgl. z. B. Evers (Fn. 284), S. 243 f.; ders. Energieversorgung und Raumordnung, in: Zukunftsprobleme des Energiewirtschaftsrechts (Hrsg. W. Frehmuth / T. Mayer-Maly), S. 29; Wahl, DÖV 1981, 601; Pappermann / Gubelt (Fn. 783), S. 105.

[801] Ausführlich und klar Erbguth, DVBl. 1983, 307 - 309; Evers (Fn. 284), S. 229.

Die landesweite Raumordnung, die in § 5 I 1 BROG angeordnet wird, geschieht in Niedersachsen mit dem Landes-Raumordnungsprogramm (LROP) auf der Grundlage des § 4 Nds. Gesetz über Raumordnung und Landesplanung (NROG). Im LROP Teil I (Gesetz vom 1. 6. 1982 GVBl. Nds. S. 123) werden die „Grundsätze" des § 2 I BROG durch entsprechende „Ziele" der Raumordnung und Landesplanung verwirklicht[802] und weitere „Grundsätze" gem. § 2 III BROG aufgestellt, wie es in §§ 4 III, 5 II BROG, 4 II, 5 IV NROG vorgeschrieben ist. Sein Grundsatz „A 6 Energie" strebt insbesondere ein ausreichendes, sicheres und vielfältiges Energieangebot zu tragbaren Preisen an sowie eine vorausschauende Standortsicherung für Energieerzeugungsanlagen. Als energiewirtschaftliches Ziel der Raumordnung zur allgemeinen Entwicklung des Landes nennt es unter B. 1.5 01 nur die Festlegung den Vorrangstandorten für Ver- und Entsorgungsanlagen.

Das LROP Teil II (Beschluß des Ministers des Innern gem. Bekanntmachung v. 16. 6. 1982, Nds MBl. 1982, S. 717) ist aus dem LROP Teil I entwikkelt und enthält weitere Ziele der Energiewirtschaft im Abschnitt „C 6 Energie", §§ 4 III, 5 II BROG, 4 III, 5 V NROG. Insbesondere ist danach die Energieversorgung bedarfsgerecht auszubauen und auf rationelle Energieumwandlung, sparsame Energieverwendung sowie die Nutzung neuer Energiequellen hinzuwirken. Bei der Energieumwandlung und -verwendung anfallende Abwärme soll verstärkt für die Wärmeversorgung genutzt werden. Es werden in zeichnerischer Darstellung Vorrangstandorte für Großkraftwerke festgelegt. Den Regionalen Raumordnungsprogrammen wird aufgegeben, Standorte für kleinere Kraftwerke festzulegen und dabei auf die Abwärmenutzung zu achten. Ein weiterer Ausbau des Gasverteilungssystems soll angestrebt und bedeutsame Energietransport- und Produktenleitungen sollen in den Regionalen Raumordnungsprogrammen festgelegt werden. Schließlich wird Gorleben als Standort für radioaktive Entsorgung genannt.

Aus dem LROP sind gem. §§ 5 III BROG, 6 II, 7, 8 IV NROG für das jeweilige Gebiet des kommunalen Trägers der Regionalplanung in Regionalen Raumordnungsprogrammen die konkreten Ziele der Raumordnung zu übernehmen, näher festzulegen und zu ergänzen. So enthält beispielsweise das Regionale Raumordnungsprogramm für das Gebiet des Zweckverbandes Großraum Hannover (Satzung v. 23. 9. 81, ABl. Regbez. Hannover 1982, Nr. 25), eine „beschreibende Darstellung" und „Erläuterungen" auch zur Energieversorgung. Darin wird entsprechend dem LROP unter anderem ein vielfältiges und preiswertes Energieangebot, die sparsame Verwendung von Energie, die rationelle und umweltfreundliche Primärenergieumwandlung

---

[802] Schon hier sei darauf hingewiesen, daß nicht schon die „Grundsätze", sondern erst die „Ziele" der Raumordnung gem. §§ 1 IV, 35 III BBauG, 4 III, 5 II und IV BROG bindende Wirkung besitzen.

und die Abwärmenutzung angezielt. Hervorzuheben sind die Festlegungen im zeichnerischen Teil, die (über-)regional bedeutsame Gasspeicher, Kraftwerke mit geplantem Ausbauziel in Megawatt, Hochspannungsleitungen auf Verbundbasis ab 110-KV-Spannung und Transportleitungen für Gas und Erdöl ausweisen. Den Erläuterungen zufolge sollen gemäß den Zielen der Nds. Landesregierung eine Verschiebung der Primärenergieanteile zugunsten von Kohle und Kernenergie, die Verminderung des Mineralölanteils am Primärenergieverbrauch sowie sparsame Energieverwendung und die Nutzung neuer Energiequellen erreicht werden.

Die Raumordnung in Niedersachsen[803] enthält damit deutliche Ansätze zur Verwirklichung von Energieversorgungskonzepten mit den oben angegebenen detaillierten Inhalten[804]. Kraftwerksstandorte und Energieleitungen werden zeichnerisch gebietsscharf[805] festgelegt. Freilich sind hiermit keine geschlossenen Konzepte gegeben, die – wie oben beschrieben[804] die Arbeitsteilung der Energieträger, den Einsatz der Kraft-Wärme-Kopplung und die Nutzung industrieller Abwärme in Einzelheiten festlegen. Es stellt sich die Frage, ob und inwieweit solche detaillierten Energieversorgungskonzepte Inhalt der Ziele der Raumordnung sein dürfen[806].

Der Begriff „Ziele der Raumordnung" wird nach allgemeiner Ansicht sehr weit verstanden. Rein begrifflich können Ziele der Raumordnung zum Beispiel Aussagen über den Kraftwerksbau nach Standort, Art und Auslegung des Vorhabens oder über Energieleitungen nach Trassenführung und Spannung enthalten[807]. Ob indessen detaillierte Energieversorgungskonzepte den Inhalt der Ziele bilden dürfen, wird unterschiedlich beantwortet.

Aufgabe der Raumordnung und Landesplanung ist es, die räumlichen Voraussetzungen der Energieversorgung zu sichern und zu diesem Zweck die benötigten Flächen für örtliche und überörtliche Energieversorgungseinrichtungen freizuhalten[808]. In diesem Rahmen wird ausdrücklich verlangt, raumordnerische regionale Energieversorgungskonzepte sollten Vorgaben für die Arbeitsteilung der leitungsgebundenen Energieträger (und damit mittelbar auch von Kohle und Öl) machen und geeignete Standorte für die Produktion von Wärme und Strom auswählen. Erfolgen solle dies nicht auf der Ebene der landesweiten Raumordnung, sondern in Regionalplänen (= Regionalen Raumordnungsprogrammen)[809].

---

803 Ähnlich ist es in den anderen Bundesländern, vgl. Nachweise in Fn. 800.

804 s. o. I. am Anfang, II. am Anfang.

805 d. h. die Festlegung wendet sich nicht an die betroffenen Gemeinden als Einheit (gemeindescharf), sondern trifft Zuordnungen im Gemeindegebiet selbst, vgl. Erbguth, DVBl. 1983, 309.

806 Vgl. hierzu Evers (Fn. 284), S. 244; ders. (Fn. 800), S. 38.

807 Evers (Fn. 284), S. 243 f.; H. J. Papier, Möglichkeiten und Grenzen der rechtsverbindlichen Festlegung und Freihaltung von Leistungstrassen durch die Regionalplanung, S. 10 m.w.N., 29.

808 Evers (Fn. 800), S. 36; Papier (Fn. 807), S. 30; Blümel, DVBl. 1977, 309 f.

Gegen Energieversorgungskonzepte als Inhalt der Raumordnung bezieht die Wirtschaftsministerkonferenz der Länder Stellung[810]. Den Energieversorgungsunternehmen als Investoren müsse die Entscheidungskompetenz zur Erarbeitung und Realisierung der Konzepte obliegen. Dafür scheint auch zu sprechen, daß das Grundgesetz gem. Art. 12 I und 14 GG in Verbindung mit dem Energiewirtschaftsgesetz (EnWG) die eigenverantwortliche Dispositionsbefugnis der Energieversorgungsunternehmen gewährleistet[811]. Schließlich wird befürchtet, daß raumordnerische Energieversorgungskonzepte das Selbstverwaltungsrecht der Gemeinden gem. Art. 28 II 1 GG aushöhlen, da die Bauleitpläne gem. § 1 IV BBauG den Zielen der Raumordnung und Landesplanung anzupassen sind[812].

Gegenüber diesen Positionsbestimmungen ist eine differenzierte Betrachtungsweise geboten. Zunächst fragt es sich, ob die beschriebenen detaillierten Energieversorgungskonzepte den notwendigen Raumbezug als Begriffsmerkmal der Raumordnung haben. Dies erscheint wegen ihres energiepolitischen Ursprungs zweifelhaft[813]. Man wird jedoch den jüngeren Ergebnissen der Raumforschung beipflichten können, wonach der Begriff des Raumbezuges nicht zu eng verstanden werden darf[814]. Danach sind sämtliche angegebenen Inhalte von Energieversorgungskonzepten[815] auf den Raum bezogen, denn selbst die energiepolitisch beabsichtigte Arbeitsteilung der leitungsgebundenen Energieträger wirkt sich räumlich aus, da sie mit raumwirksamen und raumbedeutsamen energiewirtschaftlichen Investitionen verbunden ist[816].

Eine Begrenzung erfahren regionale Energieversorgungskonzepte jedoch durch den überörtlichen Charakter der Raumordnung, den das Selbstverwaltungsrecht der Gemeinden gem. Art. 28 II 1 GG gebietet. Die raumordnerischen Ziele dürfen nur einen Rahmen setzen[817]. Sie dürfen keine die unmittelbare Nutzung von Grund und Boden betreffenden Festsetzungen beinhalten und müssen damit Raum für die Gestaltung örtlicher Energieversorgungskonzepte lassen. Aus diesem Grunde dürfen die Festlegungen der Raumordnung grundsätzlich nur gemeindescharf d. h. an die Gemeinde gerichtet, nicht aber innergemeindlich gebietsscharf sein[818]. Unter diesen Voraussetzungen ist es zwar nicht zu beanstanden, wenn die Raumordnung

809 Erbguth, DVBl. 1983, 310 f.; Beirat für Raumordnung beim BMBau (Fn. 748), S. 419.

810 (Fn. 765) ET 1982, 685 f.

811 Hermann, DVBl. 1982, 1168 - 1170.

812 Börner, ET 1983, 480.

813 Vgl. hierzu Evers (Fn. 284), S. 244; ders. (Fn. 800), S. 39, 40.

814 Erbguth, DVBl. 1983, 310 m.w.N.; kritisch hierzu Börner, ET 1983, 480.

815 s. o. I. am Anfang, II. am Anfang.

816 Evers (Fn. 800), S. 22; ders. (Fn. 284), S. 241 f.

817 Papier (Fn. 807), S. 31.

818 Erbguth, DVBl. 1983, 308, 309, 311 m.w.N.

Kraftwerksstandorte und Grobtrassen von Energieleitungen in ihre Ziele aufnimmt[819]. Nicht als überörtlich eingestuft werden kann aber die Arbeitsteilung der leitungsgebundenen Energieträger (und mittelbar von Kohle und Öl) im Gebiet der jeweiligen Gemeinde, die Gestaltung einer dezentralen Fernwärmestruktur auf der Basis von Kraft-Wärme-Kopplung und Nutzung industrieller Abwärme oder die Planung energiegerechten Bauens. Dies bleibt allenfalls örtlichen Energieversorgungskonzepten vorbehalten. So wird das Selbstverwaltungsrecht der Gemeinden gem. Art. 28 II 1 GG gewahrt. Ziele der Raumordnung, die diesen Rahmen überschreiten, sind unverbindlich[820].

Schließlich ist zu überlegen, ob der Inhalt regionaler Energieversorgungskonzepte, der die Voraussetzungen der Raumordnung erfüllt, im Hinblick auf die grundrechtlich gem. Art. 2 I, 12 I und 14 GG gewährleisteten wirtschaftlichen Freiheiten der Energieunternehmen und den objektiv-institutionellen Maßstab der dezentralen Wirtschaftsordnung des Grundgesetzes noch weiter reduziert werden muß. Das hängt von der rechtlichen Bindungswirkung der Raumordnung ab.

Gem. § 1 IV BBauG sind die Bauleitpläne der Gemeinden an die Ziele der Raumordnung und Landesplanung anzupassen. Schon nach dem Wortlaut des § 1 IV BBauG trifft die Gemeinden damit jedoch nicht die Pflicht, Bauleitpläne aufzustellen, um die Ziele der Raumordnung umzusetzen. Aus diesem Grund sieht § 21 II LandesplanungsG NRW ein Planungsgebot vor, das die Landesregierung an die Gemeinden richten kann, um die Aufstellung von Bauleitplänen entsprechend den Zielen der Raumordnung und Landesplanung zu erzwingen[821]. Ein solches fehlt im niedersächsischen NROG und den meisten Raumordnungsgesetzen der übrigen Länder. Allerdings sind die Gemeinden gem. §§ 1 IV BBauG, 9 II, 17 NROG negativ gehalten, Flächen nicht anders zu verplanen, die mit Zielen der Raumordnung besetzt sind[822]. Ziele der Raumordnung und Landesplanung sind gem. § 35 III BBauG auch bei der baulichen Nutzung des Außenbereichs zu beachten. Die gemeindliche Entwicklungsplanung ist gem. §§ 5 IV, 4 V BROG an sie im Sinne einer Beachtenspflicht gebunden[823].

In einem entscheidenden Punkt entfalten die Ziele keine rechtliche Verbindlichkeit. Die Energieversorgungsunternehmen sind nicht gem. §§ 5 IV, 4 V BROG Adressaten der Ziele[824]. Die Vorschrift des § 9 III NROG regelt wie

---

819 Evers (Fn. 284), S. 244; Papier (Fn. 807), S. 32 – die Planung der Feintrasse bleibt der Ortsplanung vorbehalten.

820 Hendler, Grenzen der überörtlichen Planung, S. 23; anders Evers (Fn. 800), S. 41 f.: unwirksam.

821 Näher Brocke, DVBl. 1979, 185 f.

822 Wahl, DÖV 1981, 602; Blümel, DVBl. 1977, 319; Evers (Fn. 284), 247 f.

823 Erbguth, DVBl. 1983, 311.

andere Ländergesetze ausdrücklich, daß die Ziele der Raumordnung dem einzelnen (den Energieunternehmen und Verbrauchern) gegenüber keine Rechtswirkung haben.

Der raumordnerisch zulässige und wirksame Inhalt regionaler Energieversorgungskonzepte – insbes. Kraftwerksstandorte und Energieleitungen –[825] hat also keine Außenwirkung. Er fließt allenfalls in eine vorhandene Bauleitplanung ein und ist bei der baulichen Nutzung des Außenbereichs zu beachten[826]. Da erst die Bebauungsplanung Außenwirkung gegenüber den Energieversorgungsunternehmen besitzt, bietet sie den Ansatzpunkt zur Berücksichtigung der grundrechtlich gesicherten wirtschaftlichen Freiheiten der Energieunternehmen[827]. Somit gebieten diese Freiheiten unmittelbar keine weitere Reduzierung des unter den Voraussetzungen der Raumordnung zulässigen Inhalts regionaler Energieversorgungskonzepte. Gleiches gilt für den objektiv-institutionellen Maßstab der dezentralen Wirtschaftsordnung des Grundgesetzes. Da die Raumordnung nur die Bauleitplanung als anbietende, nicht aber die Investitionen unmittelbar lenkende Planung[828] beeinflußt, ist allein unter dem Gesichtspunkt kein Vorstoß gegen diesen Maßstab festzustellen.

c) *Bauleitplanung der Gemeinden*

Örtliche und regionale Energieversorgungskonzepte als Inhalt der Entwicklungsplanung und Raumordnung müssen durch das „Nadelöhr" der gemeindlichen Bauleitplanung hindurch, um im Bebauungsplan Außenwirkung gegenüber Energieunternehmen und Verbrauchern zu erlangen (§§ 1 II, 8 I BBauG)[829]. Es fragt sich also, inwieweit auch die Bauleitplanung Medium von Energieversorgungskonzepten sein kann.

Im Schrifttum wird die Ansicht vertreten, die Darstellung der Flächennutzungspläne und Festsetzungen der Bebauungspläne dürften nicht die zur Festlegung eines Energieversorgungskonzepts erforderliche Detailschärfe erreichen. Beispielsweise dürfe nicht konkret die Art der Energieleitungen und der Zweck überirdischer Stationen (z. B. Gas oder Fernwärme) bestimmt werden[830]. Zur Begründung heißt es, das Baurecht biete in den

---

[824] Auf die ausführliche Untersuchung Börners, Planungsrecht für Energieanlagen, in: Studien zum deutschen und europäischen Wirtschaftsrecht, Band 2, S. 144 - 148, 154 - 156 kann verwiesen werden.

[825] s. o. III. 1. b).

[826] Ziele der Raumordnung sind im unbeplanten Innenbereich gem. § 34 BBauG nicht zu beachten, hierzu Brocke, DVBl. 1979, 188.

[827] Im einzelnen hierzu s. u. 6. a).

[828] Hierzu A. R. Börner, ET 1983, 477; Evers (Fn. 284), S. 247 und schon s. o. III. 1.

[829] Im einzelnen s. u. 6. a).

[830] A. R. Börner, ET 1983, 477.

§§ 5 II Nr. 4, 9 Nr. 12, 13, 21 BBauG und der Planzeichenverordnung (v. 30. 7. 1981, BGBl. I, 833 ff.) kein Instrumentarium für energiepolitische Gestaltungsmöglichkeiten der Gemeinden. Nach diesen Vorschriften sei die Gemeinde verpflichtet, den zur Versorgung notwendigen Flächenbedarf bereitzustellen und dürfe deshalb keinen Energieträger ausschließen[831]. Nicht mehr durch städtebauliche Zwecke gedeckt sei eine hoheitliche Steuerung der Energieversorgung[832].

Demgegenüber ist es nach anderer Auffassung zulässig, der im Energieversorgungskonzept für ein bestimmtes Gemeindegebiet getroffenen Auswahl eines Energieträgers in der Bauleitplanung Rechnung zu tragen[833]. Es wird die Festsetzung von Fernwärme- und Gasversorgungsgebieten in Analogie zu anderen Festsetzungen in der Bauleitplanung empfohlen[834]. Der Abgleich der verschiedenen Wärmeversorgungssysteme soll in der Bauleitplanung nach Standorten, Trassen, Verteilernetzen usw. vorgenommen werden[835]. So verfährt schon die Praxis. Beispielsweise koordiniert man in Bielefeld in Bauleitplänen Stadtplanung und Energieversorgung und plant dabei Standorte, Trassen und Versorgungsart[836]. Danach können also Energieversorgungskonzepte mit den angegebenen Inhalten[837] rechtstechnisch in die Bauleitplanung einfließen.

Dem wird zuzustimmen sein. Aufgabe der Bauleitplanung ist es gem. § 1 I BBauG, die bauliche und sonstige Nutzung der Grundstücke zu leiten. Bezüglich der Energieversorgung erlauben die §§ 5 II Nr. 4, 9 I Nr. 12, 13 BBauG die Planung der Versorgungsflächen, -anlagen und -leitungen. Der weitgefaßte Wortlaut deckt die planerische Umsetzung von Energieversorgungskonzepten. Das Anliegen, die Bauleitplanung nicht zur hoheitlichen Steuerung der Energieversorgung zu gebrauchen, läßt sich in der gem. § 1 VI und VII BBauG durchzuführenden Abwägung der widerstreitenden Interessen berücksichtigen. Je konkreter die Bauleitplanung Energieversorgungskonzepte berücksichtigt, desto behutsamer muß sie die grundrechtlich abgesicherten wirtschaftlichen Freiheiten der Energieunternehmen zur Gestaltung der Energieversorgung beachten[838]. Verfahrensmäßig ist dies durch Beteiligung der Unternehmen am Planverfahren gem. § 2 V BBauG sichergestellt. Damit kann die Bauleitplanung gem. § 1 V BBauG in vollem Umfang entwicklungsplanerische Energieversorgungskonzepte berücksich-

---

[831] Parameterstudie (Fn. 784), S. 10, 11, 23.
[832] Hermann, DVBl. 1982, 1170.
[833] Baur, BB 1983, 40.
[834] U. Roth, in: Schriftenreihe des BfLR Heft 1 (Fn. 748), S. 17.
[835] Spreer (Fn. 748), S. 34.
[836] BMBau (Fn. 773), S. 44.
[837] s. o. I. am Anfang.
[838] Dazu im einzelnen s. u. 6. a).

tigen und sich gem. § 1 IV BBauG an die Ziele der Raumordnung anpassen, die zulässigerweise Inhalte von Energieversorgungskonzepten formulieren.

Das Maß der rechtlichen Verbindlichkeit und Durchschlagskraft der Bauleitplanung, die Energieversorgungskonzepte planerisch umsetzt, bestimmt über die (Wirtschafts-)Freiheit der Energieunternehmen und Verbraucher sowie die verbleibende organisatorische und funktionale Unterscheidung von Staat und Gesellschaft in diesem Bereich. Zwar kann sich die Energieversorgungsplanung nicht wie andere Spezialplanungen gem. § 38 BBauG über die gemeindliche Bauleitplanung hinwegsetzen[839]. Die in §§ 1 II, 8 I, 10 BBauG geregelte Rechtsverbindlichkeit der Bebauungspläne erfährt jedoch eine erste Relativierung durch § 14 II BauNVO. Danach können auch solche von den Energieunternehmen zur Versorgung der Baugebiete mit Elektrizität, Gas und Wärme vorgesehene Anlagen zugelassen werden, für die im Bebauungsplan keine Flächen festgesetzt sind[840]. Dies gilt allerdings ausdrücklich nur für Nebenanlagen[841]. Sind für erforderliche Hauptanlagen keine Flächen festgesetzt, muß der vorhandene Bebauungsplan gem. §§ 1 III, 2 VI BBauG entsprechend geändert werden, worauf das Energieunternehmen aber gem. § 2 VII BBauG keinen Anspruch hat.

Der dirigierende Charakter bauleitplanerischer Energieversorgungskonzepte ist von vornherein dadurch begrenzt, daß schon bei der Aufstellung der Bauleitpläne die grundrechtlich geschützten Versorgungsinteressen der Energieunternehmen (Art. 2 I, 12 I, 14 GG) in der Abwägung der widerstreitenden Belange gem. § 1 VI und VII BBauG beachtet werden müssen, was durch die Beteiligung der Unternehmen gem. § 2 V BBauG sichergestellt wird.

Noch weniger Durchschlagskraft besitzen Energieversorgungskonzepte als Inhalt der Bauleitplanung, wenn im unbeplanten Außenbereich der Gemeinde gem. § 35 I BBauG sämtliche Energieanlagen privilegiert sind. Das hätte zur Folge, daß im Anlagengenehmigungsverfahren nur die vom jeweiligen Energieunternehmen vorgegebene Investitionsentscheidung überprüft, aber nicht aufgrund eines in einem Bebauungsplan umgesetzten Energieversorgungskonzepts gelenkt werden könnte[842].

---

[839] Evers (Fn. 284), S. 234.

[840] Evers (Fn. 284), S. 233.

[841] Darauf weist zutreffend Bielenberg hin, Ernst / Zinkhahn / Bielenberg, BBauG, § 9 Rn. 51.

[842] Brocke, DVBl. 1979, 189; Blümel, DVBl. 1977, 308; Evers (Fn. 284), 247; im unbeplanten Innenbereich der Gemeinde gem. § 34 BBauG können große Energieerzeugungsanlagen nur dann errichtet werden, wenn bisher schon eine ähnliche Nutzung vorhanden war; denn große Energieerzeugungsanlagen haben niemals innerhalb einer Baulücke Platz, Evers (Fn. 284), S. 234 f.

Nach bislang herrschender Auffassung erfüllen Energieerzeugungs- und -verteilungsanlagen den Privilegierungstatbestand des § 35 I Nr. 4 BBauG, wonach Vorhaben der öffentlichen Versorgung grundsätzlich im Außenbereich zulässig und somit nicht vom Erlaß eines Bebauungsplanes abhängig sind[843]. Ein Urteil des BVerwG v. 21. 1. 1977[844] wird indessen zum Anlaß genommen, hieran zu zweifeln. In dem Urteil verlangt das BVerwG, das Energievorhaben müsse ähnlich wie ein ebenfalls in § 35 I Nr. 4 BBauG genannter Gewerbebetrieb ortsgebunden d. h. auf die geographische oder geologische Eigenart dieser Stelle angewiesen sein[845].

Hoppe kommt deshalb zu dem Ergebnis, Energievorhaben seien grundsätzlich mangels Ortsgebundenheit nicht im Außenbereich gem. § 35 I Nr. 4 BBauG privilegiert[846]. Da er auch eine Privilegierung wegen einer spezifischen Beziehung zum Außenbereich gem. § 35 I Nr. 5 BBauG ablehnt, ist nach seiner Ansicht der Erlaß eines Bebauungsplans notwendig, um Energievorhaben – insbesondere (Kern-)Kraftwerke – im Außenbereich der Gemeinde zu verwirklichen. Zur Begründung führt er aus, solche Großvorhaben zeichneten sich durch einen so hohen Koordinationsbedarf unterschiedlicher Interessen aus, daß sie nicht mehr durch die generelle Privilegierung des § 35 I Nr. 5 BBauG erfaßt seien und eine konkrete gemeindliche Steuerung im Wege der Bauleitplanung erforderten[847].

Solch weitreichende Schlußfolgerungen lassen sich indessen nicht an das erwähnte Urteil des BVerwG v. 21. 1. 1977 knüpfen. Der Entscheidung lag keine Energieversorgungseinrichtung im Sinne des § 35 I Nr. 4 BBauG zugrunde und die dortigen Ausführungen bilden keine tragenden Entscheidungsgründe. An der Privilegierung insbesondere von Kraftwerken und Verteilungsanlagen gem. § 35 I Nr. 4 BBauG ist festzuhalten. Der eindeutige Wortlaut verlangt für sie keine spezifische Ortsgebundenheit. Diese ist ausdrücklich nur für den in der 2. Alternative des § 35 I Nr. 4 BBauG genannten „ortsgebundenen gewerblichen Betrieb“ vorgeschrieben. Indem der Gesetzgeber es in der letzten Novellierung des BBauG v. 3. 12. 1976 unterlassen hat, für die in § 34 I Nr. 4 BBauG erfaßten Energieanlagen ein Planungs-

[843] Wahl, DÖV 1981, 602; Evers (Fn. 284), 237.

[844] BVerwG Urteil v. 21. 1. 1977, DVBl. 1977, 526 = DÖV 1977, 328.

[845] DVBl. 1977, 528.

[846] Hoppe, NJW 1978, 1230 f.

[847] NJW 1978, 1233; auch das OVG Berlin NJW 1977, 2286 hält unter Bezugnahme auf die ständige Rechtsprechung des BVerwG (insbes. BauR 1977, 104) im von ihm entschiedenen Fall die Errichtung eines Kraftwerks im Außenbereich ohne Bauleitplanung für rechtswidrig; nach der Rechtsprechung des BVerwG ist aber nur für im Außenbereich nicht privilegierte Großvorhaben der Erlaß eines Bauleitplanes notwendig, vgl. hierzu Evers (Fn. 284), S. 239 m.w.N.; Hoppe modifiziert in DVBl. 1982, 913 ff. (915, 921 f.) seine Ansicht dahingehend, daß dem Planungserfordernis auch durch entsprechende Ziele der Raumordnung, also nicht durch einen gemeindlichen Bebauungsplan, Rechnung getragen werden kann.

erfordernis einzuführen, hat er deren Privilegierung im Außenbereich der Gemeinde bestätigt, da ihm die Problematik bekannt war[848].

Es kann also kein Zweifel daran bestehen, daß der Gesetzgeber nach wie vor die Unterbringung von Energieanlagen im Außenbereich gem. § 35 I Nr. 4 und auch Nr. 5 BBauG „sozusagen generell geplant" und sie in „planähnlicher Art" dem Außenbereich zugewiesen hat[849]. Hierfür ist auch die Beobachtung von Interesse, daß die Gemeinden sehr oft durch die Komplexität der Energievorhaben planerisch überfordert sind und deshalb von einer Bauleitplanung absehen[850]. Auf einem Planungserfordernis zu bestehen, würde sich folglich nachteilig für die Sicherung der Energieversorgung auswirken.

Im Außenbereich der Gemeinde haben die Energieunternehmen somit weiterhin die Möglichkeit, ihre Investitionsplanung in den wesentlichen Teilen (z. B. Kraftwerke, Verteilungsanlagen) zu verwirklichen. An ihr können bauleitplanerische Energieversorgungskonzepte im Innenbereich der Gemeinde nicht vorbeigehen. Hinzu kommt, daß sich gem. § 35 I BBauG privilegierte Energievorhaben der Energieunternehmen aufgrund der generellen Planung des Gesetzgebers auch gegenüber entgegenstehenden Zielen der Raumordnung und Darstellungen in Flächennutzungsplänen durchsetzen[851], mit denen Länder und Gemeinden eine andere Energieversorgungskonzeption verfolgen.

Berücksichtigt man schließlich noch, daß die nur anbietende Bauleitplanung von den Energieunternehmen nicht verwirklicht werden braucht[852], so stellt sich insgesamt eine nur begrenzte unmittelbare[853] Durchschlagkraft von bauleitplanerisch umgesetzten Energieversorgungskonzepten heraus.

2. Anschluß- und Benutzungszwang durch gemeindliche Satzung

Örtliche und regionale Energieversorgungskonzepte als Inhalt der bloß anbietenden Entwicklungs- und Raumplanung beeinträchtigen, wie sich gezeigt hat, die (Wirtschafts-)Freiheit der Energieunternehmen und Verbraucher nur begrenzt. Um Energieversorgungskonzepte im Wege zwingender Planung durchzusetzen, wird deshalb die Einführung eines Anschluß- und Benutzungszwanges (ABZwang) in Betracht gezogen. Mit diesem Mittel können Energieunternehmen und Verbraucher gezwungen werden, die im

848 Römermann, NJW 1978, 2286.
849 Klar Papier (Fn. 807), S. 34.
850 Hoppe, DVBl. 1982, 921.
851 Hierzu ausführlich Papier (Fn. 807), S. 33, 34; zurückhaltender Brocke, DVBl. 1979, 188.
852 s. o. 1. b) m.w.N. Fn. 282.
853 Zur mittelbaren Steuerungskraft s. u. 6. a).

Energieversorgungskonzept vorgesehene Energieart anzubieten und zu beziehen.

In den Bundesländern geben vor allem die Gemeindeordnungen die Rechtsgrundlage, entsprechend dem Schwerpunkt der Energieversorgungskonzepte den ABZwang an die Fernwärme anzuordnen[854]. Die Produktion von Fernwärme geschieht vorrangig auf Steinkohlebasis[855]. Einige Bundesländer sehen den ABZwang auch zugunsten anderer Energiearten vor[856]. Tatbestandsmäßige Voraussetzung der Anordnung eines ABZwanges ist indessen nach allen landesrechtlichen Rechtsgrundlagen ein (dringendes) öffentliches Bedürfnis. Die meisten Ermächtigungsgrundlagen beschränken dieses Bedürfnis auf die Förderung der Volksgesundheit[857]. Die energiepolitischen Zwecke der Energieversorgungskonzepte können insoweit nur mittelbar verfolgt werden[858].

Aus diesem Grunde hat Nordrhein-Westfalen per Änderungsgesetz v. 29. 5. 1984 seine Gemeindeordnung in § 19 GO NW dahingehend geändert, daß der ABZwang an Einrichtungen zur Versorgung mit Fernwärme nicht mehr an das Bedürfnis der Volksgesundheit gekoppelt ist. Er kann jetzt zur Verwirklichung energiepolitischer Zwecksetzungen in Energieversorgungskonzepten angeordnet werden[859].

Die Möglichkeit, einen energiepolitisch begründeten ABZwang in den Ländern einzuführen, bot bislang nach ihrem Wortlaut lediglich die Vorschrift des § 26 GO Rheinland-Pfalz, wonach der ABZwang zugunsten einer Energieart dem Gemeinwohl dienen muß. Nach überwiegender Auffassung ist demgemäß in Rheinland-Pfalz die Anordnung des ABZwangs nicht nur zu gesundheitspolitischen Zwecken zulässig[860].

Eine Beschränkung des Fernwärme-ABZwanges ergibt sich aus § 3 der Verordnung über Allgemeine Bedingungen für die Versorgung mit Fernwärme (AVB Fernwärme V) v. 1. 1. 1982. Gem. § 3 I 1 AVB Fernwärme V ist den Kunden das Recht einzuräumen, im Rahmen des für das Fernwärmeversorgungsunternehmen wirtschaftlich Zumutbaren den Bezug von Fern-

---

[854] Dazu eingehend die Parameterstudie (Fn. 784), S. 12; Rat von Sachverständigen f. Umweltfragen, BT-Drucks. 9/872 Rn. 538.

[855] Vgl. etwa das Kohleheizkraftwerks- und Fernwärmeprogramm, s. o. 1. Kap. 1. Abschn. II. 1. d) bb); Kottenberg / Rehn, GO NW § 19 S. B IV 24; angesichts der staatlichen Förderung der Steinkohle als Energieträger für die Fernwärmeproduktion bleibt die von Spreer (Fn. 748), S. 372 angesprochene Wahlfreiheit der Einsatzenergien theoretischer Natur.

[856] Dazu Parameterstudie (Fn. 784), S. 12.

[857] So z. B. § 8 Nr. 2 NGO; vgl. Wichardt, DVBl. 1980, 31.

[858] Morell ET 1982, 418, 419; Wichardt, DVBl. 1980, 33; Parameterstudie (Fn. 784), 13; Tegethoff, EW 1981, 606; Stich, DÖV 1981, 646.

[859] Hierzu Kottenberg / Rehn, GO NW § 19 S. B IV 26/1 und 2.

[860] Wichardt, DVBl. 1980, 33; Kottenberg / Rehm, GO NW § 19 S. B IV 24; *a. A.* Parameterstudie (Fn. 784), S. 14.

wärme auf einen bestimmten Verbrauchszweck oder Teilbedarf zu beschränken. Die gemeindlichen Satzungen, die einen ABZwang für Fernwärme vorschreiben, sind gem. § 35 AVB Fernwärme V hieran anzupassen und müssen somit den Verbrauchern die Möglichkeit einräumen, neben Fernwärme auch andere Energien einzusetzen[861].

3. Verwendungsgebote und Verwendungsverbote (BBauG, BImSchG, LBauO)

Ge- und Verbote der Verwendung bestimmter Brennstoffe (insbes. Kohle, Heizöl, Gas), Heizungsarten und Feuerstätten könnten als weiteres Mittel eingesetzt werden, um örtliche und regionale Energieversorgungskonzepte rechtlich verbindlich zu machen. Zwar sehen das Bundes- und Landesrecht bislang solche Normen nur unter den Voraussetzungen des Umweltschutzes vor. Gem. § 9 Nr. 23 BBauG dürfen die Gemeinden Baugebiete festsetzen, in denen die Luft erheblich verunreinigende Stoffe nicht verwendet werden dürfen. Dazu zählen die Ausgangsstoffe der luftverunreinigenden Emmissionen wie Kohle und Heizöl[862]. Zum gleichen Verwendungsverbot per Rechtsverordnung ermächtigt § 49 I Nr. 4 BImSchG die Landesregierungen. Schließlich ermöglichen die einzelnen Landesbauordnungen wie beispielsweise § 40 VIII NBauO, im Wege gemeindlicher Satzungen Ge- und Verbote bestimmter Brennstoffe, Heizungen und Feuerstätten zum Schutz vor erheblichen Luftverunreinigungen einzuführen[863].

Jedoch lassen sich im Gewande des Umweltschutzes derartige Normen zugleich zur Verwirklichung örtlicher und regionaler Energieversorgungskonzepte einsetzen. Selbst wenn lediglich energiepolitische Ziele verfolgt und Umweltschutzgesichtspunkte nur vorgeschoben werden, dürfte es im Einzelfall schwerfallen, einen Ermessensfehler der Satzung oder Rechtsverordnung nachzuweisen[864].

4. Investitionskontrolle gem. § 4 EnWG

Denkbar ist es, von der Investitionskontrolle des § 4 EnWG zur Durchsetzung regionaler und örtlicher Energieversorgungskonzepte Gebrauch zu machen, indem die Energieaufsichtsbehörden der Länder – gegebenenfalls nach Abstimmung mit den Gemeinden – solche Vorhaben der Energieunternehmen gem. § 4 II EnWG beanstanden und untersagen, die den Festlegungen der Energieversorgungskonzepte widersprechen. So wird diskutiert, ob

[861] Ausführlich Kottenberg / Rehn, GO NW § 19 S. B IV 9 - 11; Morell, ET 1982, 419.

[862] Stich, DÖV 1981, 650.

[863] Ausführlich Stich, DÖV 1981, 647 f. m.w.N.

[864] Baur, BB 1983, 140 und Tegethoff, EW 1981, 605 weisen hierauf für den ABZwang unter Umweltschutzvoraussetzungen hin.

mit dem Mittel des § 4 II EnWG die Auskopplung von Wärme aus Kraftwerken erzwungen werden darf[865]. Vor allem bietet es sich an, die in Entwicklungs- und Raumplänen konkretisierten Energieversorgungskonzepte mit Hilfe der Investitionskontrolle des § 4 II EnWG durchzusetzen.

Entschieden wendet sich Börner[866] dagegen, raumplanerische Gesichtspunkte im Rahmen der Investitionskontrolle des § 4 EnWG zu berücksichtigen. Das Eingreifen der Investitionskontrolle des § 4 II EnWG ist an den unbestimmten Rechtsbegriff der „Gründe des Gemeinwohls" gebunden und steht im behördlichen Ermessen. Aus dem rechtsstaatlichen Bestimmtheitsgebot leitet Börner ab, die Entscheidung der Energieaufsichtsbehörde dürfe nur den in der Präambel des EnWG formulierten Gesetzeszweck verfolgen. Da dieser nicht Festlegungen der Raumplanung umfasse, dürften deren Inhalte nicht mittels einer Entscheidung gem. § 4 II EnWG durchgesetzt werden[867].

Die Präambel des EnWG legt indessen als Ziele des Gesetzes eine sichere und billige Energieversorgung fest. Energieversorgungskonzepte zielen jedenfalls auf eine sichere Energieversorgung ab. Somit werden sie als Inhalte der Entwicklungs- und Raumplanung vom Gesetzeszweck des EnWG umfaßt. Sie könnten also selbst nach der restriktiven Auffassung Börners im Verfahren gem. § 4 EnWG umgesetzt werden.

Auf diesem Wege Machtbefugnisse der Energieaufsichtsbehörden zur Verwirklichung örtlicher und regionaler Energieversorgungskonzepte zu begründen, ist aber verfehlt. Zu Recht vertritt Tegethoff[868] die Ansicht, § 4 EnWG gebe dem Staat nicht die Möglichkeit, positiv auf eine bestimmte Gestaltung der Versorgungsanlagen hinzuwirken. Es darf also beispielsweise nicht gem. § 4 II EnWG der Bau einer Gasleitung untersagt werden, weil ein Energieversorgungskonzept im fraglichen Gebiet den Aufbau einer Fernwärmeversorgung vorsieht. Die Ermessensfehlerhaftigkeit einer solchen energiepolitischen Entscheidung läßt sich schon mit der Überlegung begründen, daß das Investitionskontrollverfahren gem. § 4 EnWG ausschließlich anlage-, nicht aber strukturbezogen ist[869]. Wichtiger ist die sich aus dem Zusammenspiel der in Art. 2 I, 12 I und 14 GG grundrechtlich

---

865 Rat der Sachverständigen für Umweltfragen BT-Drucks. 9/872 Rn. 533, 655; Tegethoff, EW 1982, 380; Spreer (Fn. 748), S. 32 f.; Parameterstudie (Fn. 784), S. 2 f.; Evers (Fn. 800), S. 23.

866 Börner, Ermessen und Energiewirtschaftsgesetz, in: Studien zum deutschen und europäischen Wirtschaftsrecht, Band 1, S. 434 f.; ders., Planungsrecht für Energieanlagen in: a.a.O., Band 2, S. 148 - 154.

867 a. A. Papier (Fn. 807), S. 8 f. mit der Begründung, § 5 IV BROG als eine das Energieaufsichtsrecht modifizierende Norm binde auch die Energieaufsichtsbehörden der Länder an die Ziele der Raumordnung und Landesplanung; Evers (Fn. 800), S. 24; Blümel, DVBl. 1977, 309 f.

868 Tegethoff, EW 1982, 380.

869 Tegethoff, EW 1982, 380.

geschützten wirtschaftlichen Freiheit der Energieversorgungsunternehmen und den Regelungen des EnWG ergebende grundsätzliche Zuständigkeit der Energieversorgungsunternehmen zur Gestaltung der Energieversorgung[870], soweit Regelungsbefugnisse des Staates aufgrund des EnWG in Rede stehen. In diese Zuständigkeit würde eine energiepolitische Investitionskontrolle ermessensfehlerhaft eingreifen. Eine solcherart auf Dauer angelegte Investitionslenkung wäre mit dem Grundgesetz nicht vereinbar[871].

Weil die grundrechtlichen Freiheiten der Energieversorgungsunternehmen tangiert sind, gebietet auch der rechtsstaatliche Bestimmtheitsgrundsatz eine bestimmte und begrenzte Investitionskontrolle gem. § 4 EnWG[872], der somit nicht die Verwirklichung komplexer Energieversorgungskonzepte offensteht.

5. Gesetz gegen Wettbewerbsbeschränkungen und Wegemonopol der Gemeinden

Auf dem Markt für Niedertemperaturwärme, den örtliche und regionale Energieversorgungskonzepte gestalten sollen[873], hat der Wettbewerb nach dem „Ölpreisschock“ seine Anpassungskraft unter Beweis gestellt. Er hat die Entwicklung alternativer Techniken (Wärmepumpen, Anlagen zur Gewinnung von Sonnenenergie) und den Fortschritt in der Meß- und Regeltechnik gefördert, der Verbesserungen bei den energiesparenden Aggregaten (z. B. bei Ölheizungen) gebracht hat. Neue Industrien für Wärmedämmung und -isolierung sind emporgewachsen. Eine verstärkte Versorgung mit Substitutionsenergien ist zu verzeichnen (z. B. Erdgas; elektrische Speicherheizung)[874]. Soweit nun örtliche und regionale Energieversorgungskonzepte eine Arbeitsteilung der leitungsgebundenen Energien (und mittelbar von Öl und Kohle)[875] festlegen und rechtlich durchsetzen, wird auf dem Niedertemperaturwärmemarkt noch funktionierender Wettbewerb beseitigt. Dementsprechend könnte das Gesetz gegen Wettbewerbsbeschränkungen (GWB) dem „arbeitsteiligen“ Inhalt von Energieversorgungskonzepten entgegenstehen.

Stimmt ein Querverbundunternehmen intern ab, wo es welchen Energieträger einsetzen möchte, kommt das Kartellverbot gem. §§ 1, 25 I GWB nicht zum Zuge, weil es an der vorausgesetzten Abstimmung zwischen mehreren Unternehmen fehlt[876].

---

870 Hermann, DVBl. 1982, 1168 f.

871 Wochner, DB 1982, 993 ff. (997 f.).

872 Papier (Fn. 807), S. 8.

873 s. o. I.

874 Baur, BB 1983, 141.

875 s. o. I. am Anfang, II. 1. a).

876 Baur, BB 1983, 142.

Übereinstimmung besteht darüber, daß das Kartellverbot gem. §§ 1, 25 I GWB zwar für unternehmerisches, nicht aber hoheitliches Handeln des Staates gilt[877]. Daraus folgt, daß auf Energieversorgungskonzepte, die mittels Entwicklungs- und Raumplanung, Anschluß- und Benutzungszwang, Verwendungsverboten und Investitionskontrolle gem. § 4 EnWG umgesetzt werden, das Kartellverbot nicht anwendbar ist, obwohl der Wettbewerb beeinträchtigt oder ausgeschaltet wird[878]. Es kann also nur gegenüber Energieversorgungskonzepten öffentlicher Energieversorgungsunternehmen in Kooperation mit den Gebietskörperschaften wirksam werden[879].

Legen Absprachen bzw. Abstimmungen zwischen öffentlichen Energieversorgungsunternehmen über die Arbeitsteilung der leitungsgebundenen Energieträger fest, durch welche Energieart ein bestimmtes Gebiet versorgt werden soll (Vorranggebiet), ist stets der Tatbestand des Kartellverbots gem. § 1 bzw. § 25 I GWB erfüllt[880]. Da in dieser Absprache zugleich die Versorgung mit einer anderen Energieart ausgeschlossen wird, ist sie gem. § 103 II GWB unheilbar nichtig. Dies muß nach Sinn und Zweck des § 103 II GWB, den Substitutionswettbewerb umfassend zu schützen, auch gelten, wenn die Absprache die nach Wortlaut und Systematik des § 103 I und II GWB nicht erfaßte Fernwärme von der Versorgung ausschließt[881].

Ihr Wegemonopol eröffnet den Gemeinden die Möglichkeit, im Rahmen der mit öffentlichen Energieversorgungsunternehmen abgeschlossenen Konzessionsverträge Einfluß auf die Unternehmensplanung im Sinne eines Energieversorgungskonzepts zu nehmen[882]. Verpflichtet sich die Gemeinde sogar in einem Konzessionsvertrag, im Versorgungsgebiet nur diejenige Energieart zuzulassen, die das Unternehmen in Absprache mit der Gemeinde anbieten will, ist der Tatbestand des Kartellverbots gem. § 1 GWB erfüllt[883]. Denn auch eine Gebietskörperschaft, die – wie hier mit dem Abschluß des Konzessionsvertrages – unternehmerisch tätig wird, erfüllt den Unternehmensbegriff des Kartellverbotes[884]. In der Absprache, nur eine Energieart zuzulassen, liegt gleichzeitig der Ausschluß aller anderen lei-

---

877 Westrick / Loewenheim, GWB, § 1 Rn. 19, 20; Baur, BB 1983, 141.

878 Im Unterschied hierzu handelt es sich bei den Selbstbeschränkungsabkommen aufgrund staatlicher moral suasion um unternehmerische Tätigkeit, s. o. 1. Abschn. III. 4.

879 s. o. 2. Abschn. I. a. E.

880 Baur, BB 1983, 142; Tegethoff, EW 1981, 607; Parameterstudie (Fn. 784), 6.

881 Riechmann, Archiv für Kommunalwissenschaften (AfK), 1982, 78; Stahl und Säcker, ET 1981, 452; zweifelnd Baur, BB 1983, 143; *a. A.* Klaue, ET 1981, 452.

882 s. o. 1. Kap. 1. Abschn. II. 5.; Parameterstudie (Fn. 784), 24; Tegethoff, EW 1981, 607; Hermann, DVBl. 1982, 1169.

883 Baur, BB 1983, 143 mit dem Hinweis, daß im Einzelfall ein „gemeinsamer Zweck“ nachgewiesen werden muß.

884 Siehe die in Fn. 877 Genannten.

tungsgebundenen Energieträger, so daß ein solcher Konzessionsvertrag insoweit ebenfalls gem. § 103 II GWB nichtig ist[885].

Gehen Abstimmungen öffentlicher Energieversorgungsunternehmen untereinander oder mit öffentlichen Gebietskörperschaften nicht so weit, zur Verwirklichung von Energieversorgungskonzepten eine Energieart von der Versorgung auszuschließen, ist eine Freistellung vom Kartellverbot gem. §§ 103 I Nr. 1 und 2 GWB (Demarkations- und Konzessionsverträge über die Strom- und Gasversorgung), 5a (Absatz- oder Vertriebsspezialisierung), 5 II (Rationalisierungskartell) und 8 (Ministererlaubnis) GWB denkbar[886].

6. Sozialstaatsprinzip, Freiheitsgrundrechte (Art. 2 I, 12 I, 14 GG), Verhältnismäßigkeitsgrundsatz

Die Befürworter rechtlich verbindlich umgesetzter Energieversorgungskonzepte berufen sich auf die im Sozialstaatsprinzip angelegte staatliche Verantwortung für die Sicherung der Energieversorgung[887]. Wie die anderen staatlichen Einwirkungsformen auch, haben die auf der Grundlage des einfachen Gesetzesrechts verwirklichten Energieversorgungskonzepte aber die grundrechtlich abgesicherte wirtschaftliche Freiheit der Energieunternehmen und Verbraucher zu beachten[888].

a) Entwicklungs- und Raumplanung

Energieversorgungskonzepte als Inhalt der Entwicklungs- und Raumplanung finden nur dann in der Wettbewerbs- und Wirtschaftsfreiheit (Art. 2 I GG)[889], Berufsfreiheit (Art. 12 I GG) und Eigentumsfreiheit (Art. 14 GG) der Energieunternehmen und Verbraucher eine Grenze, wenn diese Planung in die genannten Grundrechte eingreift. Obwohl nur anbietende Planung, ist ihre faktische und mittelbare Steuerungskraft doch offensichtlich[890]. Energieunternehmen und Verbraucher werden ihre Dispositionen auf sie abstimmen. Sie fließt in die Auslegung unbestimmter Rechtsbegriffe und – soweit gesetzlich vorgesehen – Ermessensentscheidungen ein. Es fragt sich also, ob die Entwicklungs- und Raumplanung auf allen Planungsstufen zu einer Einengung grundrechtlich geschützten Handlungsspielraumes und damit

[885] Evers (Fn. 284), S. 96 f.; Parameterstudie (Fn. 784), 24.

[886] Tegethoff, EW 1981, 607; Parameterstudie (Fn. 784), S. 6 f.; Baur, BB 1983, 143 f.; Riechmann, AfK 1982, 78.

[887] So z. B. Spreer (Fn. 754), S. 384 f.

[888] Zum Verhältnis von Sozialstaatsprinzip und rechtsstaatlichem Freiheitsschutz schon ausführlich s. o. 1. Kap. 1. Abschn. I. 3. a), II. 3., 2. Abschn. III. 1., 2. Kap. 1. Abschn. III. 1.

[889] Dazu ausführlich s. o. 1. Kap. 1. Abschn. II. 3. a) bb).

[890] Hermann, DVBl. 1982, 1170; Brocke, DVBl. 1979, 187; Evers (Fn. 284), S. 230 f., 242; Blümel, DVBl. 1977, 317.

nach den oben entwickelten Grundsätzen zu einem faktischen Grundrechtseingriff führt[891].

Dieser Gedanke scheint Blümel[892] vorzuschweben, der auf die erheblichen Rechtswirkungen der Ziele der Raumordnung (z. B. §§ 1 IV BBauG, 5 IV BROG)[893] hinweist und sich gegen die Rechtsprechung des BVerwG[894] wendet, derzufolge bei einer stufenweisen Planung die vorangegangene Planungsentscheidung dem Bürger gegenüber nichts verbindlich regele und ihn deshalb nicht in seinen Rechten i.S.d. Art. 19 IV 1 GG verletze.

Bei einem mehrstufigen Planungssystem darf jedoch der Aspekt der Konkretisierungs- und Vollzugsbedürftigkeit höherstufiger bzw. vorgelagerter Planungen nicht unberücksichtigt bleiben. Zu fragen ist deshalb, in welchem Stadium der Planung der Grundrechtsschutz als zentrales Anliegen der Verfassung am besten zur Wirkung gebracht werden kann[895]. Sowohl die Entwicklungsplanung als auch die Raumordnung münden gem. § 1 V und IV BBauG in die Bauleitplanung ein. Aus dem Flächennutzungsplan ist der Bebauungsplan zu entwickeln (§§ 1 II, 8 II BBauG). Erst der Bebauungsplan bzw. die Bebauungspläne enthalten somit die konkrete Planungsentscheidung über das Energieversorgungskonzept. Die vorgelagerten Planungen können jederzeit wieder geändert werden, ohne jemals gegenüber Energieunternehmen und Verbrauchern konkrete Wirkungen geäußert zu haben. Das ist mit der in den Gesetzen zum Teil ausdrücklich niedergelgten Formulierung gemeint, daß es der Entwicklungs- (§ 1 V BBauG)[896], Raumordnungs- (§§ 5 IV BROG, 9 III NROG)[897] und Flächennutzungsplanung (§§ 1 II, 8 II BBauG) an Außenwirkung mangelt. Somit erscheint es angebracht, nur die Bebauungsplanung als Ansatzpunkt für den Grundrechtsschutz zu wählen.

Zu einem anderen Ergebnis führt hier auch nicht die Vorschrift des § 35 III BBauG, die Ziele der Raumordnung und Darstellungen eines Flächennutzungsplanes zur Umsetzung eines Energieversorgungskonzeptes im Außenbereich der Gemeinde für unmittelbar beachtlich erklärt. Wie ausgeführt[898], setzen sich ihnen gegenüber Energievorhaben der Unternehmen als gem. § 35 I Nr. 4 und 5 BBauG privilegierte Außenbereichsvorhaben durch.

Zu prüfen bleibt also, wie die grundrechtlich geschützten wirtschaftlichen Freiheiten der Energieunternehmen und Verbraucher zur Geltung

---

[891] s. o. 1. Kap. 2. Abschn. III. 1. a) a. E., 2. Kap. 1. Abschn. III. 1. a) am Anfang.
[892] DVBl. 1977, 318 - 320 m.w.N.
[893] Hierzu oben 1. b).
[894] BVerwG, Beschluß v. 28. 5. 1974, ET 1975, 167.
[895] Schmidt-Aßmann, DÖV 1974, 544 f., 547.
[896] Jüngst, DÖV 1982, 268; Evers (Fn. 284), S. 95.
[897] Vgl. hierzu Börner s. o. Fn. 824; Brocke, DVBl. 1979, 184; Wahl, DÖV 1981, 604.
[898] s. o. 1. c).

kommen, wenn die Bebauungsplanung ein Energieversorgungskonzept umsetzt. Rechtsverbindliche Festsetzungen eines Bebauungsplanes – zum Beispiel Festsetzung eines Fernwärmeversorgungsgebietes nach Erzeugungs- und Verteilungsanlagen unter Ausschluß der Gasversorgung[899] – betreffen ein ansässiges Energieunternehmen in seiner Wettbewerbs- und Wirtschaftsfreiheit (Art. 2 I GG), Berufsfreiheit (Art. 12 I GG) und Eigentumsfreiheit (Art. 14 GG), soweit in vorhandene Eigentumspositionen eingegriffen wird[900]. Verbraucher, zu denen auch Gewerbebetriebe gehören, sind ebenfalls in diesen Freiheiten tangiert. Der Eingriff liegt schon in den Festsetzungen des Bebauungsplanes selbst, nicht erst in einem Vollzugsakt (Ablehnung einer Genehmigung)[901].

Das spezifisch bauplanungsrechtliche Mittel, dem Eingriff in grundrechtliche Freiheit Rechnung zu tragen, ist das Abwägungsgebot gem. § 1 VII BBauG[902], welches das Planungsermessen der Gemeinde begrenzt[903] und zusammen mit dem Grundsatz der Erforderlichkeit der Planung (§§ 1 III, 5 II, 9 I BBauG) den Verhältnismäßigkeitsgrundsatz konkretisiert[904]. Im Rahmen der Abwägung haben energieversorgungskonzeptionelle Ziele der Raumordnung und Festlegungen der Entwicklungsplanung keinen Vorrang[905]. Die in die Abwägung einzubeziehende grundrechtlich geschützte wirtschaftliche Freiheit der Energieunternehmen und Verbraucher ist in § 1 VI BBauG mit den Belangen der Energie- und Wärmeversorgung ausdrücklich genannt.

Werden die grundrechtlich geschützten Versorgungsinteressen der Energieunternehmen und Verbraucher aufgrund der Vorgaben eines Energieversorgungskonzeptes nicht in die Abwägung einbezogen, falsch gewichtet oder unverhältnismäßig unterbewertet, ist folglich das Abwägungsgebot – sprich: die grundrechtlichen Freiheiten – verletzt und der Bebauungsplan rechtswidrig. Das ist in der Regel der Fall, wenn eine Energieart, die ein Energieunternehmen anbieten will (z. B. Gas), in der Bebauungsplanung nicht berücksichtigt wird[906].

---

[899] s. o. 1. c).

[900] s. o. 1. Abschn. III. 1. a) am Anfang; zur Grundrechtssubjektivität der Energieunternehmen eingehend s. o. 1. Kap. 1. Abschn. I. 3. b).

[901] Papier, DVBl. 1975, 464 und 465; BVerwG, DVBl. 1974, 767 ff. (774) – Floatglas.

[902] Es gilt nicht nur für den Bebauungsplan, sondern schon für den Flächennutzungsplan.

[903] Papier, DVBl. 1975, 465; Ernst / Zinkhahn / Bielenberg – Schmidt-Aßmann, § 1 Rn. 11; grundlegend zur Auslegung des Abwägungsgebotes: BVerwG, DVBl. 1974, 767 – Floatglas; dazu Papier, DVBl. 1975, 464; Hoppe, DVBl. 1977, 136.

[904] Stich, DÖV 1981, 653; vgl. auch BVerwG, NJW 1978, 119 für das Straßenrecht.

[905] Wahl, DÖV 1981, 604.

[906] Parameterstudie (Fn. 784), S. 23; A. R. Börner, ET 1983, 477; vgl. auch Evers (Fn. 284), 232.

b) Anschluß- und Benutzungszwang (ABZwang), Verwendungsge- und verbote, Investitionskontrolle (§ 4 EnWG)

Zwar betont man allseits den kooperativen Charakter von Energieversorgungskonzepten[907]. Als wesentliches Mittel ihrer rechtlichen Umsetzung wird aber der imperative Eingriff des Anschluß- und Benutzungszwanges (ABZwang) zugunsten der für ein Gebiet geplanten leitungsgebundenen Energieart empfohlen. Entsprechend dem Schwerpunkt der Energieversorgungskonzepte, die Fernwärmeversorgung auszubauen[908], soll im folgenden beispielhaft der Anschluß- und Benutzungszwang an eine Fernwärmeversorgung (ABZwang Fernwärme) aufgrund gemeindlicher Satzung untersucht werden[909].

Die den ABZwang Fernwärme anordnende gemeindliche Satzung greift in mehrfacher Hinsicht in die grundrechtlich geschützte wirtschaftliche Freiheit der Energieunternehmen und Verbraucher (Grundstückseigentümer) ein.

Die von der Wärmeversorgung ausgeschlossenen Energieanbieter (insbes. Gas, Öl, Strom, wenn die Fernwärme – wie beabsichtigt – vorrangig auf Steinkohlebasis erzeugt wird) sind in ihrer Wirtschafts- und Wettbewerbsfreiheit (Art. 2 I GG)[910] sowie Berufsfreiheit (Art. 12 I GG) betroffen, wobei nach Lage des Einzelfalls das Fernwärmemonopol in die Berufswahl- oder -ausübungsfreiheit eines Energieunternehmens eingreift[911]. Letztlich kommt es auf die Abgrenzung zwischen Berufswahl- und -ausübungsfreiheit im Sinne der „3-Stufen-Theorie"[912] des BVerfG nicht an, da die Intensität des Eingriffs in die Berufsfreiheit über die Anforderungen an das Gewicht der ihn rechtfertigenden Interessen entscheidet[913].

Im Hinblick auf im Fernwärmemonopolgebiet bereits vorhandene Versorgungsanlagen anderer Energieträger (z. B. Gasleitungen) und den vorhandenen Kundenstamm anderer Energieunternehmen, ist zu fragen, ob ein Eingriff in den gem. Art. 14 GG geschützten eingerichteten und ausgeübten Gewerbebetrieb[914] konkurrierender Energieunternehmen vorliegt. Bezüglich der Investitionen, die infolge der Einführung des ABZwanges Fern-

---

[907] s. o. I. a. E.

[908] s. o. I. am Anfang, II. am Anfang.

[909] Zu den tatbestandsmäßigen Voraussetzungen der landesrechtlichen Rechtsgrundlagen siehe schon oben 2.

[910] Hierzu ausführlich s. o. 1. Kap. 1. Abschn. II. 3. a) bb).

[911] Börner, Einführung eines ABZwanges für Fernwärme durch kommunale Satzung in: Studien zum deutschen und europäischen Wirtschaftsrecht, Band 3, 1980, S. 471 - 473; Morell, ET 1982, 421; auch die Querverbundunternehmen sind in ihrer grundrechtlich geschützten wirtschaftlichen Dispositionsfreiheit betroffen.

[912] Nachweise s. o. in Fn. 163.

[913] BVerfGE 30, 292, 316 f. – Mineralölbevorratung.

[914] Hierzu im einzelnen s. o. 1. Abschn. III. 1. a).

wärme unbrauchbar werden, ist er sicherlich zu bejahen[915]. Energieanlagen gehören zur Substanz des Gewerbebetriebes.

Der vorhandene Kundenstamm eines Betriebes nimmt nach allgemeiner Ansicht am Schutz des Art. 14 GG teil. BVerwG[916] und BGH[917] haben indessen im Falle des ABZwanges an eine kommunale Müllabfuhr den Rechtsgedanken entwickelt, daß der Kundenstamm von vornherein mit der Beschränkung („Pflichtigkeit") erworben werde, daß er infolge eines von der Gemeinde rechtmäßig angeordneten ABZwanges verlorengehen kann. Deshalb greife der satzungsmäßige ABZwang erst gar nicht in die Eigentumsfreiheit ein. Dem wird zu Recht entgegengehalten, daß das Unternehmen mit dem Kundenstamm seinen Markt verliert und getätigte Investitionen als Verlust abschreiben muß[918]. Wer gleichwohl die Rechtsprechung der beiden obersten Gerichtshöfe des Bundes auf den ABZwang Fernwärme überträgt[919], muß zugunsten der von der Wärmeversorgung ausgeschlossenen leitungsgebundenen Energieanbieter – praktisch handelt es sich um die Gasversorger – dennoch berücksichtigen, daß Art. 14 GG deren Kundenstamm jedenfalls mittelbar schützt. Die konkurrierenden Anbieter leitungsgebundener Energie besitzen in Gestalt der mit den Gemeinden geschlossenen Konzessionsverträge eine weitere verfassungskräftige Eigentumsposition. Die Erfüllung der Konzessionsverträge setzt einen Kundenstamm voraus, auf den die Unternehmen vertrauen dürfen. Die Anordnung eines ABZwanges Fernwärme greift in diese Eigentumsposition ein[920].

Werden infolge des Fernwärmemonopols vorhandene Heizungsanlagen der Energieverbraucher (Grundstückseigentümer) wertlos und ihre Energiewahlfreiheit auf 0 reduziert, sind sie in ihrer allgemeinen Handlungs- bzw. Wirtschaftsfreiheit (Art. 2 I GG), Berufsausübungsfreiheit (soweit die Energiewahl und der Betrieb einer bestimmten Heizungsanlage mit der Berufsausübung zusammenhängen, Art. 12 I GG) und Eigentumsfreiheit (Art. 14 GG) tangiert[921].

Als Eingriff in grundrechtliche Freiheit muß die den ABZwang Fernwärme anordnende Satzung zunächst die Voraussetzungen der landesrechtlichen Ermächtigungsgrundlage erfüllen[922], also einem (dringenden) öffentlichen Bedürfnis dienen. Soweit dieses auf den Schutz der Volksgesundheit

---

915 Wichardt, DVBl. 1980, 34; Parameterstudie (Fn. 784), S. 19.

916 Urt. v. 27. 5. 1981, DÖV 1981, 917 (918).

917 Urt. v. 30. 9. 1963, NJW 1964, 863 (865 f.).

918 OVG Lüneburg als Berufsinstanz im vom BVerwG entschiedenen Fall, s. o. Fn. 916; Badura, DÖV 1964, 540.

919 So z. B. Kottenberg / Rehn, GO NW § 19 S. B IV. 26 f.

920 Morell, ET 1982, 421; Börner (Fn. 911), S. 478.

921 Kottenberg / Rehn, GO NW § 19 S. B IV S. 25 f.; A. R. Börner, ET 1983, 482.

922 Zu ihnen s. o. 2.

beschränkt wird, ist es zweifelhaft, ob außerhalb von Belastungsgebieten der allgemeine Gesichtspunkt ausreicht, daß der ABZwang Fernwärme der Energieeinsparung und damit zugleich dem Umweltschutz und Volksgesundheit dient[923]. Hier können die Zielsetzungen von Energieversorgungskonzepten also möglicherweise nur aufgrund landesrechtlicher Ermächtigungen umgesetzt werden, die den ABZwang Fernwärme aus energiepolitischen Gründen zulassen.

Werden die Voraussetzungen der Ermächtigungsgrundlage bejaht, so ergibt sich das eigentliche Problem, ob der ABZwang Fernwärme als satzungsmäßiger Grundrechtseingriff im Einzelfall verhältnismäßig (geeignet, erforderlich, angemessen) ist[924].

Auf den ersten Blick scheint der ABZwang Fernwärme ohne weiteres geeignet zu sein, die Ziele von Energieversorgungskonzepten (zur Sicherung der Energieversorgung Mineralölsubstitution und Energieeinsparung durch rationelle Energieverwendung)[925] und das nach den meisten Ermächtigungsgrundlagen vorgeschriebene Ziel des Schutzes der Volksgesundheit zu erreichen[926]. Das Ziel der Energieeinsparung wird verwirklicht, wenn industrielle Abwärme als Fernwärme genutzt wird[927]. Eine wesentlich verbesserte Nutzung der eingesetzten Primärenergie verspricht die Kraft-Wärme-Kopplung[928]. Indem die Fernwärme also Energie spart und zugleich umweltschädliche Einzelheizungen ersetzt, hilft sie auch, die Umweltbelastung zu verringern und erfüllt damit den vorgegebenen gesundheitspolitischen Zweck[929]. Wird zur Fernwärmeproduktion kein Mineralöl eingesetzt, trägt die Fernwärme zur Mineralölsubstitution bei.

Bei näherer Betrachtung erleidet dieses Bild jedoch Eintrübungen, die sich aus dem komplexen Verhältnis der Zielsetzungen und Handlungsmittel untereinander und zueinander ergeben[930]. Wird beispielsweise das Fernwärmenetz „von unten nach oben" (Inselstrategie) aufgebaut, indem zunächst kleinere Gemeindegebiete mit kleinen Heizkraftwerken auf Ölbasis versorgt werden[931], bedeutet das zwar rationelle Energieverwendung. Sie läuft aber

---

923 Rat von Sachverständigen für Umweltfragen, BT-Drucks. 9/872 Rn. 538.

924 Zu den einzelnen Merkmalen des Verhältnismäßigkeitsgrundsatzes s. o. 1. Kap. 1. Abschn. II. 3. a) dd).

925 s. o. I. am Anfang.

926 Im übrigen muß die Geeignetheitsprüfung sowieso alle mit der Maßnahme verfolgten Ziele einbeziehen, s. o. 1. Kap., 1. Abschn. II. 3. a) dd).

927 Hierzu Haeberlin, ET 1982, 396.

928 Hierzu schon s. o. I. am Anfang; Enzyklopädie Naturwissenschaft und Technik, Stichwort Wärmebedarf (Fernwärme), S. 49, 58.

929 Rat von Sachverständigen für Umweltfragen, BT-Drucks. 9/872, Tz. 467, 660.

930 Dazu Bönner, ET 1982, 336 ff.; vgl. schon o. 1. Kap. 1. Abschn. II. 3. a) dd) (für den Gesetzgeber), 236 - 239 (für die Regierung), während hier die Geeignetheit einer gemeindlichen Satzung in Rede steht.

931 So z. B. Spreer (Fn. 754), S. 372 - 377.

dem Ziel der Mineralölsubstitution und damit der Versorgungssicherheit zuwider[932]. Wählt man deshalb Steinkohle zur Fernwärmeproduktion, steigert man die Importabhängigkeit, sobald die Grenzen der heimischen Steinkohleproduktion erreicht sind[933].

Auch der gesundheitspolitische Nutzen der Fernwärme besteht nur eingeschränkt. Fernwärme läßt sich ohne eine zusätzliche Luftverschmutzung nicht produzieren. So kann der mit 30 - 40 °C zu kalte Überschußdampf eines Elektrizitätswerkes nicht einfach als Fernwärme Verwendung finden. Entweder muß der Dampf bei höherer Temperatur (100 - 130 °C) ausgekoppelt werden. Das führt zu Verlusten bei der Stromerzeugung, die durch neue Kapazitäten ausgeglichen werden müssen. Oder der Dampf wird von vornherein mit Hilfe zusätzlicher Kapazitäten auf die benötigte Temperatur gebracht. In jedem Fall erfordert die Fernwärmeversorgung also zusätzliche umweltbelastende Kapazitäten. Erst wenn die hieraus resultierende zusätzliche Umweltbelastung geringer ist als die Luftverunreinigung durch Einzelfeuerungsanlagen, ist die Fernwärme geeignet, zu dem in den meisten landesrechtlichen Ermächtigungsgrundlagen festgelegten gesundheitspolitischen Ziel beizutragen[934]. Sind die zu ersetzenden Einzelfeuerungsanlagen – wie beispielsweise Erdgasheizungen – nicht umweltschädlicher als die Fernwärmeversorgung, ist der ABZwang Fernwärme zu gesundheitlichen Zwecken überflüssig und damit ungeeignet[935].

Die Bedenken gegen eine zwangsweise Einführung der Fernwärme verstärken sich im Hinblick auf die Erforderlichkeit[936] einer solchen Maßnahme. Zur Verwirklichung der energie- und gesundheitspolitischen Zielsetzungen bieten sich gleich geeignete, aber weniger einschneidende Alternativen an. Da ist zunächst das gleichermaßen „umweltfreundliche" Erdgas zu nennen, das billiger als die Fernwärme ist und fast ohne Subventionen auskommt. Es verdrängt ebenfalls das Mineralöl und ist sparsamer als Fernwärme und Strom zu Heizzwecken aus Heizkraftwerken. Die Vorräte erscheinen mittelfristig gesichert[937]. Auch das legt es nahe, der Steuerungsfunktion des Preises die Auswahl des Energieträgers für ein Gebiet zu überlassen[938]. Über ihren Einfluß auf die öffentlichen Energieversorgungsunter-

---

932 Bönner, ET 1982, 338; vgl. auch Tegethoff, EW 1981, 604.

933 Gröner, Ordo XXXIII (1983), 242.

934 B. Börner (Fn. 911), S. 480 f.; Haeberlin, ET 1982, 396 f.; A. R. Börner, ET 1983, 482 m.w.N.

935 Morell, ET 1982, 420; s. o. 1. Abschn. III. 1. b); auch hier zeigt sich die praktische Bedeutung einer Ermächtigungsgrundlage, die den ABZwang zu energiepolitischen Zwecken zuläßt.

936 Zu diesem Merkmal schon s. o. 1. Kap. 1. Abschn. II. 3. a) dd), 2. Abschn. III. 1. b) aa); 2. Kap. 1. Abschn. III. 1. b) a. E.

937 Haeberlin, ET 1982, 396; Gröner, Ordo XXXIII (1983), S. 244.

938 Schneider, ZfE 1982, 141.

nehmen können die staatlichen Gebietskörperschaften[939] den Ausbau der Fernwärme gleichsam „von innen“ her vorantreiben, ohne „von außen“ in die grundrechtlich gesicherte wirtschaftliche Freiheit von Energieunternehmen und -verbrauchern einzugreifen. Gegenüber dem durch einen ABZwang begründeten Fernwärmemonopol, das alle Primärenergieträger bis auf den zur Wärmeproduktion eingesetzten von der Versorgung ausschließt, sind punktuelle Brennstoffverwendungsverbote (z. B. für Öl) das mildere Mittel[940].

Den stärksten Einwand gegen einen Fernwärmezwang liefert der Grundsatz der Angemessenheit (Verhältnismäßigkeit i.e.S.)[941]. Zur Beurteilung der Angemessenheit steht dem gemeindlichen Satzungsgeber nicht die großzügige Einschätzungsprärogative offen, die Gesetzgebung und Regierung zuzubilligen ist[942]. Denn die Gemeinde und damit auch ihr „parlamentarisches“ Lenkungsorgan, der Rat, handelt nur als Glied der mittelbaren Staatsverwaltung[943]. Der Gemeinde und ihren Organen gebührt demgemäß nicht das weite politische Ermessen des parlamentarischen Gesetzgebers und der von ihm kontrollierten Regierung.

Der nur eingeschränkten Tauglichkeit eines ABZwanges Fernwärme zur Erreichung der energie- und gesundheitspolitischen Ziele stehen gravierende Nachteile gegenüber. Ein Fernwärmemonopol schaltet die Anpassungsleistungen des Wettbewerbs aus[944], behindert energiesparende Technologien und führt zum Marktaustritt konkurrenzfähiger Energien[945]. Die Abnehmer werden von Fernwärmemonopolisten abhängig, die die Mißbrauchsaufsicht nach § 22 GWB mit dem Hinweis auf ihre Versorgungspflicht und die hohen Fernwärmedarbietungskosten bequem unterlaufen können[946]. Den Verbrauchern wird mit der energiewirtschaftlichen Handlungsfreiheit der Anreiz zur Energieeinsparung genommen. Fernwärmeleitungen sind nämlich auf den Wärmebedarf im Zeitpunkt des Anschlusses ausgelegt, so daß nachträgliche Wärmeisolierungsmaßnahmen nicht den Grundpreis mindern[947].

---

[939] Ausführlich hierzu s. o. 1. Kap. 2. Abschn. III. 4.

[940] Börner (Fn. 911), S. 482.

[941] Hierzu s. o. 1. Kap. 1. Abschn. II. 3. a) dd).

[942] s. o. ausführlich 1. Kap. 1. Abschn. II. 3. a) dd) (Gesetzgeber), 233 ff., 238 f. (Regierung).

[943] Wolff / Bachof, Band II § 83 I c vor 1; unter staatsorganisatorischen Aspekten ist im übrigen auch die Gesetzgebungszuständigkeit der Länder von zu einem energiepolitisch begründeten ABZwang und die Zuständigkeit der Gemeinden aufgrund des örtlich gebundenen Selbstverwaltungsrechts (Art. 28 II 1 GG) zweifelhaft, hierzu – einerseits – Parameterstudie (Fn. 784), S. 15, 16, Börner, ET 1983, 482; Schmidt-Aßmann, in: Festgabe f. Ch v. Unruh, 1983, S. 621 und – andererseits – Kottenberg / Rehn, GO NW § 19 S. B IV 23 - 25.

[944] Zu ihnen s. o. 5.

[945] Gröner, Ordo XXXIII (1983), 245.

[946] Gröner, Ordo XXXIII (1983), 245; Börner, ET 1983, 481.

Die Einführung eines Fernwärmemonopoles kommt einer Kapitalvernichtungsaktion gleich, soweit vorhandene Versorgungs- und Heizungsanlagen konkurrierender Energieträger wertlos werden. Hierin wird in der Regel schon ein enteignungsgleicher Eingriff (Art. 14 III GG) gegenüber den betroffenen Energieunternehmen und Betreibern relativ umweltfreundlicher Heizungen liegen[948]. Schließlich sind die sehr hohen Kosten für den Fernwärmeausbau und -anschluß in die Waagschale zu werfen. Die Fernverteilung von Fernwärme ist bezogen auf die transportierte Energiemenge 100 - 200 × teurer als diejenige von Gas, Öl oder Strom. Denn Transport und Verteilung erfordern aufwendige Netze, deren durch die Kältespitzen erzwungene Auslegung nur vergleichsweise kurze Zeit im Jahr ausgenutzt wird[949]. Wenn verbrauchsnahe Heizkraftwerke errichtet werden, kommen Kosten für die dann notwendig werdende Umstrukturierung des Elektrizitätsverteilungsnetzes hinzu[950].

Aus Vorstehendem folgt, daß eine den ABZwang Fernwärme einführende gemeindliche Satzung nur in engen Grenzen als ein dem Verhältnismäßigkeitsprinzip genügender Eingriff in die grundrechtlich geschützte wirtschaftliche Freiheit von Energieunternehmen und Verbrauchern angesehen werden kann. Es ist sorgfältig die Versorgungssituation vor Ort in die Abwägung einzubeziehen[951]. Dabei ist zu bedenken, daß die Fernwärme trotz Subventionen in Milliardenhöhe[952] bislang nur 8 % des Energiebedarfs an Raumheizung und Warmwasserbereitung deckt und die betriebswirtschaftlich auch unter Wettbewerbsbedingungen fernwärmewürdigen Gebiete mit ausreichend hohem Anschlußwert weitgehend erschlossen sind[953].

In weniger intensiver Weise als der ABZwang zugunsten einer Energieart greifen Brennstoffverwendungsgebote und -verbote sowie einzelne Maßnahmen der Investitionskontrolle gem. § 4 EnWG[954], die Energieversor-

---

947 Baur, BB 1983, 141; A. R. Börner, ET 1983, 482; Gröner, Ordo XXXIII (1983), 246.

948 Im einzelnen gehen die Meinungen auseinander, vgl. Morell, ET 1982, 420 f.; Parameterstudie (Fn. 784), S. 17 - 19; Wichardt, DVBl. 1980, 34; Kottenberg / Rehn, GO NW, § 19 S. B IV 26 f., 26/7 und 26/8; im übrigen ist streitig, ob die Ermächtigungsgrundlage oder zutreffend die Satzung die Entschädigungsregelung enthalten muß, Badura, DÖV 1964, 539; Börner (Fn. 911), 486.

949 Enzyklopädie Naturwissenschaft und Technik (Fn. 928), S. 4956; Gröner, Ordo XXXIII, 248; Morell, ET 1982, 420; einschränkend Rat von Sachverständigen für Umweltfragen, BT-Drucks. 9/872, Tz. 469.

950 Gröner, Ordo XXXIII (1983), 250.

951 Börner (Fn. 911), 482 f., 485.

952 z. B. das Kohleheizkraftwerks- und Fernwärmeausbauprogramm, s. o. Fn. 128; Haeberlin, ET 1982, 396.

953 Der nicht-industrielle Wärmebedarf konzentriert sich dabei zu 60 % auf 13 - 16 Großpotentiale, Gröner Ordo XXXIII (1983), 242; Börner, ET 1983, 481; Tegethoff, EW 1981, 605.

gungskonzepte umsetzen sollen, in die Grundrechte der Energieunternehmen und Verbraucher aus Art. 2 I, 12 I und 14 GG ein. Zur Bestimmung der grundrechtlichen Grenzen dieser Eingriffe gelten die oben angesprochenen Gesichtspunkte entsprechend, auf die somit verwiesen werden kann.

7. Dezentrale Wirtschaftsordnung des GG

Energieversorgungskonzepte sollen, wie gezeigt, mit den Mitteln anbietender und zwingender Planung verwirklicht werden. Die Befürworter eines solchen Beitrages zur Sicherung der Energieversorgung teilen nicht die Bedenken, die bis Mitte der sechziger Jahre noch gegenüber dieser Art staatlicher Planung vorherrschend waren. Das Bundeswirtschaftsministerium etwa vertrat im Jahre 1955 die Ansicht, staatliche Raumordnung sei mit der Marktwirtschaft unvereinbar. Staatliche Planung wurde als Verstoß gegen den Geist einer freiheitlichen Wirtschafts- und Gesellschaftsordnung angesehen[955]. Jedoch auch in der heutigen Diskussion gelten Energieversorgungskonzepte, die Inhalt der Entwicklungs- und Bauleitplanung[956], Gegenstand eines ABZwanges[957] und in sonstiger Weise verbindliche Handlungsanleitungen sind[958], als „planwirtschaftlich". Das wird auch von denjenigen nicht in Abrede gestellt, die einer staatlichen Planung der Energiewirtschaft mit der Begründung das Wort reden, marktwirtschaftliche Prinzipien seien wegen der dort gegebenen Besonderheiten nicht anwendbar[959].

Diese Sichtweise charakterisiert zutreffend den zusätzlichen Schub an zentraler staatlicher Energiewirtschaftslenkung, den rechtlich verbindlich gemachte Energieversorgungskonzepte mit sich bringen. Dabei ist indessen zu unterscheiden, mit welchen rechtlichen Mitteln und demzufolge mit welcher Durchschlagkraft Energieversorgungskonzepte umgesetzt werden. Noch am schwächsten ist der lenkende Effekt auf den Ebenen der landesweiten Raumordnung und gemeindlichen Entwicklungsplanung. Er verstärkt sich in der immer noch anbietenden Bauleitplanung und gerät im Anschluß- und Benutzungszwang zur zwingend-imperativen Planung. Aber gerade von dem letztgenannten Mittel haben die Gemeinden bisher nur selten Gebrauch gemacht[960]. In einem wesentlichen Punkt haben sich also

---

[954] Schon die Beanstandung des Energievorhabens eines Energieversorgungsunternehmens gem. § 4 II 1 EnWG ist ein Grundrechtseingriff, wie aus § 15 II Nr. 2 EnWG folgt, Wochner, DB 1982, 995.

[955] Jacob, DVBl. 1969, 677; Pappermann, DÖV 1973, 505; Pappermann / Gubelt (Fn. 783), S. 95.

[956] Tegethoff, EW 1981, 606; ders., EW 1982, 378.

[957] Hoffmann, EW 1982, 287; Bönner, ET 1982, 338 f.

[958] Gröner, Ordo XXXIII, (1983), 247; vgl. auch Schneider, ZfE 1983, 136 - 138.

[959] Seidenfus, in: Planung ohne Planwirtschaft; Erbguth, DVBl. 1983, 309.

[960] Rat von Sachverständigen für Umweltfragen, BT-Drucks. 9/872, Tz. 538.

Energieversorgungskonzepte dirigistischer Natur tatsächlich noch nicht durchgesetzt. Auch sonst sind sie nach den vorliegenden Informationen[961] bis zum heutigen Zeitpunkt nur begrenzt verwirklicht worden. Praktische Bedeutung haben sie bisher vernehmlich als Datensammlungen über die bestehende Struktur der Energieversorgung auf dem Niedertemperaturwärmemarkt („Wärmeatlanten") erlangt[962]. Es bleibt abzuwarten, ob in Zukunft staatliche Gebietskörperschaften und öffentliche Energieunternehmen von den auf diesem größten Energiemarkt[963] gegebenen Möglichkeiten zur staatlichen Zentralisierung der Energiewirtschaft mittels rechtlich verbindlicher Energieversorgungskonzepte zunehmend Gebrauch machen werden.

[961] s. o. I. a. E.

[962] BMBau, Analyse (Fn. 773), S. 7 ff.; Parameterstudie (Fn. 784), S. 32.

[963] s. o. I. am Anfang.

Zusammenfassende Schlußbetrachtung

Maßgaben für die Zuordnung von staatlicher Einwirkung zur Sicherung der Energieversorgung und (Wirtschafts-)Freiheit (Unterscheidung von Staat und Gesellschaft)

Die Sicherung der Energieversorgung bedeutet eines der Hauptprobleme der modernen Industriegesellschaft Bundesrepublik Deutschland. Unter dem Eindruck der beiden Ölkrisen der siebziger Jahre und angesichts endlicher Energiereserven haben die staatlichen Gebietskörperschaften geschlossene Konzeptionen zur Problemlösung entwickelt. Dabei konnte eine schon traditionell starke staatliche Intervention im Energiebereich angeknüpft werden.

Die staatliche Einwirkung läßt sich grob in einseitige Maßnahmen (1. Kapitel) und in Maßnahmen zur Sicherung der Energieversorgung unterteilen, die ein Zusammenwirken von Staat und Energiewirtschaft voraussetzen (2. Kapitel). Einseitige Maßnahmen sind zunächst zahlreiche imperative Eingriffe vor allem zum Schutz der bundesdeutschen Steinkohle gegenüber dem Mineralöl. Unter ihnen ragen die Verstromungsgesetze heraus (1. Kap. 1. Abschn. I. 1.).

Subventionen werden gern ergänzend eingesetzt, um den Lenkungszweck imperativer Eingriffe zu erreichen, wie die Verstromungsgesetze zeigen (1. Kap. 1. Abschn. I. 1., II. 1. a)). Rechtsgrundlage der Subventionen ist oft nur das Haushaltsgesetz, häufig allerdings auch ein spezielles Parlamentsgesetz. Subventionen sind zwar schwerpunktmäßig zugunsten der Energieträger Steinkohle und Kernenergie vergeben worden, finden sich aber in allen Energiebereichen (1. Kap. 1. Abschn. II 1.). Da die einzelnen Energieträger wechselseitig substituierbar sind, greifen Subventionen zugunsten einzelner Energieträger in den Substitutionswettbewerb der verschiedenen Energieträger ein und beeinflussen damit das Wettbewerbsverhältnis der Energieunternehmen (1. Kap. 1. Abschn. II 1. e)).

Die Steuerungskraft imperativer Eingriffe und Subventionen zeigt sich sinnfällig im maßgeblich durch sie ausgelösten „Raffineriesterben" (1. Kap. 1. Abschn. I. 1., II. 1. e)), das nun seinerseits die Versorgungssicherheit zu gefährden beginnt und damit die Gegenläufigkeit der verschiedenen staatlichen Einwirkungen verdeutlicht.

Um eine weitere einseitige Einwirkung zur Sicherung der Energieversorgung handelt es sich bei den öffentlichen Energieunternehmen (1. Kap. 2. Abschn. I). An ihnen ist der Bund führend beteiligt. Über wesentliche Anteile verfügen die kommunalen Gebietskörperschaften. Schwächer stellt sich der Einfluß der Länder dar. Die öffentlichen Energieunternehmen haben in der Elektrizitäts- und Gaswirtschaft Versorgungsmonopole aufgebaut. Die Vorschrift des § 103 I GWB legalisiert sie (1. Kap. 2. Abschn. I. 5.).

Starke Kapital- und Lieferverflechtungen der öffentlichen Energieunternehmen, die alle Energiearten einbeziehen, schweißen den überwiegenden Teil der öffentlichen Energieunternehmen zu einem Block zusammen, der die Energiewirtschaft beherrscht (1. Kap. 2. Abschn. I. 3., 6., 7. – Verbundbetrieb). Er nimmt im wesentlichen nur die weniger einflußreichen kommunalen Querverbundunternehmen (1. Kap. 2. Abschn. I. 3., 4.) die industrielle Kraftwirtschaft (1. Kap. 2. Abschn. I. 3.) und die Mineralölgesellschaften aus, die sich in privatem bzw. ausländischem Kapitalbesitz befinden (1. Kap. 1. Abschn. I. 3. b) bb), 2. Abschn. III 4.). Die Harmonisierung wirkt sich nachteilig auf den Substitutionswettbewerb und Innovationsanstrenungen aus (1. Kap. 2. Abschn. I. 6.).

Auf ein Zusammenwirken zwischen Staat und Energiewirtschaft zur Sicherung der Energieversorgung zielt staatliche moral suasion (2. Kap. 1. Abschn. I.) als instrumentelle Verwendung von „Informationen“ (2. Kap. 1. Abschn. I. einleitend). Sie soll Kooperation erzeugen. Ausdruck der Kooperation ist sehr oft ein Selbstbeschränkungsabkommen wie beispielsweise der Jahrhundertvertrag und der Hüttenvertrag. Diese beiden Verträge haben wesentlich dazu beigetragen, die Rolle der bundesdeutschen Steinkohle und der Kernenergie in der Energieversorgung festzulegen (2. Kap. 1. Abschn. I. zu 15) und 16)). Es fällt auf, daß die Kooperation häufig zwischen dem Staat und seinen öffentlichen Energieunternehmen stattfindet (2. Kap. 1. Abschn. I. einleitend).

Ein neuer Schub an staatlicher Einwirkung zur Sicherung der Energieversorgung verbirgt sich hinter dem Stichwort „örtliche und regionale Energieversorgungskonzepte“. Im Zusammenwirken zwischen staatlichen Gebietskörperschaften und öffentlichen Energieunternehmen sollen verbindliche Energieversorgungskonzepte durchgesetzt werden, die auf dem Niedertemperaturwärmemarkt das Verhältnis der leitungsgebundenen Energieträger (Gas, Strom, Fernwärme) und mittelbar der nicht leitungsgebundenen Brennstoffe Kohle und Erdöl gestalten (2. Kap. 1. Abschn. I. a. E., 2. Abschn. I.). Dies kann rechtstechnisch im Wege der Entwicklungs- und Raumplanung (2. Kap. 2. Abschn. III. 1.) des Anschluß- und Benutzungszwanges (2. Kap. 2. Abschn. III. 2.), durch Verwendungsgebote und -verbote (2. Kap. 2. Abschn. III. 3.) Investitionskontrolle gem. § 4 EnWG (2. Kap. 2. Abschn. III. 4.) sowie im Rahmen von Konzessionsverträgen geschehen (2.

Kap. 2. Abschn. I. a. E., III. 5.). Schließlich können sich öffentliche Energieunternehmen abstimmen (2. Kap. 2. Abschn. I. a. E., III. 5.).

Die Berechtigung der vielfältigen und vielgestaltigen staatlichen Einwirkungen zur Sicherung der Energieversorgung ist zweifelhaft. Das Grundgesetz selbst zieht ihr Grenzen. Es garantiert den Wirtschaftssubjekten wirtschaftliche Freiheit und setzt damit eine funktionale und organisatorische Unterscheidung von Staat und Energiewirtschaft als gesellschaftlichem Teilbereich voraus (Einl. I.). Diesen Maßstab, den auch einfaches Gesetzesrecht ausformt (insbesondere das GWB), hat die staatliche Einwirkung jeglicher Form zu beachten.

Die verschiedenen Formen der Einwirkung zur Sicherung der Energieversorgung heben die in der Verfassung niedergelegte Unterscheidung von Staat und Gesellschaft im Energiesektor in weiten Bereichen auf. An ihre Stelle tritt ein Verhältnis der Kooperation von Staat und Energiewirtschaft, das auch bei den einseitigen Einwirkungsformen der Subvention und des gemischtwirtschaftlichen öffentlichen Energieunternehmens zu beobachten ist (1. Kap. 1. Abschn. I. 2., II. 2., 2. Abschn. II., 2. Kap. 1. Abschn. II., 2. Abschn. II.).

Mit der funktionalen und organisatorischen Unterscheidung von Staat und Gesellschaft im Energiesektor schwindet auch die von ihr abhängige grundgesetzlich gewährleistete wirtschaftliche Freiheit der Wirtschaftssubjekte (Einl. I.). Zu fragen ist, ob sich diese Entwicklung noch im Rahmen des staatlichen Interventionsvorbehaltes des Grundgesetzes und des einfachen Gesetzesrechtes bewegt.

Das Sozialstaatsprinzip des Grundgesetzes (Art. 20 I GG) enthält zwar die Staatsaufgabe der Sicherung der Energieversorgung, entscheidet damit aber nur über das Ziel der staatlichen Einwirkung, nicht hingegen über deren Zulässigkeit (1. Kap. 1. Abschn. I. 3. a)). Das Subsidiaritätsprinzip kommt nicht als verfassungsrechtliches, sondern nur als politisches Prinzip zur Geltung (1. Kap. 1. Abschn. II. 3. b)).

In der Literatur ist häufig die resignierende Feststellung zu lesen, daß die Grundrechte gegenüber den modernen Mitteln staatlicher Wirtschaftsplanung und -lenkung obsolet geworden sind. Eine konsequente Auslegung und Anwendung der einschlägigen Verfassungsnormen (Art. 1 III, 2 I, 12 I, 14, 3 I, 19 III GG) nötigt jedoch nicht zur Resignation.

Zunächst ist daran festzuhalten, daß auch inländische öffentliche Energieunternehmen und Energiegroßunternehmen in der Rechtsform juristischer Personen des Privatrechts Grundrechtssubjektivität genießen (Art. 19 III GG), die gegenüber staatlichen Maßnahmen die praktisch bedeutsame Klagebefugnis verleiht (1. Kap. 1. Abschn. I. 3. b), 2. Kap. 1. Abschn. III. 1.).

Von großer Tragweite ist die Beobachtung, daß die nicht-imperative Einwirkung faktisch in die gem. Art. 2 I, 12 I, 14 und 3 I GG geschützte wirtschaftliche Freiheit der Wirtschaftssubjekte eingreifen kann (1. Kap. 1. Abschn. I. 1.). Die Figur des faktischen Grundrechtseingriffs tritt neben den klassischen imperativen Grundrechtseingriff und sichert subjektbezogen wirtschaftliche Freiheit gerade im diffusen Bereich der Kooperation zwischen Staat und (Energie-)Wirtschaft.

So können mit der heute herrschenden Lehre Subventionen als faktische Eingriffe in die Grundrechte der nicht subventionierten und damit im Wettbewerb benachteiligten Energieunternehmen angesehen werden (1. Kap. 1. Abschn. II. 3. a) aa), bb)).

Sehr problematisch ist die Frage, ob die staatliche Errichtung öffentlicher Energieunternehmen und deren Tätigkeit (insbesondere die Bildung von Versorgungsmonopolen) in die Grundrechte (Art. 2 I, 12 I, 14 GG) konkurrierender bzw. in den Markt strebender Privatunternehmen faktisch eingreift. Die Frage ist zu bejahen (1. Kap. 2. Abschn. III. 1. a) a. E.). Das setzt die Anwendbarkeit der Grundrechte gegenüber öffentlichen Energieunternehmen voraus (1. Kap. 2. Abschn. III. 1. a)). Sie ergibt sich unmittelbar aus Art. 1 III GG, da öffentliche Energieunternehmen zur „vollziehenden Gewalt“ im dortigen Sinne gehören. Die Lehre vom Verwaltungsprivatrecht, die ebenfalls von der Anwendbarkeit der Grundrechte ausgeht, arbeitet unzutreffend mit den Begriffen der „öffentlichen Aufgabe“ und der „Daseinsvorsorge“.

Staatliche moral suasion und durch sie veranlaßte Selbstbeschränkungsabkommen können zu einer Verkürzung des wirtschaftlichen Handlungsspielraumes der Adressaten und unbeteiligter Dritter führen. In diesen Fällen liegt ein faktischer Eingriff in die grundrechtlich geschützte wirtschaftliche Freiheit der Betroffenen vor (2. Kap. 1. Abschn. III. 1. b)).

Die Eingriffswirkung örtlicher und regionaler Energieversorgungskonzepte beurteilt sich danach, in welcher Weise sie rechtlich verbindlich werden. Als Inhalt der Entwicklungs-, Flächennutzungs- und Raumordnungsplanung sind sie nicht als faktischer Grundrechtseingriff zu qualifizieren. Denn diese Planungen müssen durch das „Nadelöhr“ der Bebauungsplanung hindurch, der erst kraft Gesetzes Rechtsverbindlichkeit zukommt. Erst bebauungsplanerische Energieversorgungskonzepte greifen somit in grundrechtliche Freiheit ein (2. Kap. 2. Abschn. III. 6. a)).

Der Verhältnismäßigkeitsgrundsatz (1. Kap. 1. Abschn. II. 3. a) dd)) erweist sich als das notwendige flexible „Kupplungsstück“ zwischen staatlicher Einwirkung zur Sicherung der Energieversorgung einerseits und tangierter grundrechtlicher wirtschaftlicher Freiheit andererseits. Das formuliert das BVerfG in seinem Erdölbevorratungsbeschluß[964] allgemeingültig so: „Danach sind der geschützte Freiheitsbereich des Einzelnen, die vom Gesetzgeber[965] im Interesse der Allgemeinheit verfolgten Zwecke und die zu deren Erreichung eingesetzten Mittel so gegeneinander abzuwägen, daß die Auffassung des Grundgesetzes von der grundsätzlichen Stellung und Aufgabe des Menschen in Gesellschaft und Staat gewahrt bleibt".

In diesem Sinne konkretisiert der Verhältnismäßigkeitsgrundsatz grundrechtliche Freiheit gegenüber imperativem Eingriff (1. Kap. 1. Abschn. I. 3. b)), Subvention (1. Kap. 1. Abschn. II. 3. a) dd)), öffentlichem Energieunternehmen und Versorgungsmonopol (1. Kap. 2. Abschn. III 1. b)), moral suasion und Selbstbeschränkungsabkommen (2. Kap. 1. Abschn. III 1. b)) sowie Energieversorgungskonzepten (2. Kap. 2. Abschn. III. 6.).

Er eröffnet Gesetzgeber und Regierung einen Beurteilungsspielraum, wie sich am Beispiel der Brutreaktorsubventionen (1. Kap. 1. Abschn. II. 3. a) dd)) und der moral suasion der Bundesregierung (2. Kap. 1. Abschn. III. 1. b)) zeigt. Wo es an einem (faktischen) Grundrechtseingriff fehlt, wirkt der Verhältnismäßigkeitsgrundsatz als objektiver Rechtsstaatsgrundsatz. Das Merkmal der Geeignetheit steht dann im Mittelpunkt (1. Kap. 1. Abschn. I. 3. b), 2. Kap. 1. Abschn. III. 1. b)).

Gegenüber Energieversorgungskonzepten als Inhalt der Bauleitplanung kommt der Verhältnismäßigkeitsgrundsatz im Wege des Abwägungsgebotes gem. § 1 VII BBauG zum Tragen (2. Kap. 2. Abschn. III. 6. a)). Einem Anschluß- und Benutzungszwang zur Verwirklichung eines Energieversorgungskonzeptes zieht der Verhältnismäßigkeitsgrundsatz enge Grenzen (2. Kap. 2. Abschn. III. 6. b)); das gilt auch für energiepolitisch begründete Brennstoffverwendungsgebote und -verbote sowie Maßnahmen der Investitionskontrolle gem. § 4 EnWG (2. Kap. 2. Abschn. III. 6. b) aE), wobei dem § 4 EnWG schon im Vorfeld der Charakter einer Ermächtigungsgrundlage zu einem energiestrukturpolitischen Handeln der Energieaufsichtsbehörden abzusprechen ist (2. Kap. 2. Abschn. III. 4.).

Das Grundgesetz schützt die wirtschaftliche Freiheit der Wirtschaftssubjekte nicht nur durch die Grundrechte aus Art. 2 I, 12 I, 14 und 3 I GG. Der modernen staatlichen Einwirkung zur Sicherung der Energieversorgung setzt es den objektiv-institutionellen Rahmen einer im Grundsatz dezentralen Wirtschaftsordnung (1. Kap. 1. Abschn. II. 3. e), 2. Abschn. III. 4.), der nicht an einen konkreten Grundrechtseingriff gebunden ist (2. Kap. 1. Abschn. III. 3.).

Dieser Maßstab bezieht sich nicht abstrakt und wenig greifbar auf die Volkswirtschaft insgesamt, sondern er prägt normativ jeden Wirtschaftsbe-

[964] BVerfGE 30, 292 (315).

[965] bzw. von Regierung und Verwaltung.

reich und damit auch die Energiewirtschaft. Der Komplex der Einwirkung zur Sicherung der Energieversorgung hat folglich einen tatsächlichen Grad an staatlicher Zentralisierung der (Energie-)Wirtschaft zu vermeiden, der – vergleichbar mit der Steuerungskraft einer zentralverwaltungswirtschaftlichen „Kommandowirtschaft“ – dezentrale Wirtschaftsplanung aufhebt (1. Kap. 1. Abschn. II. 3. c)). Ihn zu vermeiden, ist es bisher gelungen.

Zwar haben die verschiedenen wechselseitig miteinander verwobenen und sich gegenseitig verstärkenden staatlichen Maßnahmen zur Sicherung der Energieversorgung einen erheblichen Grad an staatlicher Zentralisierung der Energiewirtschaftsplanung bewirkt. Wirksame Steuerung erfolgt durch zahlreiche imperative Eingriffe verbunden mit milliardenschweren Subventionen (1. Kap. 1. Abschn. II 3. c) a. E.).

Die wirtschaftlich bedeutsamsten öffentlichen Energieunternehmen sind aufgrund ihrer Kapital- und Lieferverflechtungen miteinander verbunden. Die an ihnen beteiligten Gebietskörperschaften unter Führung des Bundes vermögen es, sie auf energiepolitische Zielsetzungen abzustimmen und haben dies beispielsweise im Falle des Jahrhundertvertrages getan. Umgekehrt verbindet sich die wirtschaftliche Macht der öffentlichen Energieunternehmen mit dem Zugang zur politischen Macht. Zusammengenommen wird hier also die unabhängige Planung selbständiger Wirtschaftssubjekte – dezentrale Wirtschaftsplanung – erheblich eingeschränkt (1. Kap. 2. Abschn. I. 3. - 5., III. 4, 2. Kap. 2. Abschn. I. einleitend – Arbeitsteilung).

Die staatliche moral suasion und durch sie veranlaßte Selbstbeschränkungsabkommen wie Jahrhundertvertrag und Hüttenvertrag bilden die vierte Säule staatlich-zentraler Energiewirtschaftslenkung (2. Kap. 1. Abschn. III. 3.).

Werden diese Maßnahmen schließlich noch durch Energieversorgungskonzepte ergänzt, die im Wege des Anschluß- und Benutzungszwanges, der Entwicklungs- und Raumplanung, der Investitionskontrolle gem. § 4 EnWG, durch Energieverwendungsgebote und -verbote sowie Kartelle öffentlicher Energieunternehmen Verbindlichkeit erlangen, so rückt die staatliche Einwirkung zur Sicherung der Energieversorgung dem grundgesetzlichen Rahmen einer dezentralen Wirtschaftsordnung zumindest bedenklich nahe.

Aber bisher haben die verantwortlichen Gebietskörperschaften und öffentlichen Energieunternehmen zu Recht mit der rechtsverbindlichen Umsetzung örtlicher und regionaler Energieversorgungskonzepte gezögert (2. Kap. 2. Abschn. III. 7). Bei den übrigen Einwirkungsformen zur Sicherung der Energieversorgung verbleibt jedenfalls noch Spielraum für dezentrale Wirtschaftsplanung. Außerhalb des Steinkohlebereiches fehlt der „Leimrute“ der Subventionen die unausweichliche Zugkraft.

In den öffentlichen Energieunternehmen läßt sich ein hoher privater Kapitalanteil verzeichnen, auf den die öffentlichen Anteilseigner bei energiepolitischen Maßnahmen Bedacht nehmen müssen. Der Mineralölsektor wird von großen Gesellschaften beherrscht, die sich im privaten bzw. ausländischen Eigentum befinden und somit ein Gegengewicht bilden. Diese Gesellschaften dominieren auch die Erdgasversorgung und hier insbesondere das mit Abstand größte Unternehmen Ruhrgas AG (1. Kap. 2. Abschn. III. 2. e), 4.).

Die immer beliebter werdende staatliche moral suasion schließlich führt in der Regel zu einer freiwilligen Mitarbeit der Aderessaten und verdichtet sich nur selten zur „vis compulsiva" (2. Kap. 1. Abschn. I., III. 1. a)). Allerdings müssen die nachteiligen Auswirkungen auf Dritte beachtet werden (2. Kap. 1. Abschn. III 1. a)).

Somit hält sich die staatliche Einwirkung zur Sicherung der Energieversorgung im Rahmen einer grundsätzlich dezentralen Wirtschaftsordnung, die das Grundgesetz objektiv-institutionell gewährleistet (1. Kap. 1. Abschn. II. 3. c)). Eine mit der Verletzung dieses Maßstabes einhergehende Pflicht der staatlichen Organe zur Dezentralisierung der Energiewirtschaftsplanung (Dezentralisierungspflicht)[966] wird also noch nicht ausgelöst.

Die folgenden Beispiele zeigen die Notwendigkeit, daß die staatlichen Organe im Interesse einer effizienten Sicherung der Energieversorgung die Leitlinie dezentraler Wirtschaftsplanung stärker im Rahmen ihres politischen Gestaltungsermessens berücksichtigen.

So ist es aufgrund der oben dargelegten schon länger bekannten energiewirtschaftlichen Tatsachen[967] keineswegs sicher, daß die nordrhein-westfälische Landesregierung den hochsubventionierten mittlerweile insgesamt ca. 10 Milliarden DM teuren Schnellen Brüter in Kalkar fertigstellen und in Betrieb gehen läßt[968]. Das vielgelobte und mit Subventionen in Höhe von 90 Millionen DM geförderte Windkraftwerk „Growian", das erst Ende 1983 in Betrieb ging, wird wegen Funktionsuntüchtigkeit schon 1986 wieder abgerissen[969].

Unter energiewirtschaftlichen Gesichtspunkten ist auch der Jahrhundertvertrag (2. Kap. 1. Abschn. I.) zweifach fragwürdig. Er hemmt den Ausbau der technisch fortschrittlichen und im Vergleich zur Steinkohle billigen

---

966 Ähnlich spricht H. P. Ipsen, NJW 1963, 2107 f. von einer Privatisierungspflicht bei öffentlichen Unternehmen; ebenso Hoffmann-Becking (Fn. 334), S. 460.

967 s. o. 1. Kap. 1. Abschn. II. d) aa).

968 Hannoversche Allgemeine Zeitung v. 6. 10. 1985, S. 2; allerdings kann die Bundesregierung letzten Endes die Inbetriebnahme aufgrund ihres Weisungsrechts gem. Art. 85 III GG i.V.m. § 24 I AtomG (Bundesauftragsverwaltung) durchsetzen.

969 Süddeutsche Zeitung v. 4. 6. 1985, S. 36.

Kernenergie. Gleichzeitig bremsen die langfristigen Abnahmeverpflichtungen für Steinkohle den Anreiz, energiesparende Verstromungstechniken zu entwickeln. Die Versorgungsmonopole öffentlicher Energieunternehmen behindern die Industrieunternehmen in der verstärkten Nutzung der energiesparenden Kraft-Wärme-Kopplung (1. Kap. 2. Abschn. 5. a. E.).

In einem Block öffentlicher Energieunternehmen schwindet die Bereitschaft zu innovativer Forschung und Entwicklung (1. Kap. 2. Abschn. 6.). Rechtlich verbindliche Energieversorgungskonzepte verhindern wettbewerbliche Anpassungsleistungen (2. Kap. 2. Abschn. III. 5., 6. b) ABZwang Fernwärme).

Die genannten Beispiele verdeutlichen, daß die staatliche Einwirkung in der Regel so wesentliche Effekte hat – die fast immer grundrechtlich geschützte wirtschaftliche Freiheit betreffen –, daß sie einer gesetzlichen Grundlage bedarf (1. Kap. 1. Abschn. II. 3. a) dd), 2. Abschn. III. 1. 6.). Als solche reichen haushaltsgesetzliche Mittelzuweisungen aus. Die staatliche moral suasion bedarf, selbst wenn sie zu einem faktischen Grundrechtseingriff führt, keiner gesetzlichen Grundlage, da sie ein einverständliches Mitwirken der Adressaten voraussetzt (2. Kap. 1. Abschn. III. 1. c)).

Auf einfachgesetzlicher Ebene sichert vor allem das GWB dezentrale Wirtschaftsplanung und wirtschaftliche Freiheit. Der Schutz des Wettbewerbs richtet sich auch gegen staatliche Einwirkungen. So erfaßt das Kartellverbot gem. §§ 1, 25 I GWB staatlich veranlaßte Selbstbeschränkungsabkommen wie den Jahrhundertvertrag und den Hüttenvertrag (2. Kap. 1. Abschn. III. 4.), die somit zu ihrer Wirksamkeit einer Ministererlaubnis gem. § 8 GWB bedurft hätten (2. Kap. 1. Abschn. III. 4. a) ee)). Abstimmungen öffentlicher Energieunternehmen, zur Verwirklichung von Energieversorgungskonzepten in einem bestimmten Gebiet eine bestimmte Energieart einzusetzen, verstoßen gegen das Kartellverbot gem. § 1 bzw. § 25 GWB und sind gem. § 103 nichtig. Entsprechendes gilt für Abstimmungen zwischen einer Gemeinde und einem öffentlichen Energieunternehmen in einem Konzessionsvertrag (2. Kap. 2. Abschn. III. 6.). Schließlich können energiepolitisch indizierte Unternehmenszusammenschlüsse der Fusionskontrolle gem. §§ 22 - 24 b GWB unterfallen (2. Kap. 1. Abschn. III. 4. b)).

Somit lautet das Ergebnis: die verfassungs- und einfachgesetzlich verankerte wirtschaftliche Freiheit und die sie bedingende Unterscheidung von Staat und Gesellschaft (Wirtschaft) bleibt ein lebendiger Maßstab jeglicher staatlichen Einwirkung zur Sicherung der Energieversorgung. Ihn zu beachten, liegt im Interesse einer wirksamen Erfüllung der Staatsaufgabe der Sicherung der Energieversorgung.

Literaturverzeichnis

Arbeitsgruppe Ordnungspolitik des Verbandes der Deutschen Elektrizitätswerke (VDEW) und des Bundesverbandes der deutschen Gas- und Wasserwirtschaft (BGW): Parameterstudie Versorgungskonzepte Teilziel A 2.4. – Rechtliche Vorschriften, Frankfurt a. M. 1983

Arens, Hans Jürgen: Energiepolitik zwischen Struktur- und Raumordnungspolitik, ET 1974, 495 - 499

von Arnim, Hans Herbert: Volkswirtschaftspolitik, Frankfurt a. M. 1974

Backhaus, Jürgen: Öffentliche Unternehmen, Frankfurt a. M. 1980

Badura, Peter: Daseinsvorsorge als Verwaltungszweck der Leistungsverwaltung und der soziale Rechtsstaat, DÖV 1966, S. 624 - 633

— Eigentumsgarantie und Benutzungszwang, DÖV 1964, 539f.

— Die Erfüllung öffentlicher Aufgaben und die Unternehmenszwecke bei der wirtschaftlichen Betätigung der öffentlichen Hand, in: Festschrift für H. J. Schlochauer, Berlin, New York 1981, 1 - 23

— Das Verwaltungsmonopol, Berlin 1963

— Wirtschaftsverfassung und Wirtschaftsverwaltung, Frankfurt a. M. 1971

— Wirtschaftsverwaltungsrecht, in: Ingo v. Münch, Besonderes Verwaltungsrecht, 4. Aufl., Berlin, New York 1976

Bahntje, Udo: Gentlemen's agreements und abgestimmtes Verhalten, Königstein/TS 1982

Baumann, Hans: Rechtsprobleme freiwilliger Selbstbeschränkung, jur. Diss., Tübingen 1978

Baur, Jürgen: Ausnahmebereich für die leitungsgebundene Energieversorgung im GWB, in: Ordnungspolitische Überlegungen zur leitungsgebundenen Energieversorgung, Schriftenreihe Recht - Technik - Wirtschaft, (Hrsg. Volker Emmerich / R. Lukes) Band 15, Köln 1977, 75 - 96

— Strukturvorstellungen über den Wärmemarkt, BB 1983, 137 - 144

Bechthold, Rainer: Das neue Kartellrecht, München 1981

Bettermann, Karl August: Gewerbefreiheit der öffentlichen Hand, in: Berliner Festschrift für E. E. Hirsch, Berlin 1968, S. 1 - 24

Biedenkopf, Kurt: Zur Selbstbeschränkung auf dem Heizölmarkt, BB 1966, 1113 - 1120

Bleckmann, Albert: Subordinationsrechtlicher Verwaltungsvertrag und Gesetzmäßigkeit der Verwaltung, VerwArch 63 (1972), 404 - 440

Blömer, Karl-Heinz: Die Deutsche Erdölversorgungsgesellschaft mbH Deminex – Konzeption und bisherige Tätigkeit, Glückauf 1972, 143 - 146

Blümel, Willi: Die Standortvorsorgeplanung für Kernkraftwerke und andere umweltrelevante Großvorhaben in der Bundesrepublik Deutschland, DVBl. 1977, 301 - 322

Böckenförde, Ernst-Wolfgang: Die Bedeutung der Unterscheidung von Staat und Gesellschaft im demokratischen Sozialstaat der Gegenwart, in: Staat, Gesellschaft, Freiheit, Frankfurt a. M. 1976

— Grundrechtstheorie und Grundrechtsinterpretation, NJW 1974, 1529 - 1538

— Die verfassungstheoretische Unterscheidung von Staat und Gesellschaft als Bedingung der individuellen Freiheit, Opladen 1973

Bönner, Udo: Die energiepolitischen Ziele der Bundesregierung und Versorgungskonzepte, ET 1982, 336 - 339

Börner, Achim-Rüdiger: Versorgungskonzepte in der Energiewirtschaft, ET 1983, 474 - 482

Börner, Bodo: Energie zwischen Staat und Gesellschaft, in: Studien zum deutschen und europäischen Wirtschaftsrecht, Band 2, Köln, Berlin, Bonn, München, zugleich Kölner Schriften zum Europarecht (KSE), Band 26, Köln, Berlin, Bonn, München 1977, 401 - 428

— Gemeinsame Energiepolitik und Gemeinschaftsrecht, in: Studien, Band 3, KSE, Band 30, Berlin 1980, 79 - 93

— Grenzen der Wettbewerbswirtschaft. Das Beispiel der Ausnahmebereiche des GWB, in: Studien Band 2, KSE, Band 26, 1977

— Ermessen und Energiewirtschaftsgesetz, in: Studien, Band 1, KSE, Band 17, 1973, S. 419 - 449

— Planungsrecht für Energieanlagen, in: Studien, Band 2, KSE, Band 26, 1977, S. 127 - 201

— Recht und Konzentration, in: Studien, Band 1, KSE, Band 17, 1973, 381 - 418

— Reform des Energierechts und Natur der Sache, in: Studien Band 2, KSE, Band 26, Köln 1977, 63 - 125

— Staatsmacht und Wirtschaftsfreiheit, in: Studien, Band 2, 1977, S. 429 - 456, KSE, Band 26

Bonner Kommentar: Kommentar zum Bonner Grundgesetz (Bonner Kommentar) – Bearbeiter, Hamburg, Loseblatt

Brenner, G.: Gelten die Grundrechte auch für die wirtschaftliche Betätigung der öffentlichen Hand?, BB 1962, 727 - 730

Brocke, Helmut: Die Rechtswirkungen eines Standortvorsorgeplanes – der Landesentwicklungsplan VI in Nordrhein-Westfalen, DVBl. 1979, 184 - 189

Brockhaus: Enzyklopädie in 26 Bänden, Band 3, Wiesbaden, 18. Aufl., 1983

Brohm, Winfried: Strukturen der Wirtschaftsverwaltung, Stuttgart, Berlin, Köln, Mainz 1969

Büdenbender, Ulrich: Energierecht, München, Köln 1982

Bundesminister für Raumordnung, Bauwesen und Städtebau: Analyse von Informations- und Methodengrundlagen für örtliche Energieversorgungskonzepte, Bearbeiter: Jost Eberhard, Rudolf Heide, Wolfgang Nürck, Schriftenreihe „Städtebauliche Forschung“ des Bundesministers für Raumordnung, Bauwesen und Städtebau, Koblenz 1982

Commerzbank: Wer gehört zu wem? 14. Aufl., Hamburg 1982

Dally, RA: Die Struktur der Versorgungswirtschaft heute und morgen – Elektrizitätswirtschaft, in: Perspektiven der Energiewirtschaft, Schriftenreihe Recht - Technik - Wirtschaft (Hrsg. Rudolf Lukes / Volker Emmerich, Band 10, Bonn 1976, 19 - 40

Dicke, Detlev Christian: Verfassungsrechtliche Möglichkeiten und Grenzen der Wirtschaftslenkung in Italien und der BRD, Stuttgart, Berlin, Köln, Mainz 1969

Dickersbach, Alfred: Die wirtschaftliche Betätigung der öffentlichen Hand im Verhältnis zur Privatwirtschaft aus öffentlichrechtlicher Sicht, Wirtschaft und Verwaltung (WiVerw), 1983, S. 187 - 211

Doerry, Astrid: Die Rechtsstellung der Pflicht – und Monopolanstalten der Gebäudefeuerversicherung im Gemeinsamen Markt, jur. Diss, Hamburg 1965

Dolinski, Urs / *Ziesing,* Hans-Joachim, unter Mitarbeit von *Laban,* Klaus-Dieter: Maßnahmen für eine sichere und umweltverträgliche Energieversorgung, Deutsches Institut für Wirtschaftsforschung, Sonderheft 125, Berlin 1978

Eckstein, Dieter: Die wirtschaftliche Betätigung der öffentlichen Hand im Bergbau und in der Elektrizitätswirtschaft der Bundesrepublik Deutschland, Stuttgart 1966

Ehlers, Dirk: Rechtsstaatliche und prozessuale Probleme des Verwaltungsprivatrechts, DVBl. 1983, 422 - 430

Ehmke, Horst: Wirtschaft und Verfassung, Karlsruhe 1961

Eiser / Riederer / Obernolte, Wolfgang / *Danner,* Wolfgang: Energiewirtschaftsgesetz, Kommentar, München, Loseblatt

Emmerich, Wolfgang: Ausnahmebereich für die leitungsgebundene Energieversorgung im GWB, in: Ordnungspolitische Überlegungen zur leitungsgebundenen Energieversorgung, Schriftenreihe Recht - Technik - Wirtschaft, Band 15, hrsg. von Volker Emmerich und Rudolf Lukes, Köln, Berlin, Bonn, München 1977

— Ist der kartellrechtliche Ausnahmebereich für die leitungsgebundene Versorgungswirtschaft wettbewerbspolitisch gerechtfertigt? Hannover 1978

— Die Fiskalgeltung der Grundrechte, namentlich bei erwerbswirtschaftlicher Betätigung der öffentlichen Hand, JuS 1970, 332 - 338

— Kartellrecht, 3. Aufl., München, 1979 und 4. Aufl., München 1982

— Die kommunalen Versorgungsunternehmen zwischen Wirtschaft und Verwaltung, Frankfurt a. M. 1970

— Anm. zu BKA, Beschl. v. 7. 1. 74 – B 8 – UZ 33/73 – VEBA/Gelsenberg, JuS 1974, 666 - 668

— Wettbewerbsordnung für den europäischen Energiemarkt? RIW / AWD, 1975

— Das Wirtschaftsrecht der öffentlichen Unternehmen, Bad Homburg v. d. H., Berlin, Zürich 1969

Engelmann, Ulrich: Der Kohlevertrag – politisch entscheidende Voraussetzung für weiteren Kernenergieausbau, Energiewirtschaftliche Tagesfragen (ET), 1980, S. 494 - 495

Erbguth, Wilfried: Zu Rechtsfragen regionaler Energieversorgungskonzepte, DVBl. 1983, 305 - 312

Erichsen, Hans-Uwe / *Martens,* Wolfgang (Hrsg.): Allgemeines Verwaltungsrecht, 6. Aufl., Berlin, New York 1983

Ernst, Werner / *Zinkahn,* Willy / *Bielenberg,* Walter: Bundesbaugesetz, Kommentar, 3 Bände, München, Loseblatt

Eucken, Walter: Grundlagen der Nationalökonomie, 6. Aufl., Berlin, Göttingen, Heidelberg 1950

Evers, Hans Ulrich: Energieversorgung und Raumordnung, in: Zukunftsprobleme des Energieversorgungsrechts, Gesellschaftswissenschaftliche Schriftenreihe – Gruppe Energiewirtschaft (Hrsg. Walter Fremuth / Theo Mayer-Maly), Heft 2, Wien - München 1975, 21 - 44

— Das Recht der Energieversorgung, 2. Aufl., Baden-Baden 1983

Fiedler, Wilfried: Berufsfreiheit als Schranke der Verwaltungsmonopole, DÖV 1977, 390 - 398

Fikentscher, Wolfgang: Zu Begriff und Funktion des gemeinsamen Zwecks im Gesellschafts- und Kartellrecht, in: Festschrift für Westermann, Harry zum 65. Geburtstag, Karlsruhe 1974

Förster, Karl: Allgemeine Energiewirtschaft, 2. Aufl., Berlin 1973

Friauf, Karl Heinrich: Eigentumsgarantie, Leistung und Freiheit im demokratischen Rechtsstaat, in: Marktwirtschaft und soziale Verantwortung, B. B. Gemper (Hrsg.), Köln 1973, S. 438 - 456

— Zur Rolle der Grundrechte im Interventions- und Leistungsstaat, DVBl. 1971, S. 674 - 682

Gallwas, Hans-Ullrich: Faktische Beeinträchtigungen im Bereich der Grundrechte, Berlin 1970

v. Gamm, Otto Friedrich: Kartellrecht, Kommentar, Köln 1979

Gentz, Manfred: Zur Verhältnismäßigkeit von Grundrechtseingriffen, NJW 1968, 1600 - 1607

Global 2000: Global 2000, der Bericht an den Präsidenten (Hrsg. Council on Environmental Quality and US-Außenministerium), Frankfurt a. M. 1980

Götz, Volkmar: Das Recht der Wirtschaftssubventionen, München, Berlin 1966

Gröner, Helmut: Fernwärmeversorgung und Struktur der Elektrizitätswirtschaft, Ordo Band XXXIII (1983), 241 - 251

— Die Ordnung der deutschen Elektrizitätswirtschaft, Baden-Baden 1975

Grupp, Klaus: Wirtschaftliche Betätigung der öffentlichen Hand unter dem Grundgesetz, ZHR 140 (1976), 367 - 393

Gubelt, Manfred: Das Gesetz zur Sicherung des Steinkohleneinsatzes in der Elektrizitätswirtschaft, Düsseldorf 1968

Gygi, Fritz: Rechtsfragen der Wirtschaftsplanung, in: Planung II (Hrsg. Josef H. Kaiser), Baden-Baden 1966, 113 - 148

Haeberlin, Arnulf: Örtliche und regionale Energieversorgungskonzepte ET 1982, 393 - 397

Hax, Karl: Die öffentliche Unternehmung in der Marktwirtschaft, FinArch Band 27 (1968), 37 - 48

Hendler, Reinhard: Grenzen der überörtlichen Planung aus der Sicht der gemeindlichen Planungshoheit, in: Regionale Raumordnung und gemeindliche Planungshoheit im Konflikt? S. 18 - 27 Schriftenreihe des Niedersächsischen Städteverbandes Heft 10, 1982

Henke, Wilhelm: Das Recht der Wirtschaftssubventionen, als öffentliches Vertragsrecht, Tübingen 1979

Hermann, Hans Peter: Rechtliche Grundsatzfragen der Entwicklung und Verwirklichung von Energieversorgungskonzepten, DVBl. 1982, 1165 - 1172

Herzog, Roman: Subsidiaritätsprinzip und Staatsverfassung, Der Staat, 1963, 399 - 423

Hesse, Konrad: Bemerkungen zur heutigen Problematik und Tragweite der Unterscheidung von Staat und Gesellschaft, DÖV 1975, 437 - 443

— Grundzüge des Verfassungsrechts, 8. Aufl., Karlsruhe 1975 und 14. Aufl., Heidelberg 1984

Hoffmann, Egon: Versorgungskonzepte aus der Sicht der bayerischen Staatsregierung, EW 1982, 285 - 288

Hoffmann-Becking, Michael: Die Begrenzung der wirtschaftlichen Betätigung der öffentlichen Hand durch Subsidiaritätsprinzip und Übermaßverbot, Festschrift Hans J. Wolff, 1973, S. 445 - 462

Hoppe, Werner: Ungewißheiten beim bebauungsrechtlichen Planungserfordernis (§ 35 I BBauG) für industrielle Großvorhaben, DVBl. 1982, 913 - 923

— Zur planungsrechtlichen Zulässigkeit von Kraftwerken und sonstigen Großvorhaben im „Außenbereich“, NJW 1978, 1229 - 1234

— Die Zusammenstellung des Abwägungsmaterials und die Einstellung der Belange in die Abwägung nach Lage der Dinge bei der Planung, DVBl. 1977, 136 - 144

Horstmann, W.: Selbstbeschränkungsabkommen und Kartellverbot, 1977

Huber, Ernst Rudolf: Der Streit um das Wirtschaftsverfassungsrecht (I), DÖV 1956, 97 - 102

Hübner, Klaus: Außerkartellrechtliche Einschränkungen des Kartellverbots, Köln u.a. 1971

Hummel-Liljegren, Hermann: Wirtschaftsverwaltungsrecht, Stuttgart, Berlin, Köln, Mainz 1977

Immenga, Ulrich: Politische Instrumentalisierung des Kartellrechts, Tübingen 1976

Immenga, Ulrich / *Mestmäcker,* Ernst Joachim: GWB, Kommentar, München 1981

Ipsen, Hans Peter: Fragestellungen zu einem Recht der Wirtschaftsplanung, in: Planung I (Hrsg. Joseph H. Kaiser), Baden-Baden 1965, 35 - 121

— Rechtsfragen zur Ausgliederung des Werbefernsehens, NJW 1963, 2102 - 2109

— Rechtsfragen der Wirtschaftsplanung, in: Planung II (Hrsg. Joseph H. Kaiser), Baden-Baden 1966, 63 - 112

Isensee, Josef: Subsidiaritätsprinzip und Verfassungsrecht, Berlin 1968

Jacob, Otto: Ein neuer Abschnitt der Raumordnung, DVBl. 1969, 677 - 680

Jarass, Hans D.: Formen staatlicher Einwirkung auf die Energiewirtschaft, Der Staat, 1978, S. 507 - 526

— Wirtschaftsverwaltungsrecht, Frankfurt a. M. 1980

Jüngst, Rainer: Örtliche Energieversorgungsplanung, DÖV 1982, 266 - 271

Kaiser, Joseph H.: Industrielle Absprachen im öffentlichen Interesse, NJW 1971, 585 - 588

Kalkbrenner, Helmut: Die rechtliche Verbindlichkeit des Subsidiaritätsprinzips, in: Festschrift für Günther Küchenhoff, Berlin 1972, S. 515 - 539

Karehnke, Helmut: Subventionen und ihre Kontrolle, DÖV 1975, S. 623 - 630

Karst, Peter: Die kartellrechtliche Sonderstellung der Energieversorgungsunternehmen und ihre Vereinbarung mit dem Grundgesetz, jur. Diss., Mannheim 1971

Kirchhof, Paul: Verwalten durch „mittelbares" Einwirken, Köln, Berlin, Bonn, München 1977

Kirchhoff, Gerd: Subventionen als Instrument der Lenkung und Koordinierung, Berlin 1973

Klein, Hans Hugo: Die Grundrechte im demokratischen Staat, Stuttgart, Berlin, Köln, Mainz 1974

— Die Teilnahme des Staates am wirtschaftlichen Wettbewerb, Stuttgart, Berlin, Köln, Mainz 1968

Klenke, Reinhard: Wirtschaftssubventionen und Eigentumsgarantie des Art. 14 GG, jur. Diss, Bochum 1975

Kloepfer, Michael: Das Geeignetheitsgebot bei wirtschaftslenkenden Steuergesetzen, NJW 1971, 1585 - 1588

Kopp, Ferdinand O.: Verwaltungsverfahrensgesetz, Kommentar, 3. Aufl., München 1983

Kottenberg / Rehn, Erich / *Cronauge,* Ulrich: Gemeindeordnung für das Land Nordrhein-Westfalen, Siegburg, Loseblatt

Kreussler, Horst: Der allgemeine Gleichheitssatz als Schranke für den Subventionsgesetzgeber unter besonderer Berücksichtigung von wirtschaftspolitischen Differenzierungszielen, jur. Diss., Kiel 1972

Kriele, Martin: Wirtschaftsfreiheit und Grundgesetz, ZRP 1974, 105 - 111

Krüger, Herbert: Allgemeine Staatslehre, 2. Aufl., Stuttgart, Berlin, Köln, Mainz 1966

— Von der Notwendigkeit einer freien und auf lange Sicht angelegten Zusammenarbeit zwischen Staat und Wirtschaft, Münster/Westf. 1966

— Das Staatsunternehmen – Ort und Rolle in der Marktwirtschaft, ZBR 1979, 157 - 166

— Staatsverfassung und Wirtschaftsverfassung, DVBl. 1951, 361 - 368

— Das wirtschaftspolitische Mitwirkungsverhältnis, Hamburg 1974

Lambsdorff, Otto: Energieversorgungskonzepte als Instrument der Energiepolitik, Informationen zur Raumentwicklung (Hrsg. Bundesforschungsanstalt für Landeskunde und Raumordnung), Heft 4/5, Bonn, 1982, S. 275 - 279

Leisner, Walter: Privateigentum ohne privaten Markt? BB 1975, 1 - 6

Lukes, Rudolf: Schranken für die Reformbestrebungen zum Energiewirtschaftsgesetz aus dem Recht der Europäischen Gemeinschaft, DB 1971, S. 2295 - 2299

Lutter, Marcus: Unternehmensverfassung und Wettbewerbsordnung, BB 1975, 613 - 615

Mallmann, Walter: Schranken nichthoheitlicher Verwaltung, VVDStRL Band 19 (1961), S. 165 - 205

v. Mangoldt, Hermann / *Klein,* Friedrich: Das Bonner Grundgesetz, Kommentar, Band I, 2. Aufl., Berlin, Frankfurt a. M. 1957

Markert, Kurt: Kartelle als Mittel staatlicher Wirtschaftsplanung, in: Planung IV (Hrsg. Josef H. Kaiser), Baden-Baden 1970, S. 191 - 201

— Die USA – Hearings über die Konzentration in der Wirtschaft, DB 1969, 449 - 454

Martens, Wolfgang: Öffentlich als Rechtsbegriff, Bad Homburg v. d. H., Berlin, Zürich 1969

Maunz, Theodor / *Düring,* Günter / *Herzog,* Roman / *Scholz,* Rupert: (M/D/H/S) Grundgesetz, Kommentar, München, Loseblatt

Meadows, Dennis / *Zahn,* E. / *Milling,* P.: Die Grenzen des Wachstums, Stuttgart 1972

Meyer-Renschhausen, Martin: Das Energieprogramm der Bundesregierung, Frankfurt a. M. 1981

Michaelis, Hans: Energiewirtschaft und Wettbewerb, in: Die Sicherheit der Energieversorgung – Ist sie gegenwärtig gefährdet und durch welche Reformmaßnahmen wird sie vergrößert? Schriftenreihe Recht - Technik - Wirtschaft, Band 4, (Hrsg. Lukes, Rudolf), Köln, Berlin, Bonn, München 1974

— Handbuch der Kernenergie, 2 Bände, 2. Aufl., München 1982

Möschel, Wernhard: Das Wirtschaftsrecht der Banken, Frankfurt a. M. 1972

Monopolkommission: Monopolkommission, Mehr Wettbewerb ist möglich: Hauptgutachten I 1973/1975, 2. Aufl., Baden-Baden 1977

— Monopolkommission, Wettbewerbliche und strukturelle Aspekte einer Zusammenfassung von Unternehmen im Energiebereich (VEBA/Gelsenberg), Sondergutachten, Band 2, Baden-Baden 1975

— Monopolkommission, Zusammenschlußvorhaben der Deutschen BP AG und der VEBA AG, Sondergutachten, Band 8, Baden-Baden 1979

Morell, Klaus-Dieter: Anschluß- und Benutzungszwang für die Fernwärmeversorgung, ET 1982, 418 - 421

Müller, J. Heinz: Kriterien für die Beurteilung staatlicher Einflußnahme auf die Wirtschaft, in: Planung I (Hrsg. Josef H. Kaiser), Baden-Baden 1965, S. 307 - 319

Müller, Heinz / *Gießler,* Peter / *Scholz,* Ulrich: Wirtschaftskommentar, 2 Bände, 4. Aufl., Frankfurt a. M. 1981

Müller-Henneberg, Hans / *Schwarz,* Gustav: Gesetz gegen Wettbewerbsbeschränkungen und Europäisches Kartellrecht, Gemeinschaftskommentar, 4. Aufl., Köln, Berlin, Bonn, München 1980

v. Münch, Ingo (Hrsg.): Grundgesetzkommentar, Band 1, 2. Aufl., München 1981

— Naturwissenschaft und Technik, Enzyklopädie, Band 5, München 1981

Nipperdey, Hans Carl: Die soziale Marktwirtschaft in der Verfassung der Bundesrepublik, WuW 1954, 211 - 226

Oldiges, Martin: Staatlich inspirierte Selbstbeschränkungsabkommen der Privatwirtschaft, WiR 1973, 1 - 29

Ossenbühl, Fritz: Die Interpretation der Grundrechte in der Rechtsprechung des Bundesverfassungsgerichts, NJW 1976, 2100 - 2107

Papier, Hans-Jürgen: Die rechtlichen Grenzen der Bauleitplanung, DVBl. 1975, 461 - 467

— Möglichkeiten und Grenzen der rechtsverbindlichen Festlegung und Freihaltung von Leitungstrassen durch die Regionalplanung, Beiträge zum Siedlungs- und Wohnungswesen und zur Raumplanung, Beiträge zum Siedlungs- und Wohnungswesen (Hrsg. W. Ernst / W. Hoppe / R. Thoss), Band 84, Münster 1983

— Unternehmen und Unternehmer in der verfassungsrechtlichen Ordnung der Wirtschaft, VVDStRL Band 35, (1977), S. 55 - 108

Pappermann, Ernst: Zur Problematik der Kreisentwicklungsplanung, DÖV 1973, 505 - 513

Pappermann, Ernst / *Gubelt*, Manfred: Fälle zum Wahlfach Bau- und Raumordnungsrecht sowie Straßenrecht, München 1979

Pöttgen, Andreas: Verfassungsrechtliche Grenzen staatlicher Wirtschaftsförderung durch Subventionen, jur. Diss., Köln 1965

Püttner, Günter: Die öffentlichen Unternehmen, Bad Homburg v. d. H., Berlin, Zürich 1969

— Das Recht der kommunalen Energieversorgung, Stuttgart, Berlin, Köln, Mainz 1967

— Öffentliche Unternehmen als Instrument staatlicher Politik, DÖV 1983, 697 - 703

— Unternehmen und Unternehmer in der verfassungsrechtlichen Ordnung der Wirtschaft, DÖV 1976, 433 - 436

Riechmann, Volkhard: Kommunale Energiepolitik, AfK 1982, 69 - 85

Rinck, Gerd: Wirtschaftsrecht, 5. Aufl., Köln, Berlin, Bonn, München 1977

— Das Wirtschaftsrecht im abklingenden Spannungsfeld zwischen öffentlichem und privatem Recht, WiR 1972, 5 - 17

Rings, W.: Verwaltungsmonopole und Art. 12 I Grundgesetz, NJW 1957, 657 - 658

Rittstieg, Helmut: Eigentum als Verfassungsproblem, Darmstadt 1975

Römermann, Klaus: Zur planungsrechtlichen Zulässigkeit von Kraftwerken im „Außenbereich“, NJW 1978, 2286

Rüfner, Wolfgang: Formen öffentlicher Verwaltung im Bereich der Wirtschaft, Berlin 1967

— Unternehmen und Unternehmer in der verfassungsrechtlichen Ordnung der Wirtschaft, DVBl. 1976, S. 689 - 695

Rupp, Hans Heinrich: Grundgesetz und Wirtschaftsverfassung, Tübingen 1974

— Konzertierte Aktion und freiheitlich-rechtsstaatliche Demokratie, in: Konzertierte Aktion (Hrsg. Erich Hoppmann), Frankfurt a. M. 1971

— Vom Wandel der Grundrechte, AöR 1976, 161 - 201

Saladin, Peter: Unternehmen und Unternehmer in der verfassungsrechtlichen Ordnung der Wirtschaft, VVDStRL 35 (1977), 7 - 54

Sandrock, Otto: Grundbegriffe des GWB, München 1968

Schellack, Rüdiger: Die Selbstbeschränkung der Mineralölwirtschaft, Diss., Freiburg i.Br. 1968

Schetting, Gerd: Rechtspraxis der Subventionierung, Berlin 1973

Scheuner, Ulrich: Einführung – Wirtschaftslenkung im Verfassungsrecht des modernen Staates, in: Die staatliche Einwirkung auf die Wirtschaft (Hrsg. Ulrich Scheuner), Frankfurt a. M. 1971, S. 9 - 84

Schlarmann, Josef: Die Wirtschaft als Partner des Staates, Formen einer herrschaftslosen und kooperativen Wirtschaftspolitik, Hamburg 1972

Schmidt, Albert: Raumordnung und Energiepolitik im ländlichen Raum, der landkreis 1982, 210 - 227

Schmidt, Reimer: Öffentliche Unternehmen als Instrumente planender Verwaltung, Planung III (Hrsg. Josef H. Kaiser), Baden-Baden, 1968, 291 - 309

Schmidt, Reiner: Wirtschaftspolitik und Verfassung, Baden-Baden 1971

Schmidt-Aßmann, Eberhard: Planung unter dem Grundgesetz, DÖV 1974, 541 - 547

— Die Rechtssetzungsbefugnis der kommunalen Körperschaften, in: Festgabe zum 70. Geburtstag von Georg Christopf v. Unruh (Hrsg. Albert v. Mutius), Heidelberg 1983, 607 - 622

Schneider, Hans K.: Örtliche und regionale Energieversorgungskonzepte. Neun Thesen zu einer umstrittenen Problematik aus der Sicht des Volkswirts, ZfE 1982, 135 - 142

Scholz, Rupert: Anmerkung zu BVerwG Urt. v. 30. 8. 1968 – VII C 122/66, NJW 1969, 1044f.

— Grenzen staatlicher Aktivität unter der grundgesetzlichen Wirtschaftsverfassung, in: Der Staatssektor in der sozialen Marktwirtschaft, Hrsg. Dieter Duwendag, Schriftenreihe der Hochschule Speyer, Band 59, Berlin 1976, S. 113 - 133, 133 - 140 (Aussprache)

— Das Wirtschaftsrecht der öffentlichen Unternehmen, AöR 97 (1972), 301 - 311

Schorn, Rolf: Subventionswirkungen, Diss rer pol, Mainz 1967

Schüssler, Hans: Wann sind private Selbstbeschränkungsabkommen zulässig? NJW 1962, 2275 - 2280

Schulz-Trieglaff, Michael: Örtliche und regionale Energieversorgungskonzepte – Ausgangslage, Inhalte, Federführung und Umsetzung, gwf – gas/erdgas 1982, 313 - 316

Schuppert, Gunnar Folke: Die öffentliche Aufgabe als Schlüsselbegriff der Verwaltungswissenschaft, VerwArch 71 (1980), S. 309 - 344

Seidenfus, Hellmuth Stefan: Planung in der Energiewirtschaft, Hrsg. Alfred Plitzko, Basel, Tübingen 1964, S. 205 - 210

Seidler, Hanns-Hermann: Rechtsschutz bei staatlicher Wirtschaftsplanung, Schriften zum Öffentlichen Recht, Band 219, Berlin 1973

Selmer, Peter: Möglichkeiten und Grenzen staatlicher Eingriffe zur Sicherung der Energieversorgung, in: Die Sicherheit der Energieversorgung – Ist sie gegenwärtig gefährdet und durch welche Reformmaßnahmen wird sie vergrößert, Schriftenreihe Recht - Technik - Wirtschaft, Band 4, Hrsg. Lukes, Rudolf, Köln, Berlin, Bonn, München 1974

Siebert, Wolfgang: Privatrecht im Bereich öffentlicher Verwaltung, in: Festschrift für H. Niedermeyer, Göttingen 1959

Sölter, Arno: Investitionswettbewerb und Investitionskontrolle, Köln, Berlin, Bonn, München 1973

Spreer, Frithjof: Grundsatzfragen örtlicher und regionaler Energieversorgungskonzepte, in: Mannheim-Seminar: Örtliche und regionale Energieversorgungskonzepte – Teil der Entwicklungs- und Bauleitplanung, Heft 1 der Schriftenreihe „Seminare, Symposien, Arbeitspapiere" (Hrsg. Bundesforschungsanstalt für Landeskunde und Raumordnung), Bonn 1981

— Konflikte zwischen leitungsgebundenen Energien im Rahmen örtlicher Energieversorgungskonzepte, Informationen zur Raumentwicklung (Hrsg. Bundesforschungsanstalt für Landeskunde und Raumordnung), Heft 4/5, Bonn 1982, S. 365 - 386

Steindorff, Ernst: Einführung in das Wirtschaftsrecht der Bundesrepublik Deutschland, Darmstadt 1977

Stich, Rudolf: Verbote der Verwendung bestimmter Heizstoffe in Baugebieten, DÖV 1981, 645 - 654

Stober, Rolf: Rein gewerbliche Betätigung der öffentlichen Hand und Verfassung, ZHR 145 (1981), 565 - 589

— Wirtschaftsverwaltungsrecht, 2. Aufl., Stuttgart, Berlin, Köln, Mainz 1980

Tegethoff, Wilm: Ziele und Grundsätze von Versorgungskonzepten, EW 1981, 603 - 608

— Zum gegenwärtigen Stand der Beratungen über Versorgungskonzepte, EW 1982, 376 - 388

Thieme, Werner: Berufsfreiheit und Verwaltungsmonopole, JZ 1961, 280 - 284

Toeche-Mittler, Klaus: Das Verbandskartell als Instrument der Wirtschaftsplanung, in: Planungsstudien 4 (Hrsg. Josef H. Kaiser), Frankfurt a. M., Berlin 1969

v. Troll, Bernd: Einflußnahme des Staates auf die öffentliche Elektrizitätsversorgung, Düsseldorf 1973

Tuchtfeldt, Egon: moral suasion in der Wirtschaftspolitik, in: Konzertierte Aktion, Erich Hoppmann (Hrsg.), Frankfurt a. M. 1971

Unkelbach, Michael: Grundrechtliche Bindungen des Bundesgesetzgebers bei der Vergabe von Leistungssubventionen zugunsten der gewerblichen Wirtschaft, jur. Diss., Kiel 1968

Wagner, Heinz: Öffentlicher Haushalt und Wirtschaft VVDStRL 27 (1969), 47 - 81

Wahl, Rainer: Aktuelle Probleme im Verhältnis der Landesplanung zu den Gemeinden, DÖV 1981, 597 - 606

Walter, Frederik: Zum aktuellen Stand der Energiepolitik in der Europäischen Gemeinschaft ZfE 1983, S. 287 - 290

Westrick, Klaus / *Loewenheim,* Ulrich: Gesetz gegen Wettbewerbsbeschränkungen, Kommentar, Herne, Berlin, Loseblatt

Wichardt, Hans-Jürgen: Anschluß- und Benutzungszwang für Fernwärme allein aus Gründen der „Volksgesundheit"?, DVBl. 1980, 31 - 35

Wilke, Dieter / *Schachel,* Jens: Probleme fiskalischer Betätigung der öffentlichen Hand, Wirtschaft und Verwaltung (WiVerw) 1978, 95 - 116

Wochner, Manfred: Ungültigkeit der Regelung der Untersagung des Baus, der Erneuerung, der Erweiterung oder der Stillegung von Energieanlagen in § 4 EnWG? DB 1982, 993 - 998

Wolff, Hans J. / *Bachof,* Otto: Verwaltungsrecht I, 9. Aufl., München 1974

— Verwaltungsrecht II, 4. Aufl., München 1976

— Verwaltungsrecht III, 4. Aufl., München 1978

Zeidler, Karl: Schranken nichthoheitlicher Verwaltung, VVDStRL Band 19 (1961), 208 - 239

v. Zezschwitz, Friedrich: Rechtsstaatliche und prozessuale Probleme des Verwaltungsprivatrechts, NJW 1983, S. 1873 - 1881

— Wirtschaftsrechtliche Lenkungstechniken, JA 1978, S. 497 - 505

— Einführung in das Wirtschaftsverfassungs- und Wirtschaftsverwaltungsrecht, JA 1979, S. 247 - 255

Zippelius, Reinhold: Allgemeine Staatslehre, 4. Aufl., München 1973

Zuck, Rüdiger: Subsidiaritätsprinzip und Grundgesetz, München 1968

FSC
www.fsc.org
MIX
Papier | Fördert gute Waldnutzung
FSC® C083411

Kolibri 360 GmbH
Ferdinand-Jühlke-Straße 7
99095 Erfurt, Deutschland
produktsicherheit@kolibri360.de

Druck:
CPI Druckdienstleistungen GmbH
im Auftrag der
Kolibri 360 GmbH
Ferdinand-Jühlke-Str. 7
99095 Erfurt